Die Abteikirche
Maria Laach

Dethard von Winterfeld

Die Abteikirche
Maria Laach

Geschichte – Architektur – Kunst – Bedeutung

Unter Mitarbeit von Mönchen
der Abtei Maria Laach

SCHNELL + STEINER

ars liturgica
KUNSTVERLAG MARIA LAACH
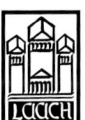

Abbildung auf der vorderen Umschlagseite:
Ansicht der Kirche von Osten mit Spiegelung im Schwanensee,
der innerhalb der Klostermauer liegt.

Bibliografische Informationen Der Deutschen Bibliothek
Die Deutsche Bibliothek verzeichnet diese Publikation in der Deutschen Nationalbibliografie;
detaillierte bibliografische Daten sind im Internet über http://dnb.ddb.de abrufbar.

1. Auflage 2004
© 2004 Verlag Schnell & Steiner GmbH, Leibnizstraße 13, 93055 Regensburg
© 2004 Ars liturgica, Kunstverlag Maria Laach, 56653 Maria Laach
Umschlaggestaltung: Astrid Moosburger, Regensburg
Satzherstellung: SatzWeise, Föhren
Litho, Druck: Erhardi Druck GmbH, Regensburg
ISBN 3-7954-1681-7

Weitere Informationen zum Verlagsprogramm erhalten Sie unter:
www.schnell-und-steiner.de

Inhalt

6

Geleitwort

Es gibt Orte, von denen ein geheimnisvoller Zauber ausgeht, etwas, das einen irgendwie gefangen nimmt. Maria Laach ist sicher ein solcher Ort, das ganze Maria Laach: mit dem See, den Wäldern, den Wiesen und den darauf weidenden Rindern und vor allem mit der Kirche, dem herrlichen Münster am See. Die Kirche ist das Herz dieses Ortes. Mit ihren sechs Türmen und mit den Tuff- und Basaltsteinen aus der Umgebung erbaut, strahlt sie Harmonie aus und vollkommene Schönheit, die innerlich berührt. Vielleicht darf man sagen, daß sie dazu anregt und anleitet, selber schön zu werden – im übertragenen Sinn: schön an der Seele und im Herzen.

Die Laacher Abteikirche wirkt zweifellos als Kunstwerk, das den Betrachter anspricht; aber nicht nur den Betrachter, sondern sogar den, dessen Blick wie zufällig darauf fällt und schon bald wieder abschweift, um sich Vordergründigem zuzuwenden; was er gesehen hat, wirkt in seiner Seele nach.

Letztlich aber, so denke ich, hängt die Anziehungskraft dieser Kirche damit zusammen, daß sie Haus des Gebetes ist. Seit ihrer Gründung im Jahr 1093 bis heute – mit der Unterbrechung der Säkularisation – wird in ihr das Gotteslob gesungen. St. Benedikts Leitwort: *Ut in omnibus glorificetur deus.* – „Damit in allem Gott verherrlicht werde" (Regula 57,9; 1 Petr 4,11), findet hier, im zweckfreien Vollzug der Liturgie, seinen reinsten Ausdruck, wenn „unserem Schöpfer der Lobpreis dargebracht wird wegen seiner gerechten Entscheidungen" (Regula 16,5). Was im Kirchenraum geschieht, strahlt aus und bewirkt Gott verbundenes Leben, macht frei für den Dienst am Nächsten und für die Gestaltung der Welt.

Das vorliegende Buch knüpft an die Forschungen des Laacher Mönchs Adalbert Schippers an, der 1927 sein Werk „Das Laacher Münster" vorlegte. Im Jahr 1967 wurde es von P. Theodor Bogler auf den neuesten Stand gebracht. In gelungener Kooperation mit dem Rheinischen Verein für Denkmalpflege und Landschaftsschutz e. V. wurde die nun vorliegende Fassung realisiert. Herr Professor Dr. Dethard von Winterfeld hat sich der Laacher Baugeschichte erneut angenommen, ergänzt um Beiträge von Laacher Mönchen. Ihnen allen sei an dieser Stelle herzlich gedankt!

+ *Benedikt Müntnich OSB*
Abt von Maria Laach

Zur Einführung

Die romanische Abteikirche von Maria Laach gehört mit ihren sechs Türmen zu den unvergeßlichen Architekturbildern des Mittelalters in Deutschland, ja im ganzen Abendland. Sie wurde zum Paradigma der ganzen Epoche. Ihr Bild fehlt in keinem Schulbuch und keinem Übersichtswerk zur Geschichte oder Kunstgeschichte. Am Ort selbst wird der Eindruck gesteigert durch die für das Mönchtum fast symbolische landschaftliche Lage in der Einsamkeit der Eifelwälder und am Ufer eines Vulkansees. Ein gütiges Schicksal hat es gefügt, daß nach den Wirren der Säkularisation, die wie bei vielen anderen bedeutenden Klöstern den Fortbestand bedrohte, und nach den erfolgversprechenden Ansätzen der Jesuiten im 19. Jahrhundert der angestammte Benediktinerorden Kloster und Kirche wiederum mit liturgischem Leben erfüllt und den geistlichen Sinn des Bauwerks anschaulich werden läßt.

Anläßlich des Doppeljubiläums 1992/93 – der neunhundertjährigen Gründung der Abtei und der hundertjährigen Wiederbesiedelung – regte der Herausgeber der begleitenden Festschrift, Pater Emmanuel von Severus, unterstützt von dem damaligen Abt Anno Schoenen, eine zusammenfassende Darstellung zur Baugeschichte der Kirche an. Seit 1967 erfüllte die von dem Mönch Theodor Bogler neu bearbeitete und herausgegebene Fassung des Werkes von Adalbert Schippers – ebenfalls Mönch von Maria Laach – „Das Laacher Münster"[1] diese Aufgabe, war aber seit vielen Jahren vergriffen. Die langen Jahre des Wartens gehen zu Lasten des Autors, der von anderen Projekten in Anspruch genommen war. Er dankt den Mönchen für ihre langmütige Geduld. Es ist das Verdienst von Pater Drutmar Cremer, daß dieses Buch in der vorgesehenen Form erscheinen kann.

Mit besonderer Freude erfüllt den Autor, daß die Monographie als Jahresgabe 2004 des Rheinischen Vereins für Denkmalpflege und Landschaftsschutz erscheint, dem der Autor seit vielen Jahren durch Funktionen im Beirat und Vorstand eng verbunden ist. Diese von dem großen Provinzialkonservator Paul Clemen gegründete „älteste Bürgerinitiative Deutschlands" feiert 2006 ihr hundertjähriges Bestehen und darf als Verkörperung des Gewissens für das historische Erbe und die umgebende Landschaft des Rheinlandes über die Ländergrenzen hinweg verstanden werden. An dieser Stelle erinnert der Autor auch an seine geistigen Lehrer Albert Verbeek und insbesondere Hans-Erich Kubach, die mit ihrem fundamentalen, vierbändigen Werk „Romanische Baukunst an Rhein und Maas" (1976/1989) eine vollständige und sichere Grundlage für die Architektur dieser Epoche und Region gelegt haben, gefördert nicht zuletzt durch den Rheinischen Verein, dem sie zeitlebens eng verbunden waren.

Wer eine zusammenfassende Darstellung versucht, kann nur Ergebnisse in abgekürzter Form referieren, zumal wenn man sich über die Fachwelt hinaus an einen weiteren Kreis von Lesern wendet. Neben eigenen Untersuchungen zur Baugeschichte muß er sich auf die Forschungen von Vorgängern und Kollegen des eigenen Faches wie der Nachbarfächer stützen. Er steht dabei, um es biblisch zu formulieren, auf den „Schultern der Propheten" oder als Zwerg auf den Schultern von Riesen. Wer sich mit der Literatur über Maria Laach beschäftigt, wird alsbald feststellen, in welch erstaunlichem Ausmaß die Mönche selbst das Wissen erweitert haben, ganz in der Tradition des gelehrten Benediktinerordens. Bereits zuvor hatten die Jesuiten in den knappen zehn Jahren ihres Wirkens das Kloster zu einem Zentrum philosophischer und theologischer

9

Forschungen gemacht und mit ihrer Zeitschrift „Stimmen aus Maria Laach" weit über das Rheinland hinaus Beachtung gefunden. Die Forschung zur Geschichte von Kirche und Kloster setzt aber erst mit der Neubesiedelung durch die Benediktiner ein. Hier ist vor allem noch einmal auf die zahlreichen Schriften von Adalbert Schippers hinzuweisen, dessen zusammenfassende Monographie „Das Laacher Münster" 1928 erschien und in keiner gut sortierten Bibliothek fehlt. Während er die Baugeschichte bis in die jüngste Zeit hinein fixierte, ergaben sich durch die Restaurierung des Stiftergrabes nicht nur neue Erkenntnisse, sondern auch eine Reihe von Publikationen, so diejenige von Regine Dölling und Reinhold Elenz zum Befund und die Beobachtungen des Restaurators Eike Oellermann sowie die vorzügliche, alle Aspekte berücksichtigende von Rainer Kahsnitz. Auf diese Arbeiten muß nachdrücklich verwiesen werden.[2]

Der Verfasser dankt Abt Benedikt Müntnich für sein Geleitwort sowie Abt em. Anno Schoenen und den Mönchen Pater Drutmar Cremer, Bruder Michael Reuter, Pater Willibrord Heckenbach und Pater Angelus Häußling für ihre Beiträge, die erneut Zeugnis von der benediktinischen Tradition und der intensiven Auseinandersetzung der Mönche mit der Geschichte und den Kunstwerken ihrer Abtei ablegen.

Dem Verlag, vertreten durch Dr. Albrecht Weiland und Rainer Boos, dankt der Autor für die Förderung des Projekts und die professionelle Betreuung. In dem Bewußtsein, daß diese Zusammenfassung nur eine Momentaufnahme und ein kurzes Innehalten im Prozeß der Forschung und fortschreitender Erkenntnis bedeutet, hofft der Autor gleichwohl, einen Beitrag zur Stärkung des Bewußtseins für die Zeugnisse unserer Vergangenheit geleistet zu haben.

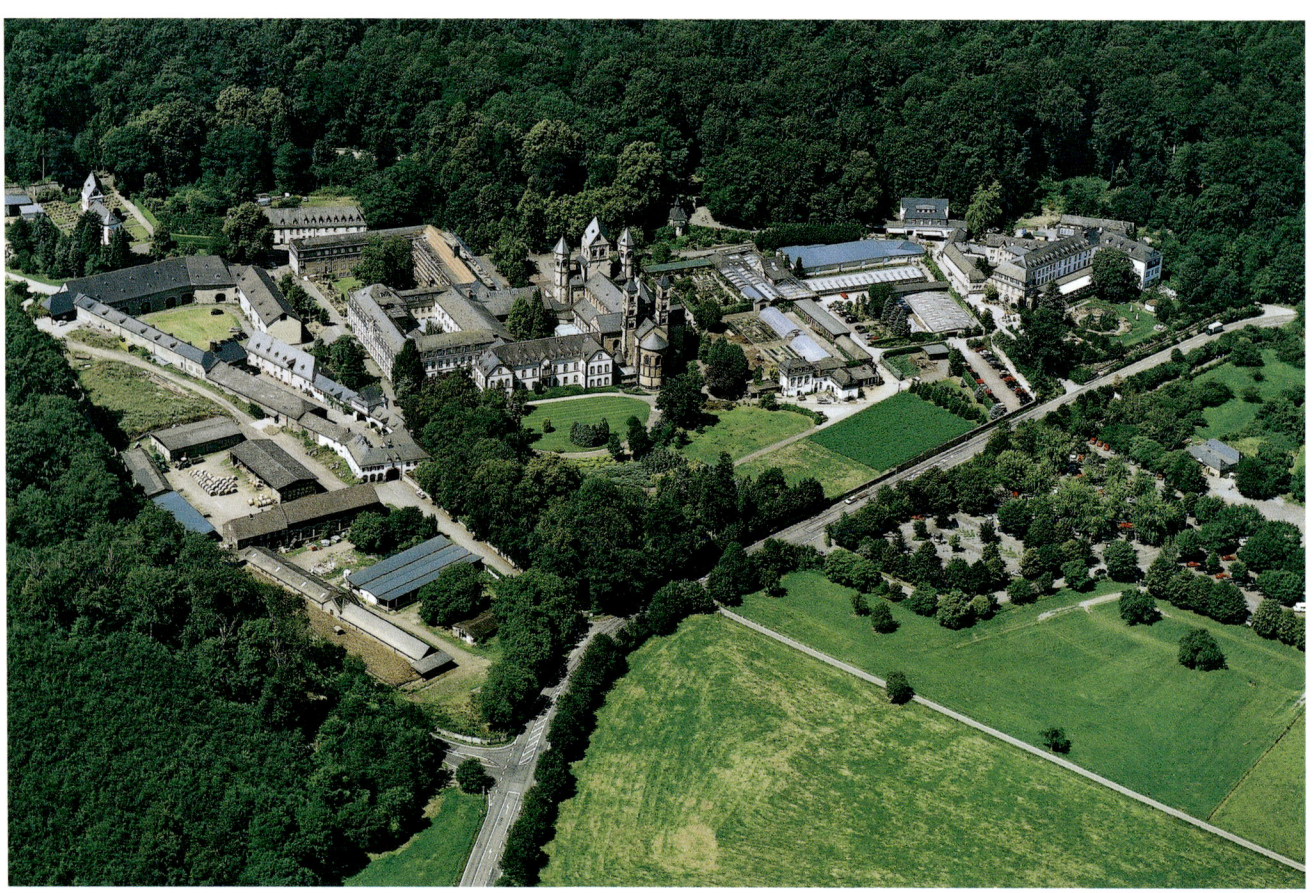

Die Gesamtanlage des Klosters Maria Laach von Südosten

Die Gründung der Abtei und ihre Stifter

Der Einbruch des Laacher Kessels, der sich später mit Wasser füllte und zum See wurde, schleuderte große Bims- und Lavamassen in die Umgebung, die heute noch die Grundlage der dort ansässigen Steinindustrie bilden.[3] Frühgeschichtliche Ansiedlungen sind belegt. Die Römer schließlich, die die Steinvorkommen bereits nutzten, gaben dem See den Namen, denn Laach leitet sich von *lacus* (= See) ab. Der Flurname „Alte Burg" deutet auf eine frühe Burganlage hin. Der Gründer der Abtei wird in einer Urkunde von 1075 als *Comes de Lach*, also Graf von Laach, genannt. Er stammte wohl aus dem Hause Luxemburg, seine Mutter könnte zum Geschlecht der rheinischen Grafen Are-Hochstaden gehört haben, die später mit dem Kloster eng verbunden waren und bis ins 13. Jahrhundert die Vögte stellten. Er übernahm bei seiner Eheschließung 1085 das lothringische, später rhein-fränkische Pfalzgrafen-

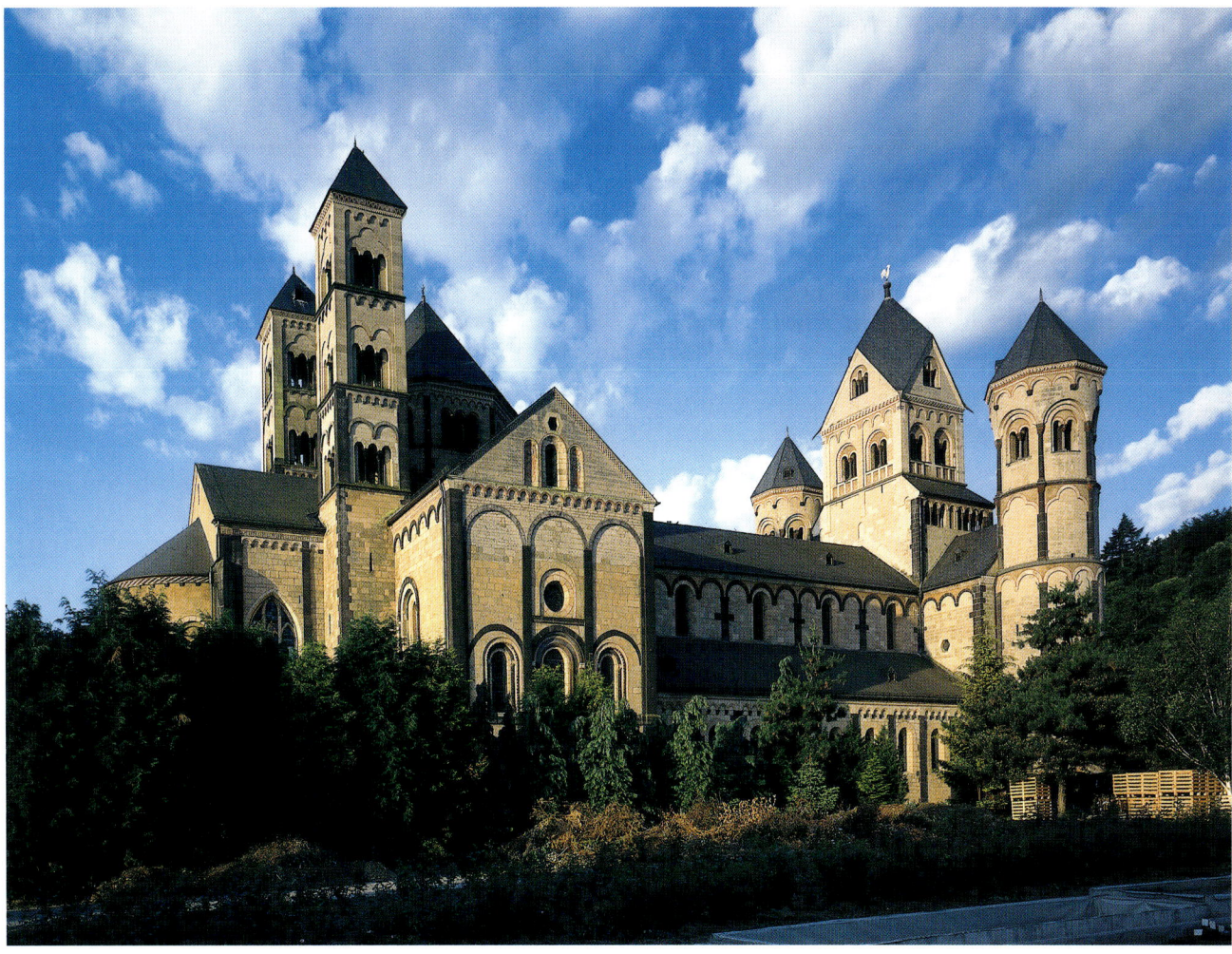

Ansicht der Klosterkirche von Nordosten

11

amt. Seine Gemahlin war Adelheid von Meißen-Or-lamünde, die zuvor bereits zweimal verheiratet gewesen war, in erster Ehe mit Adalbert von Ballenstedt, zum zweiten Mal mit dem Pfalzgrafen Hermann II., seinem Onkel, der kinderlos starb. Aus erster Ehe Adelheids entstammte ihr Sohn Siegfried. Bei der Übertragung der Pfalzgrafenwürde an Heinrich spielte Adelheid offenbar eine wichtige Rolle.[4]

Der Titel des Pfalzgrafen geht in fränkische Zeit zurück. Als königlicher Beamter hatte der Pfalzgraf die Pfalzen zu verwalten, die der König bei seinen ständigen Umritten als festen Standort benötigte. Dazu gehörten auch die Ländereien des Königsguts. Noch in ottonischer Zeit sind Pfalzgrafen in Bayern, Schwaben, Lothringen und Sachsen überliefert, doch wurden diese von den Herzögen verdrängt; nur das lothringische, später rheinische Pfalzgrafenamt blieb bestehen und wurde sogar erblich. Als eines der Hofämter stieg es später zur Kurwürde auf. Dies erklärt, warum das relativ bescheidene Territorium seit dem 14. Jahrhundert einen der vier weltlichen Kurfürsten stellte. Der Titel des Pfalzgrafen, des Verwalters des königlichen Palastes, bezog sich auf einen der sieben römischen Hügel, den Mons Palatinus, auf dem seit Augustus bis ins hohe Mittelalter die kaiserlichen Paläste standen. Der Name wurde auf die Gebäude übertragen und lebt bis heute fort: Palast, Pallas (bei einer Burg), Palais, Palazzo und – mit Lautverschiebung – Pfalz. Der Gebäudekomplex Pfalz gab den Namen an das Territorium, also die königlichen Güter, weiter. Der Schwerpunkt derselben lag im 11. Jahrhundert im Mittelrhein- und Moselgebiet, verlagerte sich aber dann mehr und mehr an den Oberrhein mit den Residenzstädten Neustadt, Oppenheim und vor allem Heidelberg. Nach der Neugliederung des Reiches durch den Wiener Kongreß ging der Name an den rheinischen Regierungsbezirk Bayerns, die heutige Pfalz, über, die in ihren Grenzen erst auf das Jahr 1815 zurückgeht. Von dort gelangte der Begriff an das heutige Bundesland Rheinland-Pfalz. Außer dieser Begriffs- und Namensübertragung hatte der

Stifter von Laach als *Comes Palatinus Rheni*, Pfalzgraf Heinrich II., nichts mit der heutigen Pfalz zu tun.

Die Vorgänger im Amt gewannen bereits an Bedeutung, als Ezzo aus dem lothringischen Pfalzgrafenhaus noch vor 991 die Tochter Kaiser Ottos II. und der Theophanu, also die Schwester Kaiser Ottos III., heiratete. Von seinen Töchtern ehelichte die älteste, Richeza, den König von Polen, sechs weitere wurden Äbtissinnen der vornehmsten Stifte des Reiches, in Marien im Kapitol, Gandersheim, Essen usw.[5] Das Familienkloster war Brauweiler bei Köln. Der letzte Pfalzgraf, Heinrich I., starb 1060, sein Nachfolger 1085 ohne lebende Kinder, so daß der Herr von Laach über seine Ehe mit der Witwe Adelheid von Meißen-Orlamünde zum Pfalzgrafen aufsteigen konnte. Seine Nachfolger hatten später ab 1198 das Reichstruchsessenamt inne und waren damit die geborenen Vertreter des Königs und Kaisers bei dessen Abwesenheit oder bei einer Vakanz. Der Bischof von Metz, Poppo, war vermutlich der Bruder des Pfalzgrafen Heinrich II. Im Jahr 1075 erscheint Heinrich zum ersten Mal als Zeuge in einer Urkunde des Erzbischofs Udo von Trier. Er muß bedeutenden Besitz in der Mosel- und Rheingegend gehabt haben, zumal er in zeitgenössischen Quellen als einer der reichsten Herren Lothringens bezeichnet wird. Am Laacher See besaß er eine Burg. 1080 nahm er auf der Seite Kaiser Heinrichs IV. an der Schlacht an der Elster teil, bei der der Gegenkönig Rudolf von Rheinfelden seine Schwurhand verlor und verstarb. 1095 hatte er im Auftrag des in Italien weilenden Kaisers Streitigkeiten um Echternach zu schlichten. Über seinen Tod 1095 berichtet der Chronist Bernold, ein Parteigänger des Papstes: „Auch Pfalzgraf Heinrich, schwer reich, dem apostolischen Stuhl so gar nicht gehorsam, ist den Weg allen Fleisches gegangen, hat große Schätze hinterlassen, die aber ohne Nutzen für ihn von vielen geraubt werden sollten."[6] Ein originales Siegel Heinrichs hat sich nicht erhalten, dafür aber dasjenige seiner Gemahlin Adelheid, das zu den bedeutendsten Siegelbildern dieser Epoche gehört.

1093 gründete Pfalzgraf Heinrich II. in seinem

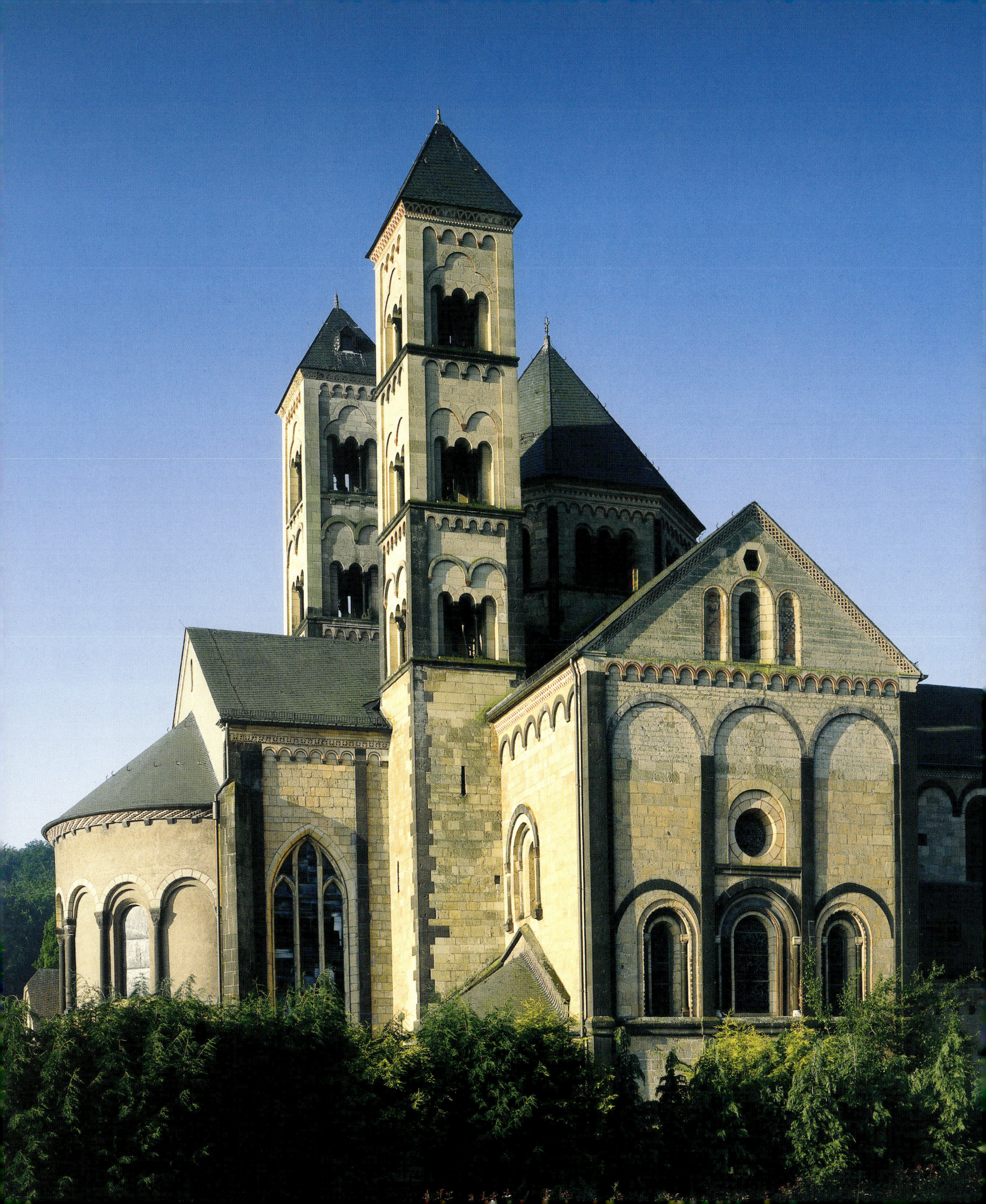

Kerngebiet am Laacher See ein Benediktinerkloster. Die originale Gründungsurkunde existiert zwar nicht mehr, doch wird ihr wesentlicher Inhalt in einer Fälschung vom Anfang des 13. Jahrhunderts überliefert, mit der das Kloster den Zweck verfolgte, sich von der Vogtei der Grafen von Are zu befreien. Diese Absicht spielte jedoch für die historische Überlieferung keine Rolle, so daß wir auf sie vertrauen können.

Pfalzgraf Heinrich bestätigt in dem Text, er habe, da er kinderlos sei, mit Zustimmung und Mitwirkung seiner Gemahlin Adelheid für sein Seelenheil und zur Erlangung des ewigen Lebens auf seinem Besitz genannt Lach ein Kloster zu Ehren der heiligen Maria und des heiligen Nikolaus gegründet und mit Gütern ausgestattet. Es werden die Orte Kruft, Bendorf, Heimbach, Bell, Rieden, Alken und Willeberg genannt. Der Pfalzgraf wünscht nirgends anders als im Kloster begraben zu werden und bestimmt dies für seine Frau und die nachfolgenden Klostervögte.[7] Weitere Bestimmungen über die Vogtei sind vermutlich von den Absichten des 13. Jahrhunderts geprägt. Ein Diplom König Konrads III. von 1138 bestätigt die erwähnten Einzelheiten fast wörtlich und verleiht der gefälschten Gründungsurkunde Glaubwürdigkeit. Darüber hinaus heißt es, daß Egilbert, damals Erzbischof von Trier, alles um der frommen Stiftung Willen gut hieß, was dieser Kirche rechtens vermacht wurde, und bekräftigte es mit seinem bischöflichen Bann und Ansehen. Dies sei im Jahre 1093 geschehen.

Ob die ersten Mönche, die der Stifter noch vor seinem raschen Tod berief, aus St. Maximin in Trier stammten, ist nicht ganz sicher. Die Abtei stand damals unter dem Einfluß der für das Reich wichtigen Reform des Klosters Gorze. Diese Überlieferung, die auf den Prior Johannes Butzbach († 1510) zurückgeht, hat eine gewisse Wahrscheinlichkeit.[8] Er teilt mit, daß Laach damals noch nicht Abtei war und die ersten Brüder von einem Prior angeführt wurden. Die Schutzvogtei von St. Maximin war den Grafen von Luxemburg übertragen, aus de-

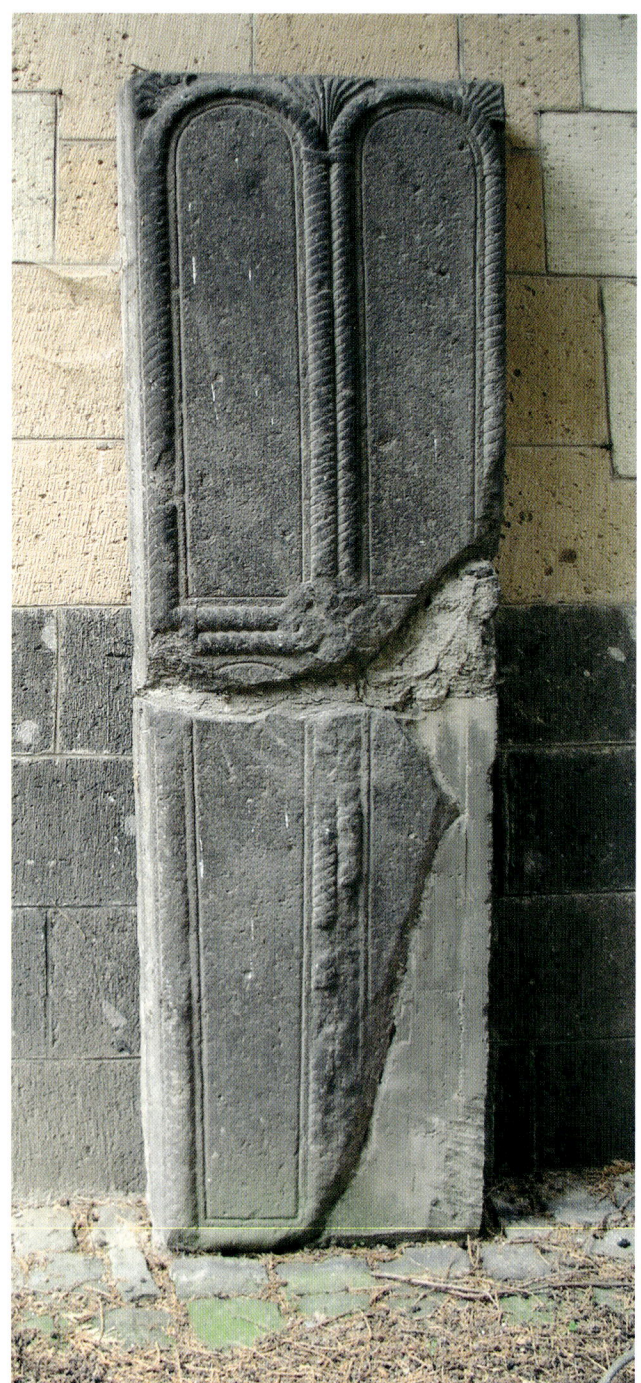

Grabstein im Garten des Kreuzgangs, vielleicht vom ursprünglichen Stiftergrab

ren Geschlecht Pfalzgraf Heinrich möglicherweise stammte, so daß die Auswahl der Mönche von dort nahegelegen haben könnte. Der Todestag des Stifters 1095 wird im Nekrolog des Klosters mit dem 23. Oktober angegeben.

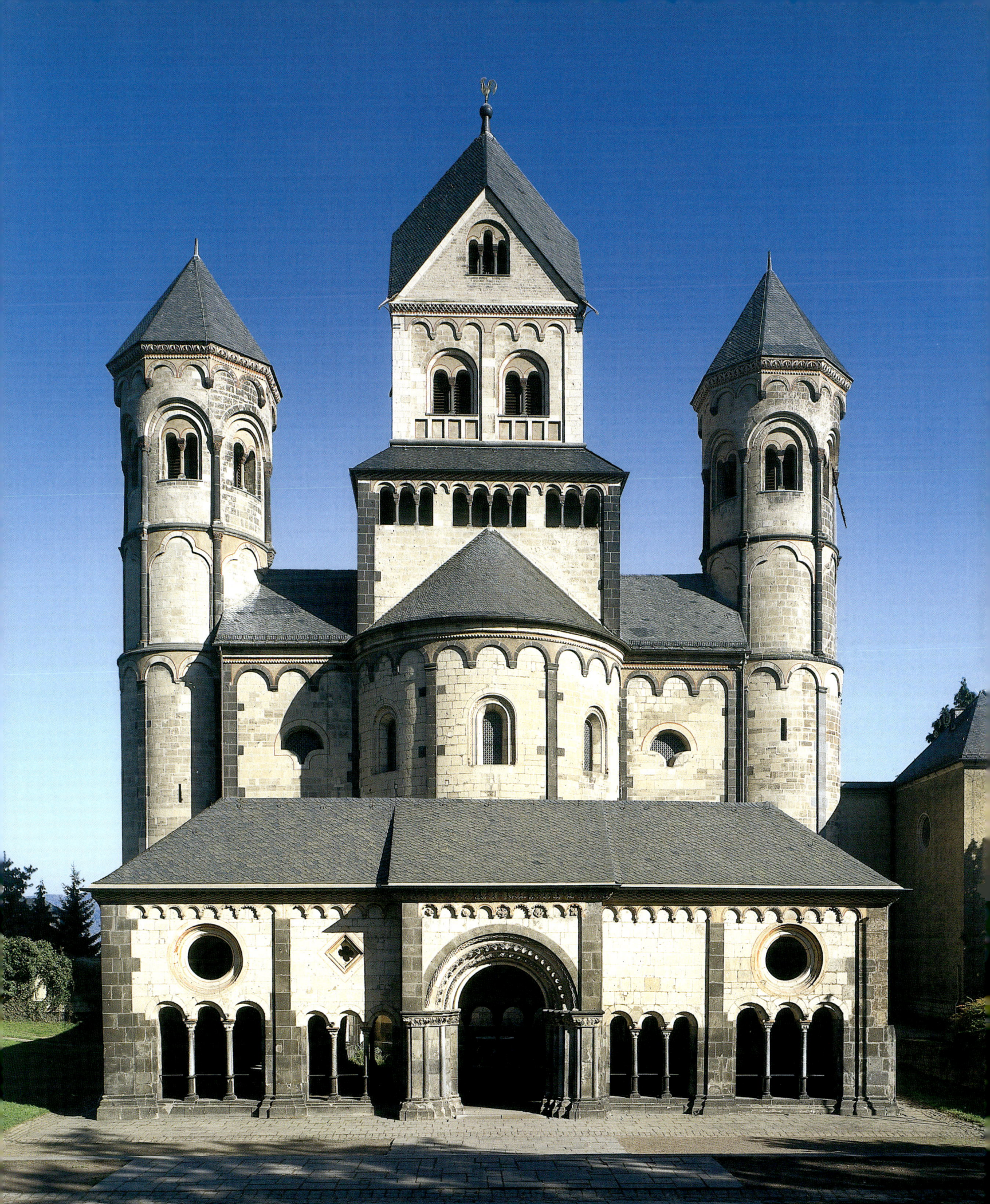

Die älteste erhaltene, Laach betreffende Urkunde ist zwar undatiert, muß aber aus einer Reihe von Gründen 1112 von dem Stiefsohn Siegfried ausgefertigt worden sein, der Erbe und Nachfolger Heinrichs im Pfalzgrafenamt war. In ihr wird die Stiftung bestätigt, die sein Vorgänger und Stiefvater auf Drängen seiner Mutter Adelheid errichtet habe. Dieser habe ihn kurz vor dem Tode zum Erben seiner Güter eingesetzt und ihm die Fortführung der Kirche, für die er selbst nur das Fundament habe legen können, aufgetragen. In seinen Jugendjahren habe er diese Aufgabe bisher vernachlässigt, was er bereue, jetzt aber wolle er die Fortführung des Baus betreiben. Seine Burg in der Nähe habe er abbrechen lassen, damit die Mönche nicht gestört würden. Das Kloster habe er dem Abt von Afflighem (in Brabant, heute Belgien) und dessen Nachfolgern zur Leitung übergeben, da beide Orte, die auf seinem Eigengut lägen, auch von einem Abt regiert werden sollten.[9] Da dieses Kloster erst 1083, also nur zehn Jahre vor Maria Laach, gegründet worden war, muß Siegfried damit besondere Absichten verfolgt haben. Seine Besitzungen lagen einerseits wegen der Herkunft seiner Mutter in Sachsen, zum anderen in Brabant, so daß sich sein Interesse keineswegs auf den Mittelrhein konzentrierte, sondern eine sehr viel weitere Perspektive hatte. Im Gegensatz zu seinem Stiefvater, der offenbar auf seiten des salischen Kaisers Heinrichs IV. stand, gehörte er zur sächsischen Oppositionspartei, die vom Papst unterstützt wurde. Wie viele Angehörige des hohen Adels stand Siegfried wohl der salischen Kirchenpolitik ablehnend gegenüber und unterstützte die kirchlichen Reformbewegungen im Westen. Afflighem war von der von Cluny ausgehenden Reform geprägt, die auch für Laach wirksam werden sollte. Die im Klosterverband von Cluny übliche Unterordnung unter das Mutterkloster zeigt sich in der Herabstufung der neu gegründeten Abtei zu einem Priorat.[10] Trotzdem wiederholte Siegfried die Bestimmungen der Gründungsurkunde hinsichtlich des Begräbnisrechtes für seine Familie und die späteren Vögte, die aber aus seinen Söhnen und deren Nachkommen bestimmt werden sollten, zumal sie seinen Besitz am Laacher See erben würden.

Siegfried starb an den Wunden, die ihm in der Schlacht bei Warnstedt 1113 in Thüringen zugefügt worden waren und wurde in Herrenbreitungen an der Werra bestattet. Auch seine Mutter, die Pfalzgräfin Adelheid, die auf einer Reise nach Rom 1100 verstarb, wurde entgegen dem Wunsch des Stifters nicht in Laach, sondern vermutlich in Echternach begraben. Nur der Stifter selbst wurde 1095 in Laach bestattet und zwar im Kreuzgang vor dem Kapitellsaal, wie zahlreiche übereinstimmende Quellen berichten. Noch vor 1652 und 1699 war die Lage bekannt und an einem großen Stein abzulesen.[11] Nach übereinstimmender Aussage der Quellen war Adelheid maßgeblich an der Gründung des Klosters beteiligt. Es wird sogar berichtet, daß dies auf ihr Betreiben hin geschah. Daß sie nicht ebenfalls als Stifterin verehrt wurde, mag daran liegen, daß sie in der ursprünglichen Stiftungsurkunde nicht genannt und nicht neben ihrem Gemahl in Laach bestattet wurde. Ohne ihre Förderung hätte die zwei Jahre alte Gründung beim Tode des Stifters kaum Aussicht auf weiteren Bestand gehabt, zumal der Stiefsohn zunächst keinerlei Interesse an ihr zeigte. Man darf daher die ersten sieben Jahre bis 1100 als einheitlichen Zeitrahmen betrachten. Ob die Kirche wirklich schon 1093 begonnen wurde und nicht doch zunächst das Kloster, ist völlig ungewiß.

Wie stark der Einfluß von Afflighem und damit des cluniazensischen Gedankengutes tatsächlich war, ist wegen der sparsamen schriftlichen Überlieferung aufgrund des Verlustes fast aller Quellen kaum mehr abzuschätzen. Die erhaltenen Urkunden betreffen in der Regel nur Rechtsgeschäfte. Die Abhängigkeit von dem reichen Kloster im Westen bestand offenbar bis in die Zeit des dortigen Abtes Gottschalk I. (1147–1163).

Der erste Abt von Afflighem, Fulgentius (1088–1120), sandte Mönche nach Laach, von denen Osto, Lambert und Fulchricus bekannt sind.[12] Erst der zweite Abt dieses Klosters, Franco (1120–1135), begann die dortige Kirche, so daß zu überlegen ist, ob sich der Vorgang in Maria Laach nicht ähnlich abgespielt haben könnte. Erst 1127 wurde das rechtliche Abhängigkeitsverhältnis zu Affligem gelöst. Der erste Abt von Maria Laach war Giselbert (1127–1152) bzw. Gilbert, wie er abgekürzt auf seiner Grabplatte genannt wird, der noch als Mönch bzw. Prior aus Afflighem gekommen war. Er wurde in der Krypta beigesetzt.

In geistlichen Dingen unterstand das Kloster zunächst dem Erzbischof von Trier, in dessen Diözese es lag. Es orientierte sich jedoch immer mehr nach Köln; dessen Erzbischof Arnold 1146 referiert bereits, der Sohn Pfalzgraf Siegfrieds hätte seinem Vorgänger das Kloster übertragen und auf alle Rechte verzichtet.[13] Der Kölner Erzbischof übernimmt fortan die Funktion des Obervogtes, der auch jeweils die Investitur eines neuen Abtes vorzunehmen hat. Nur die eigentliche Weihe wird noch von dem Trierer Kollegen vorgenommen. Für die niederen rechtlichen Angelegenheiten gab es aber einen sogenannten Dingvogt, doch gelang es dem Kloster, den letzten Vertreter dieses Amtes, Graf Gerhart von Are, 1209 zum endgültigen Verzicht zu bewegen.

Der Besitz des Klosters konnte nach 1130 vermehrt werden. Ein Hof in Bendorf, der von Pfalzgraf Siegfried dem Kloster entfremdet worden war, wurde 1138 von König Konrad III. zurückgegeben. Eine Bulle des Papstes Innozenz II. von 1139 zählt Güterschenkungen auf, darunter die eines Ritterpaares Johannes und Mathilde von Ebernach an der Mosel. Vor dem Martinsaltar im Westchor, den wir daher kennen, ließ Abt Giselbert eine Inschrift anbringen: „Im Namen der heiligen und ungeteilten Dreieinigkeit, ich, Gilbert, Abt von Laach, tue allen Gläubigen kund, daß Johannes und Frau Mathilde ihr Besitztum, das sie in Ebernach und Valwig besaßen, Gott und Maria zu ewigem Besitz übergeben haben."[14] Sie erbauten hier den Chor und den Altar und verordneten, daß sowohl das Licht als auch die Messen für die verstorbenen Gläubigen

von ihrer Stiftung bestritten würden. 1165 bestätigt der zweite Abt Fulbert diese Schenkung, von der noch im 16. Jahrhundert berichtet wird. Wegen der Erwähnung in der päpstlichen Bulle ist die Jahreszahl 1138 verbürgt, zumal das Original der Urkunde, die auf 1130 datiert gewesen sein soll, nicht mehr erhalten ist.[15] Demnach muß in dieser Zeit das Untergeschoß des Westbaus im Bau gewesen sein. Über eine Vollendung der Gewölbe unter der Empore sagen diese Daten jedoch nichts. Bedeutsam ist jedoch das Einsetzen neuer Stiftungen des Adels der Umgebung und die bemerkenswerte Beziehung zum Westchor. Vielleicht ergibt sich hieraus doch ein Fingerzeig auf dessen Funktion.

Über die Weihe der Kirche gab eine Inschrift Auskunft, von der wir nicht wissen, wo sie angebracht war. Ein Schreiber des ausgehenden 12. Jahrhunderts hat sie uns auf den letzten Blättern des Laacher Sakramentars in Darmstadt überliefert: „Im Jahre 1156, am 24. August, wurde unter dem Pontifikat Hadrians IV., der Regierung Kaiser Friedrichs I., dem zweiten Abte Fulbert die Laacher Kirche durch Erzbischof Hilin von Trier zu Ehren der heiligsten Dreifaltigkeit, der Gottesmutter Maria, des heiligen Nikolaus und aller Heiligen feierlich eingeweiht."[16] Auch wenn der Hochaltar nicht erwähnt wird, darf man doch davon ausgehen, daß er damals bereits bestand und der Ostchor vollendet war. Die Inschrift über dem nördlichen Mittelkapitell im Inneren der Apsis weist auf die Gräfin Hedwig von Are hin (leider ohne Jahreszahl), die wohl auch auf einem Wandteppich des 13. Jahrhunderts mit dem Modell der Kirche zu sehen und mit der Inschrift bedacht war *„Hadwigis Comitissa offerens chorum dicit: suscipe virgo via munos quod reddo Maria".*[17] Die Inschrift auf dem Kapitell lautet *„Prole potens virgo, petimus pro munere largo: da tibi submisse celus Hedwig Comitisse".*[18]

Die weiteren Nachrichten zur Baugeschichte entstammen den erhaltenen Dachbalken des Westbaus, der Westtürme und des Mittelschiffs. Sie präsentieren uns einen naturwissenschaftlich gesicherten Kalender. Um 1185 waren der zweite Dachstuhl und damit auch das Gewölbe über dem Mittelschiff vollendet.[19]

Die weiteren Nachrichten gehören in den Kontext des Stiftergrabes. Besonders hervorzuheben ist die lange Regierungszeit des Abtes Theoderich II. von Lehmen 1256–1295. Damals wurden die großen Fenster im Chor eingebrochen. 1355 wurde nach Aussagen von Holzproben der steile Helm über dem Vierungsturm errichtet, der 1936 abgebrochen wurde. 1473/77 schloß sich die Abtei der in Deutschland verbreiteten Reformbewegung von Bursfelde an.

Unter Abt Pladicus Kessenich (1662–1698) wurde eine bescheidene Barockisierung der Kirche durchgeführt, unter anderem der Fußboden aufgeschüttet, die Seitenschifffenster vergrößert, Baldachin und Pfalzgrafengrab in den Westchor verlegt und ein neuer barocker Hochaltar aufgestellt. Im 18. Jahrhundert wurden neue Flügel der Klosteranlage errichtet, insbesondere die große Prälatur auf der Westseite des Kreuzgangs und südlich des Refektoriums der Josephsflügel. Nach der Aufhebung des Klosters 1802 verlor der Innenraum fast alle Ausstattungsstücke. 1855 brannte die Prälatur ab, 1862–1872 richtete der Jesuitenorden ein großes Collegium ein und errichtete den neuen Bibliotheksflügel sowie den Pforten- und Gästebau. 1892 wurde das Kloster durch Beuroner Mönche unter dem ersten Abt Willibrord Benzler (1893–1901) neu besiedelt.[20] Besonders der dritte Abt, Ildefons Herwegen (1913–1946), war eine herausragende Persönlichkeit und zeichnete sich als geistlicher Führer in den Umbruchzeiten nach dem Untergang des Kaiserreiches und in der Diktatur des Nationalsozialismus aus. Unter ihm begann auch an der Kirche ein umfangreiches Restaurierungswerk, das 1936/37 die Dächer der Kirche betraf, aber auch Zug um Zug den gesamten Außenbau. Der Baldachin wurde 1947 über den Hochaltar versetzt und seiner Zwerggalerie beraubt. Neue Fenster wurden farblich wie inhaltlich gestaltet. In der Ostapsis und in den beiden Nebenapsiden der Querarme blieb die musibische Ausgestaltung der historisierenden Beuroner Schule erhalten, ebenso wie zahlreiche weitere Ausstattungsstücke. Die letzte Reinigung der Wände im Inneren erfolgte in den achtziger Jahren des 20. Jahrhunderts, ebenso wie die restauratorische Untersuchung und Behandlung des Stiftergrabes. Die Maßnahmen wurden abgeschlossen durch die Zusammenführung des Orgelwerkes auf der Westempore und den Einbau einer neuen Chororgel an der Westwand des Südquerarms.

Die Kirche – eine Übersicht

Mit ihren sechs Türmen übertrifft die Abteikirche die Mehrzahl der zeitgenössischen Bischofskirchen und wetteifert mit den drei großen romanischen Domen in Speyer, Mainz und Worms. Wie dort wird der Ostgruppe eine Westgruppe gegenübergestellt, die die erstere im Volumen noch übertrifft. Der Kirchengrundriß ist kreuzförmig. Das Querhaus im Osten mit seinen überquadratischen Querarmen springt deutlich über die Längsmauern hervor. Östlich der Vierung schließt sich ein quad-

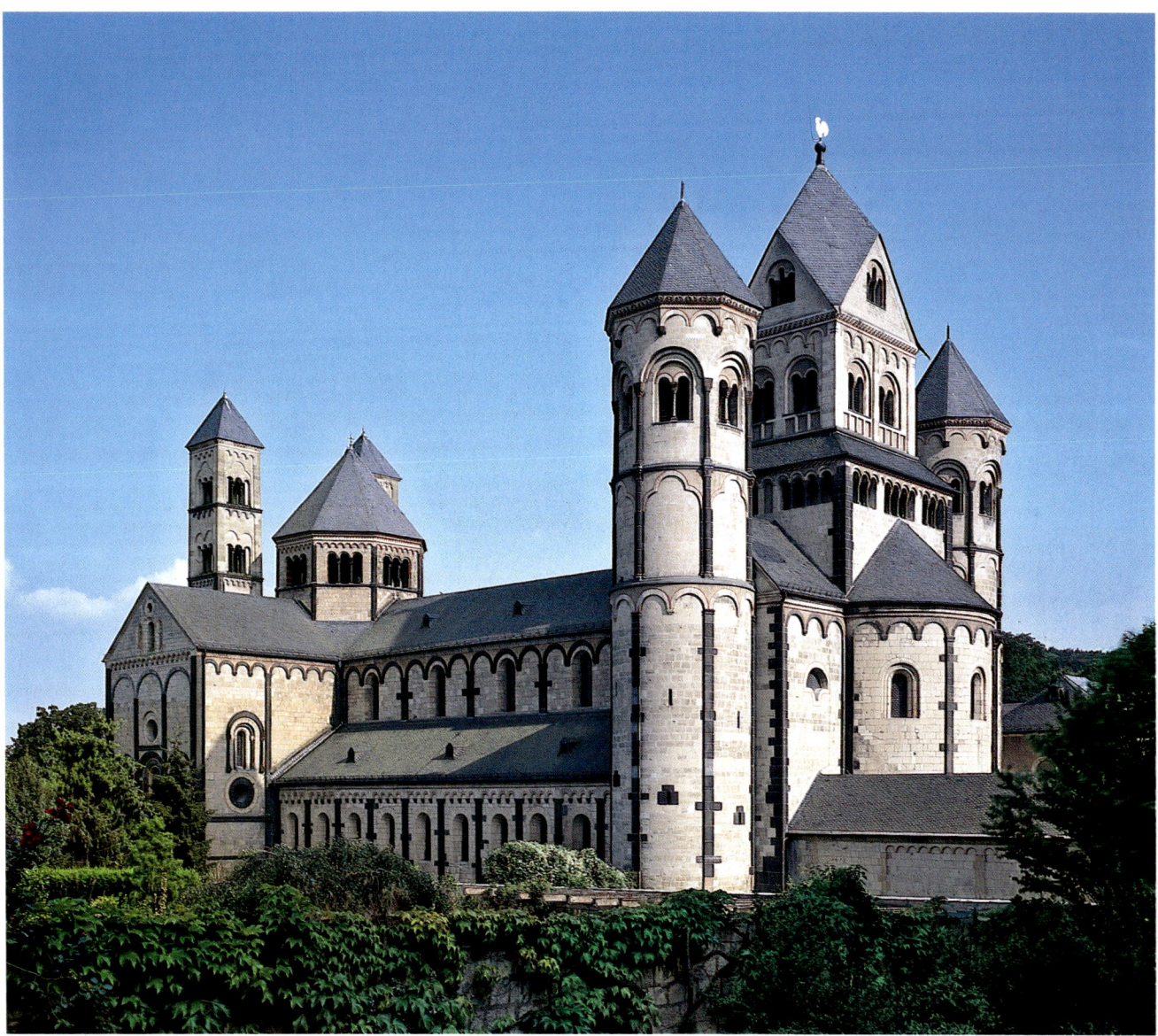

Ansicht von Nordwesten

ratisches Altarhaus mit halbkreisförmiger Apsis an. Darunter befindet sich eine dreischiffige Hallenkrypta. Die Verbindung von Altarhaus und Querarmen stellen zwei schlanke Chorwinkeltürme her, die innen aber keine Treppen enthalten, sondern nur die winkelförmigen Zugänge zur Krypta. Sie überschneiden sich mit den seitlich angrenzenden breiten und relativ niedrigen Nebenapsiden, die von innen gesehen jeweils in der Mitte der Querhausostwände angeordnet sind. Alle Räume sind mit Kreuzgratgewölben ausgestattet, wobei die Gewölbe der Querarme deutlich tiefer angeordnet sind als in der Vierung, was von außen nicht wahrnehmbar ist. Über der Vierung erhebt sich ein achtseitiger unbelichteter Vierungsturm mit offenen Drillingsarkaden. Das Langhaus ist eine gewölbte Pfeilerbasilika mit gleichmäßiger kurzer Jochfolge.

Fünf querrechteckigen Jochen im Mittelschiff entsprechen ebensoviele leicht längsrechteckige in den Seitenschiffen. Sie weisen jedoch doppelt so viele Fenster auf wie das Mittelschiff.

Der Ostapsis entspricht eine zweite im Westen, so daß Maria Laach die alte Tradition der Doppelchoranlagen fortsetzt. Der Westbau ist ein relativ schmaler Querriegel in der Tiefe eines Mittelschiffjochs und tritt außen kaum über die Flucht der Seitenschiffe hervor. Dafür sind vor den schmalen Stirnseiten kräftige Rundtürme angeordnet. Das querrechteckige Mitteljoch wird von einem entsprechenden Mittelturm gekrönt, der sich über einer dreiseitig umlaufenden Zwerggalerie zu einem fast quadratischen Obergeschoß verjüngt. Dieses trägt ein regelmäßiges und damit relativ niedriges Rautendach. Der Westbau und folglich

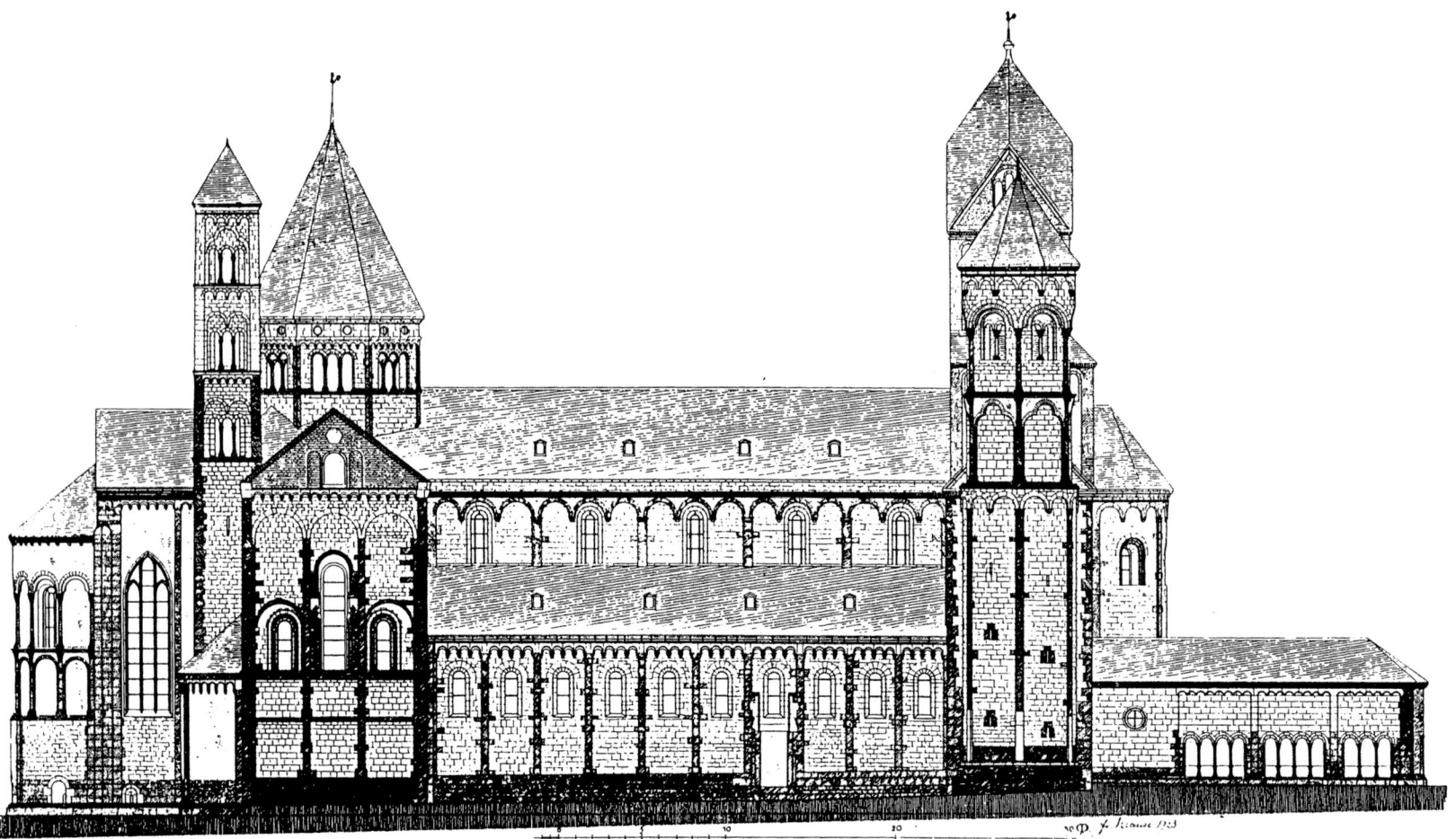

Nordansicht (nach Kunstdenkmäler: Krause 1923)

20

auch die Westapsis sind zweigeschossig unterteilt, wobei sich die große Empore im Obergeschoß zum Mittelschiff öffnet. In den Seitenjochen befinden sich die westlichen Hauptportale.

Diese erreicht man durch ein dreiflügeliges Atrium, dessen zierliche Arkaden sich nicht nur zum Innenhof, sondern auch nach außen öffnen. Der Zugang erfolgt von Westen in der Mittelachse. Das Atrium bildet damit zugleich eine Vorhalle und trägt daher den Namen „Paradies".

Das Kloster liegt auf der wärmeren Südseite und nimmt diese bis einschließlich zum Querhaus vollständig ein. Der neuromanische Kreuzgang erstreckt sich auf der Südseite des Langhauses und schließt auf der Westseite in der Flucht des Westbaus an. Wegen des Rundturmes ist er an dieser Stelle schräg geführt. Die Klostergebäude wurden im Barock umgeformt und am Ende des 19. Jahrhunderts teilweise historisierend erneuert. Sie sind eingefügt in westlich und südlich anschließende

Wirtschaftsgebäude. Der Mönchsfriedhof liegt südwestlich am Hang, überragt von der Friedhofskapelle St. Nikolaus mit ihrem spätromanischen Turm, der mit seinem Rautendach wie eine kleine Kopie des Mittelturmes der Abteikirche wirkt.

Das Baumaterial

Bei nur wenigen vergleichbaren romanischen Bauten spielt das Baumaterial bei der farblichen Gestaltung eine so entscheidende Rolle wie in Maria Laach. In den Wandflächen wurde in großen Teilen, insbesondere in den älteren, ockerfarbiger Tuff aus der Umgebung von Maria Laach verwendet. Ungewöhnlich ist dabei nicht nur die Färbung, sondern auch der Steinschnitt in Form von Großquadern. Gewöhnlich wird Tuff im ganzen niederrheinischen Raum im Kleinquaderformat verwendet, das in der

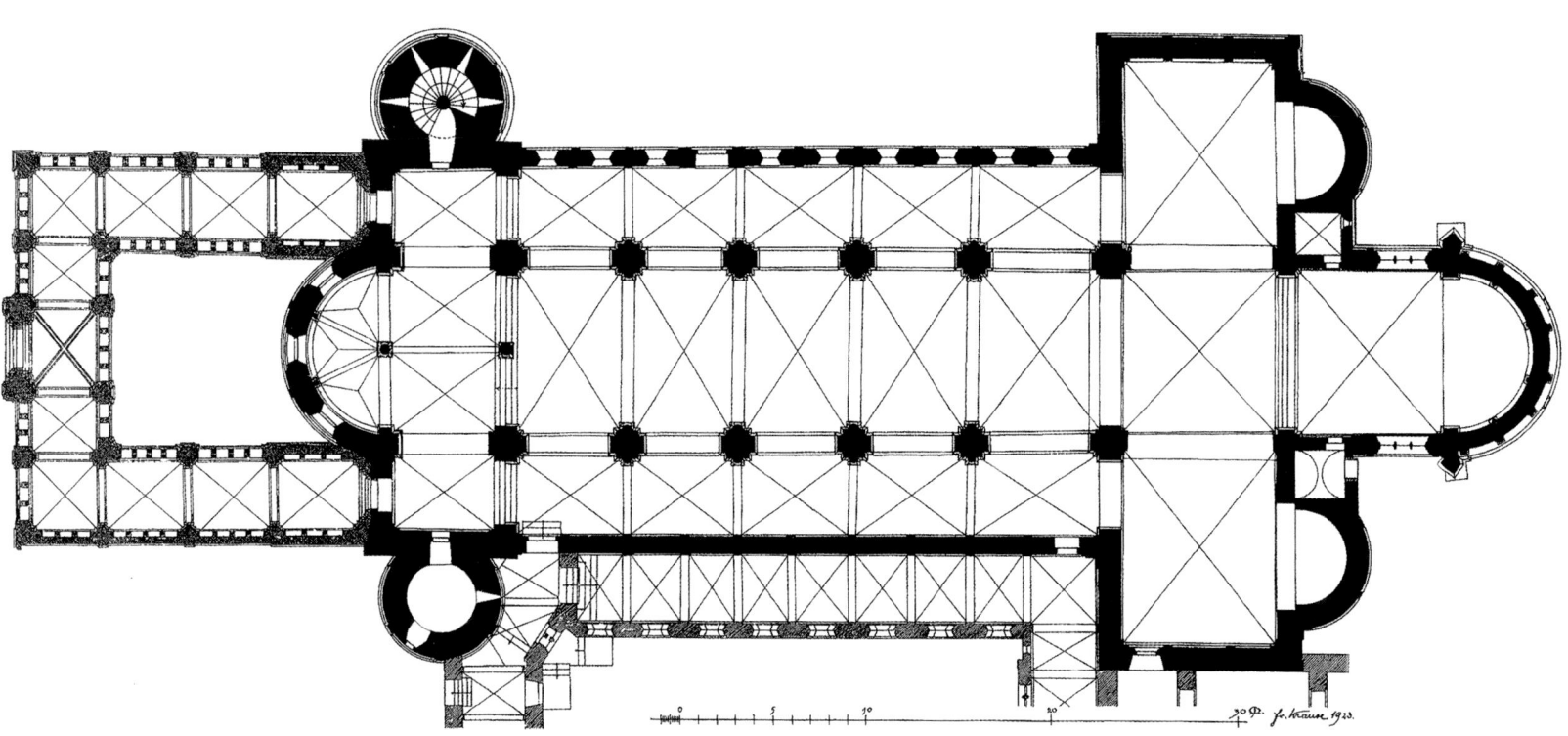

Grundriß (nach Kunstdenkmäler: Krause 1923, mit Korrekturen d. Verf.)

21

Größe zwischen Backstein und Werkstein anzusiedeln ist. In schönem farblichen Kontrast dazu stehen die Gliederungen aus blaugrauer Basaltlava, die sehr hart, witterungsbeständig, aber daher auch schwer zu bearbeiten ist. Trotzdem weist sie ungewöhnlich glatte Oberflächen auf, die kaum Bearbeitungsspuren zeigen und daher wohl geschliffen wurden. Im Sockelbereich, aber auch in den oberen Teilen der Kryptawände wurde als Ergänzung porenreiche und grobkörnige, aber ebenfalls dunkle Basaltschlacke verwendet. Nur an den unteren Lisenen und Gewänden der Schlitzfenster bei den Westtürmen tritt dazu der in der Region fremde rote Sandstein, der von der Kyll stammen soll, aber auch, wie bei anderen Bauten des Mittelrheintales, von den oberrheinischen Sandsteinbrüchen importiert sein kann. Daneben tritt bei den Bögen der Krypta und der Nebenapsiden im Wechsel mit dunkler Basaltlava weißer Kalkstein auf, bei dem Bearbeitungsspuren und Randschläge deutlich erkennbar sind. Ebenso bestehen die unteren Teile der östlichen Vierungspfeiler, die Türpfosten der Westportale und die unteren Teile der Pfeilervorlagen im Westchor aus diesem Kalkstein, der aus lothringischen Brüchen stammen soll. Farblich sehr ähnlich erscheint grauer Sandstein an den Wandpfeilern und Halbsäulen der Krypta. In den jüngeren Bauteilen, insbesondere beim Westbau, bei den oberen Schichten des Nordquerarmes, den oberen beiden Geschossen der Osttürme und vermischt mit dem ockerfarbigen Laacher Tuff im Obergaden des Langhauses und den oberen Schichten des Südquerarms tritt hellgrauer Leuzittuff hinzu, der im benachbarten Weibern gebrochen wurde. Er entspricht in der Farbe dem gewohnten Bild des im ganzen Rheinland verwendeten Tuffs, und auch er wurde vorwiegend in Großquaderformat verwendet. Da Tuff die Feuchtigkeit aufnimmt wie ein Schwamm, ist er in der Regel sehr witterungsanfällig und bedarf, wenn nicht des Putzes, so doch einer kräftigen Schlemme zum äußeren Schutz. Das lebhafte Farbenspiel läßt die Vermutung zu, daß zumindest im Äußeren keine flächendeckende Tünche verwendet wurde. Allerdings täuschen sorgfältige Auswechselungen darüber hinweg, daß der Zustand der Tuffquader nicht durchgehend so perfekt war wie es heute erscheint.

Das Spiel mit Steinfarben zeigt sich beim Wechsel von rotem Sandstein und weißem Kalkstein in der Art des römischen Retikulatmauerwerks im Tympanon des nordwestlichen Portals sowie bei einer in Weiß gehaltenen Sägefriesschicht am Rundfenster der Westwand des südlichen Querhauses. Auch bei dem sogenannten Baldachinfenster darüber stehen die weißen Kalksteinbasen und -kapitelle im Kontrast zur blaugrauen Lava. Weiße Kalksteinkämpfer, die heute übertönt sind, besitzt auch das nördliche Querhaus. Der farbliche Grundton aus warmem Ocker und schwarzer Basaltlava gibt dem Bau sein unverwechselbares Gepräge und entfaltet insbesondere beim Morgen- und Abendlicht seine ganze Schönheit. Im Inneren, wo wiederum die Pfeiler, die Wandvorlagen, sämtliche Bögen und Blendarkaden schwärzlich-grau über dem gelblichen Wandton erscheinen, wirken diese schwer düsterstreng und den Raum einengend. Obwohl dies zur Askese der Mönche zu passen scheint, griff nicht nur im Barock, sondern auch im Mittelalter ein farbiger Überzug aus Tünche korrigierend ein.

Das Äußere

Mit Ausnahme der Ostapsis und der Freigeschosse der Westtürme wird der Außenbau von Maria Laach weitgehend von Lisenen und Bogenfriesen gegliedert. Kein Bau weist dabei eine so große Variationsbreite der Formen auf, die in der Regel nur durch Veränderung der Spannweite erzielt wird. Der Unterschied zwischen Blendarkaden und Bogenfries wird dabei weitgehend verwischt. Die langen, schmalen und sehr flachen Lisenen bestehen aus dunkler Basaltlava, die in vertikalen langen Steinen (Orthostaten) im Wechsel mit flachen querliegenden Bindern versetzt wurde, eine im Grunde frühromanische Technik, die sich hier aus dem unterschiedlichen Material ergab. Die Lisenen sind wegen dieses Materials stets unprofiliert, im Gegensatz zu der sich am Oberrhein abzeichnenden Entwicklung üppiger Profile. Sie besitzen häufig, aber nicht immer, kleine Kämpfer, jedoch keine Basen. Die in ziemlich regelmäßigem Abstand versetzten querliegenden Binder greifen seitlich oft sehr weit in das helle Tuffmaterial ein und wirken darum wie Klammern, die im Grunde der strengen architektonischen Form willkürlich entgegenstehen. Dies gilt beim Langhaus für Seitenschiffe und Obergaden, für den Westbau und die Schäfte seiner Rundtürme. Bei genauer Betrachtung ist dies auch bei den beiden Querarmen und dem Ostbau so, nur hat man dort die ausgreifenden Binder mit gelber Farbe dem Tuffmauerwerk angeglichen, ähnlich wie im Inneren über den östlichen Mittelschiffarkaden. Offenbar gab es hier einen Wechsel im denkmalpflegerischen Konzept, der aber nicht dokumentiert ist. Welche Form den mittelalterlichen Vorstellungen entspricht, ist nicht bekannt. Das Übertünchen läßt die architektonische Gliederung klarer in Erscheinung treten, während die sichtbaren Binder das „Gebaute" der Architektur zum Ausdruck bringt.

Die normalen Bogenfriese bilden die kleinste Form zwischen den Lisenen. Sie bestehen aus hellem Material, also vermutlich Tuff, sind profiliert und ruhen auf Konsolen aus Basaltlava. Wegen ihrer Profile entwickeln sie sich nicht aus den Lisenen, sondern setzen auf Konsolen neben denselben an. Ihre Spannweite variiert etwas, je nach den Abständen der Lisenen. Die sichelförmigen Bogenprofile treten nur in den beiden Ostjochen der Seitenschiffe auf, die als die ältesten anzusprechen sind. Die Verteilung der kleinförmigen profilierten Bogenfriese an verschiedenen Bauteilen läßt darüber hinaus kaum Rückschlüsse zu. Sie befinden sich am Altarhaus, den Nebenapsiden und den Stirnwänden der Querarme, den Seitenschiffen, dem Vierungsturm und den unteren Geschossen der Osttürme. Dort entwickeln sie sich jedoch ohne

Konsolen aus den seitlichen Lisenen. Dies gilt auch für die profilierten Bogenfriese am südöstlichen Chorwinkelturm und die nicht profilierten Bogenfriese bei beiden Geschossen des nordöstlichen Winkelturms und des westlichen Mittelturms, die damit den allgemein üblichen Typ vertreten. Alle anderen Friesformen bestehen zumeist aus Basaltlava mit Sichelbögen, kleinen Konsölchen und sind ebenso flach und unprofiliert wie die Lisenen, aus denen sie sich entwickeln. Mit erheblich vergrößertem Achsmaß – sozusagen einer monumentalisierten Form – finden wir diesen Typ an den Seitenwänden der beiden Querarme und am Westbau, einschließlich der Westapsis und der beiden Rundtürme in Höhe der Traufe. Dort allerdings bestehen die Bögen aus hellem Material. Je nach Bedarf variiert die Spannweite der Bögen geringfügig.

Der Schritt zur Blendarkatur wird durch aberma-

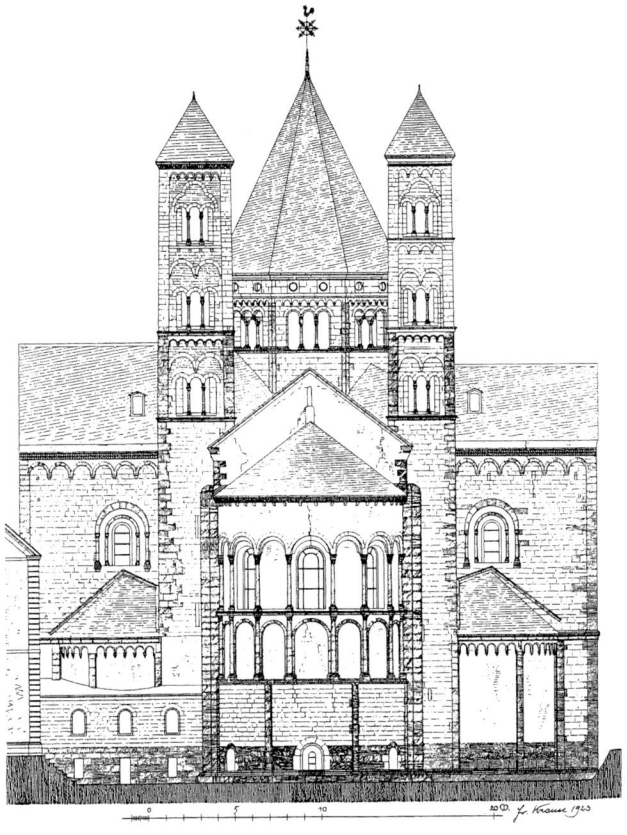

Ostansicht (nach Kunstdenkmäler: Krause 1923)

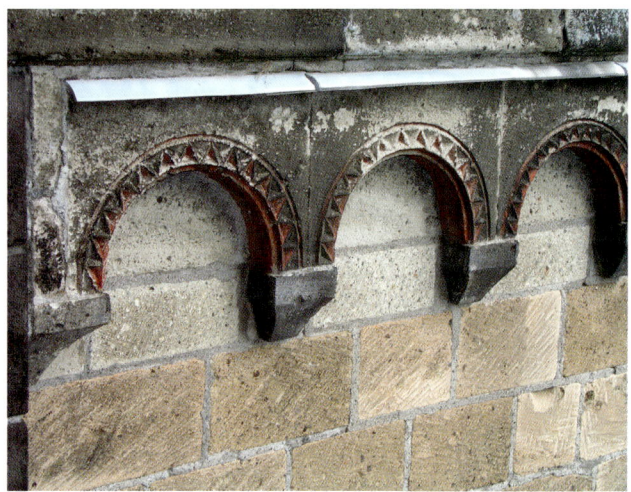

Bogenfries vom Südostturm

dunklen Konsolen, die jeweils in der Mitte zwischen zwei Bögen fehlen, weil diese dort im Rund der Turmzylinder versinken. Kein anderer Bau besitzt eine derart konsequent in Steinmaterial und Farbe abgesetzte Außengliederung mit einer so großen Variationsbreite von Blendbögen und Friesen, die im Grunde aus ein und demselben Typ entwickelt sind.

Das Innere

In der heutigen Erscheinung gilt die gleiche farbliche Materialdifferenzierung für das Innere, wobei die helleren Kalksteinschichten der östlichen Vierungspfeiler und im Westchor farblich angeglichen wurden, ebenso wie die östlichen Mauerteile über den ersten Langhausarkaden. Im 18. Jahrhundert bis zum Ende des 19. Jahrhunderts war das Innere hellgrau getüncht. Nach den scharfen Reinigungen haben sich nur noch Spuren älterer Tünchen, die vermutlich bis in die Bauzeit zurückreichen, auf den dunkel graublauen Gliederungen erhalten. Gurt- und Vierungsbögen zeigen ebenso wie die Arkaden einfache rechteckige Querschnitte. Nur der östliche Vierungsbogen ist zur Vierung hin gestuft. Die sichelförmigen Schildbögen sind so flach wie die zugeordneten Wandvorlagen, nur am Mittelschiff treten sie etwas kräftiger vor. In den Winkeln der Querarme, aber auch in den Seitenschiffen, müssen sich die Schildbögen dieselben Vorlagen mit den jeweiligen Blendarkaden teilen. Besonders auffällig ist die Gliederung der Seitenschiffwände durch eine Blendarkatur aus flachen Lisenen mit Kämpfern und Sichelbögen wie am Außenbau. Wegen der leicht längsrechteckigen Form der Joche sind dort entsprechend den zwei Fenstern zwei Blendarkaden pro Joch angeordnet, gleichsam als ob das gebundene System in das Seitenschiff verlagert wäre. Die Lisenen stehen unten ohne Basen auf einem ebenso flach vorspringendem hohen Sockelstreifen aus kleinsteiniger Basaltschlacke. Dieser

lige Vergrößerung der Bogenspannweite am Obergaden vollzogen. Dort werden je drei Bögen pro Gewölbejoch angeordnet, von denen der mittlere jeweils den Fensterbogen in kurzem Abstand rahmt und seitlich von diesem auf Konsolen ruht. Der Zusammenhang mit der zuvor genannten Form ist augenfällig, jedoch erlaubt die Spannweite nicht mehr von einem „Fries" zu sprechen.[21] In dieser Größenordnung tauchen die Blendbögen auch paarweise über den Drillingsöffnungen an den Freigeschossen der Osttürme auf, dort jedoch nicht eingebunden in eine zugeordnete Wandschicht, sondern plastisch aufgelegt. Nur beim zweiten Geschoß des Nordostturmes besitzen die Bögen eine eigene Wandschicht mit kleiner Vorlage neben den Lisenen.

Mit einfachen großen Bögen von Lisene zu Lisene verbunden werden daraus an den Stirnwänden der Querarme innen wie außen große Blendarkaden, wie wir sie auch im Inneren der Chorseitenwände finden. Dort und in den Querarmen sind sie mit Kämpferprofilen ausgestattet, ebenso wie am Obergaden. In allen drei Fällen handelt es sich im Prinzip um ein und dieselbe Form, die sich eindeutig von den kleinteiligen Rundbogenfriesen unterscheidet. Einen Sonderfall bilden die Bögen unter den achtseitigen Helmen der Westtürme. Dort sind die Bögen, die eine etwas geringere Spannweite als die unteren haben, wiederum aus hellem Stein auf

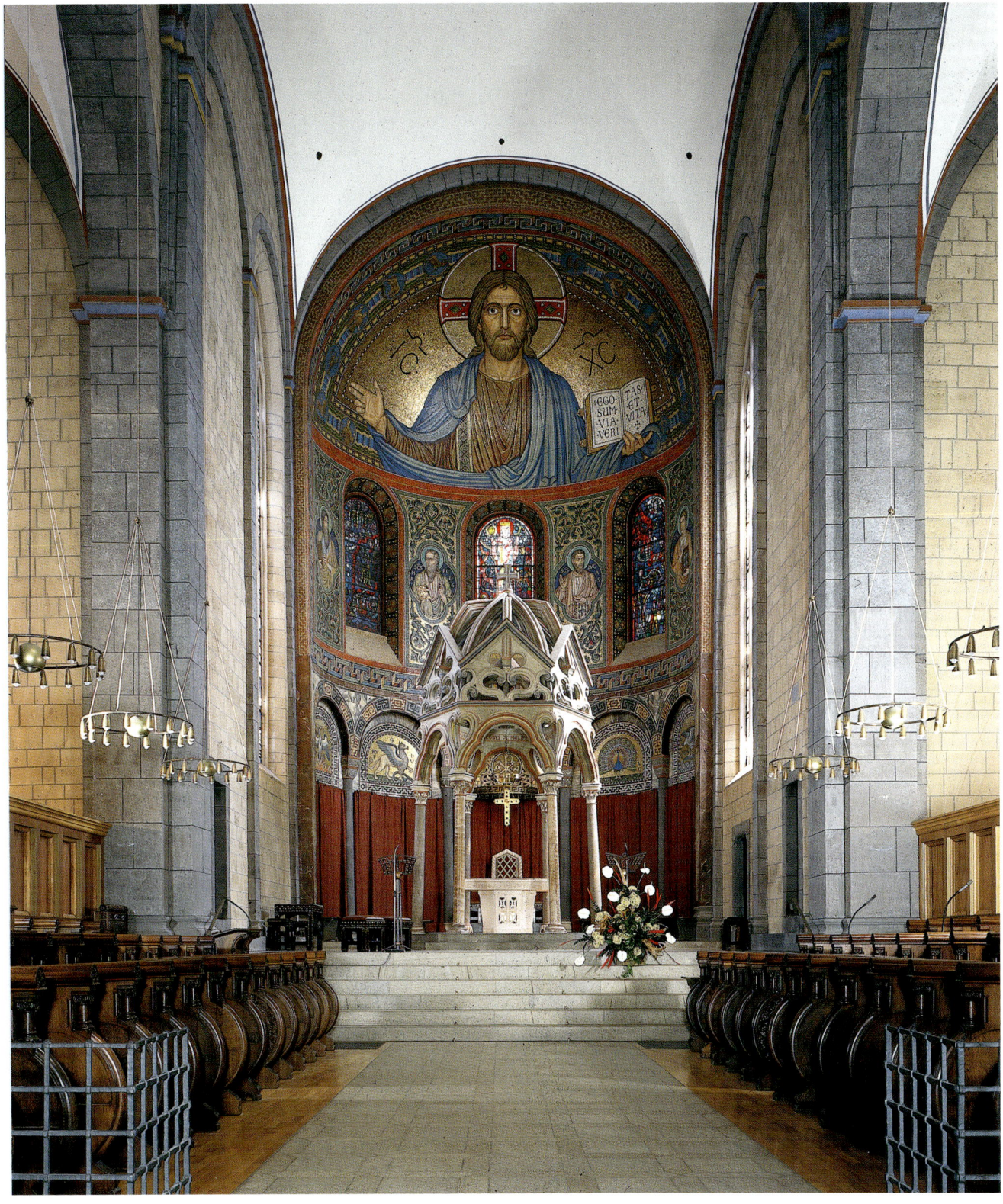

Ostchor und Apsis

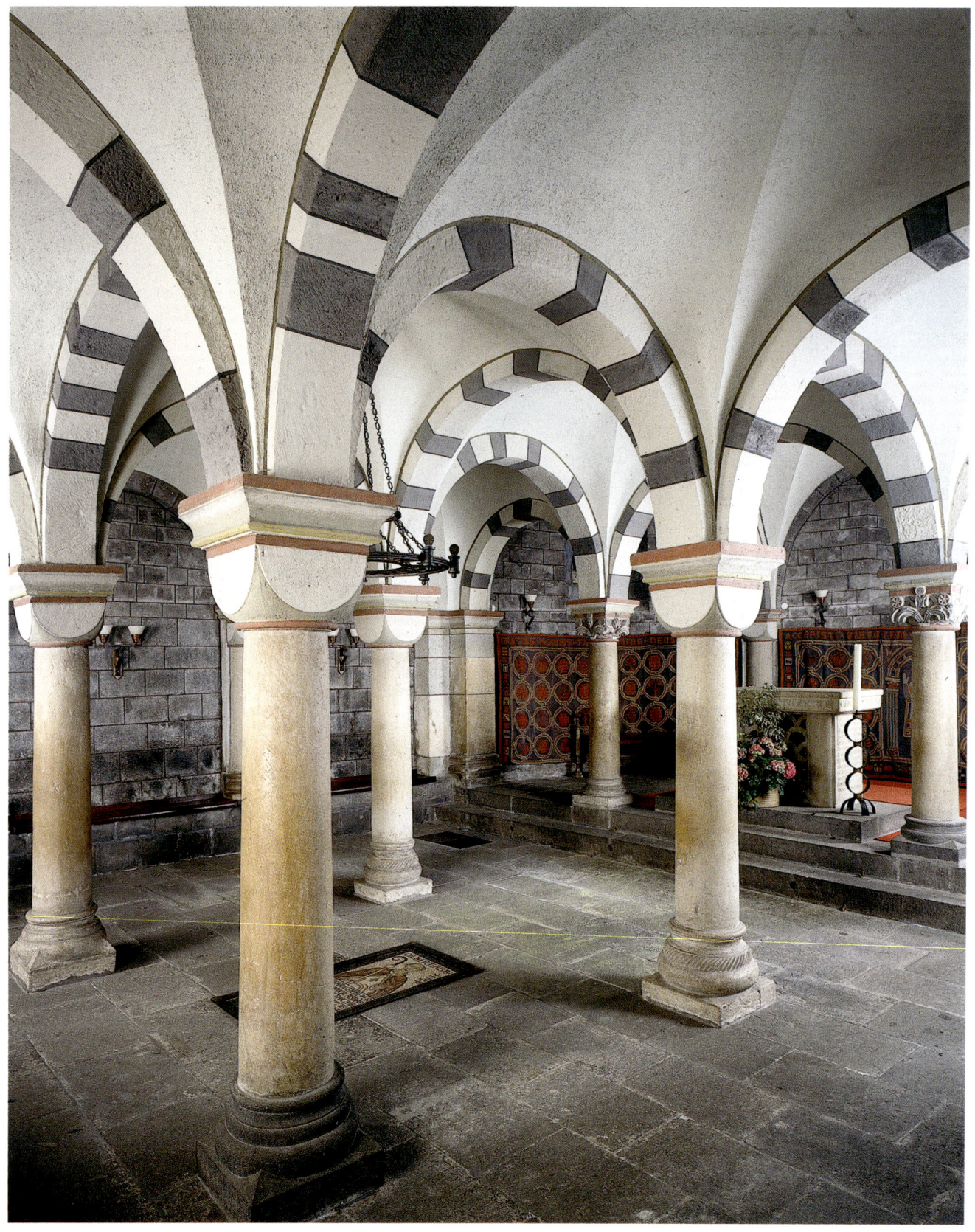

Krypta nach Nordosten

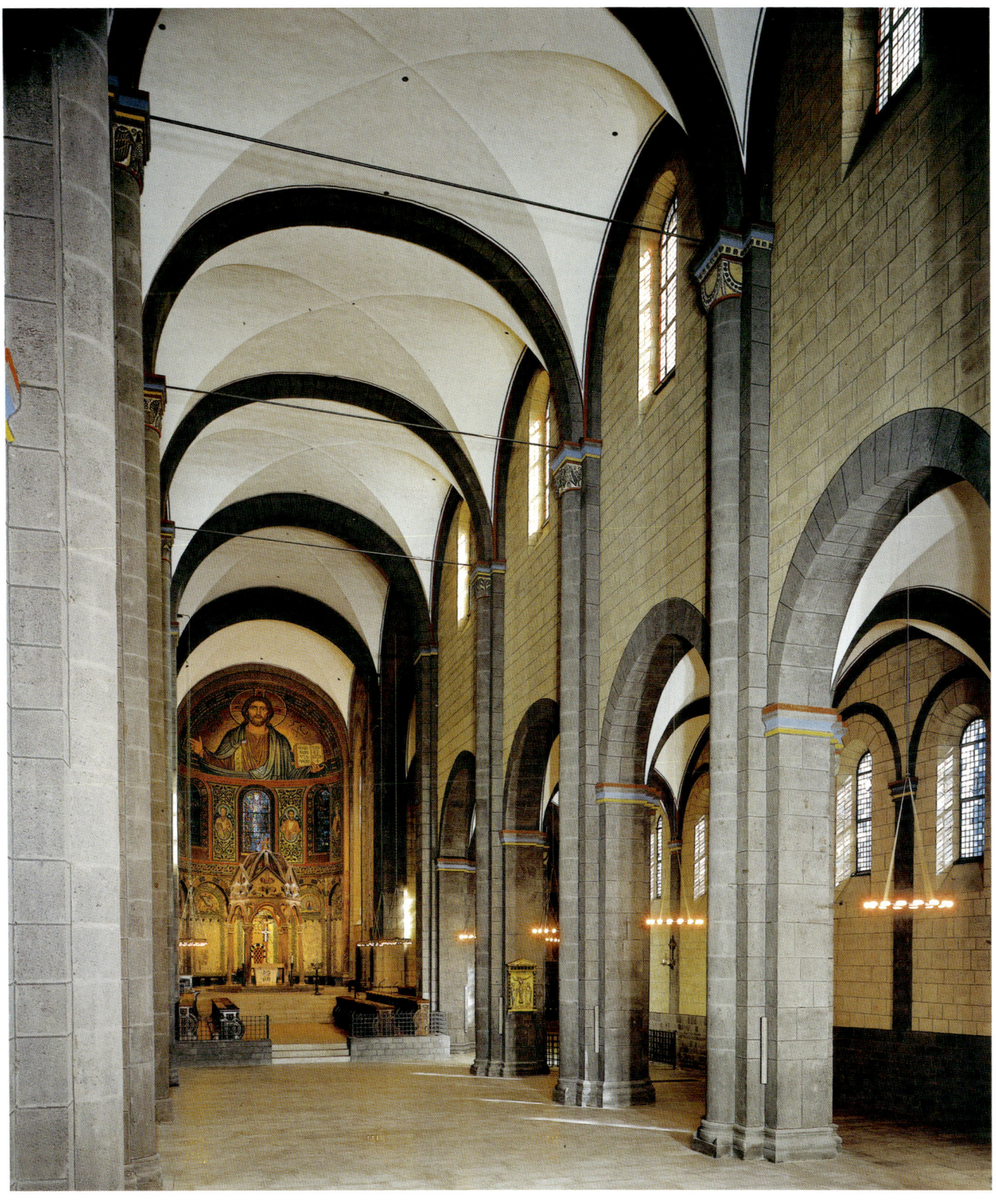

Innenansicht nach Osten

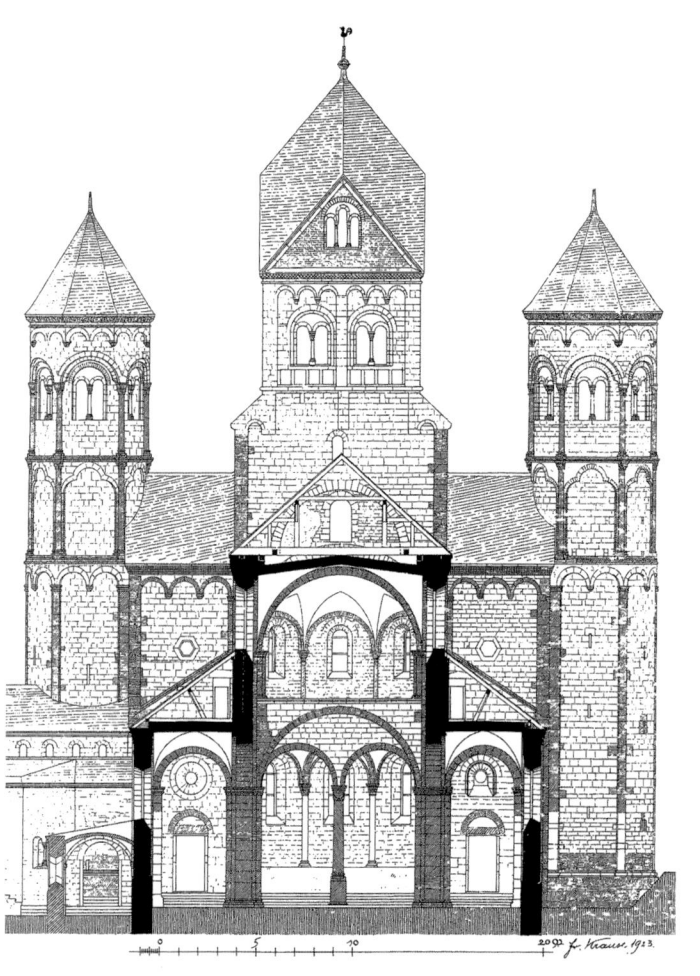

Schnitt nach Westen

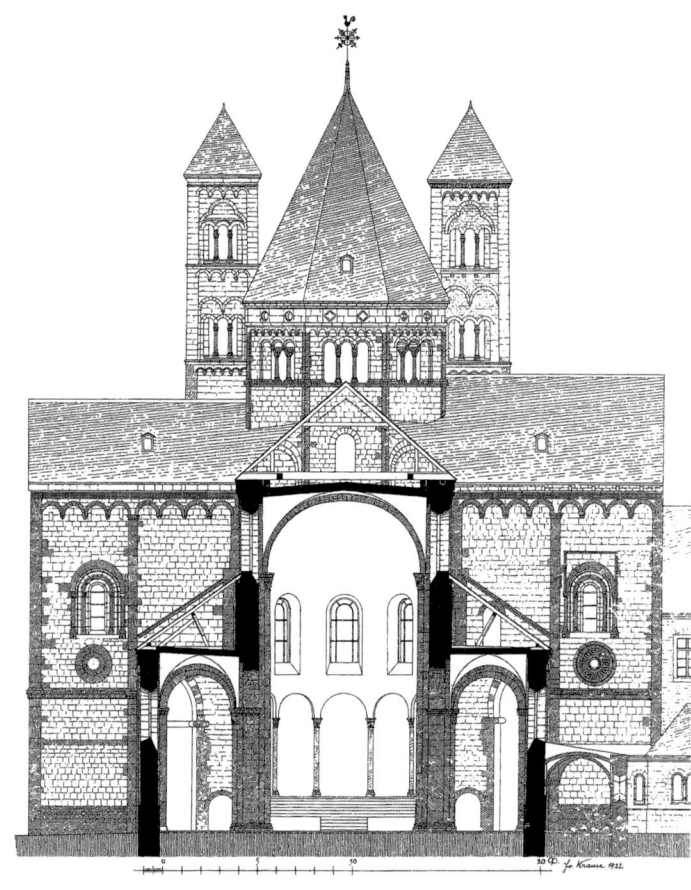

Schnitt nach Osten

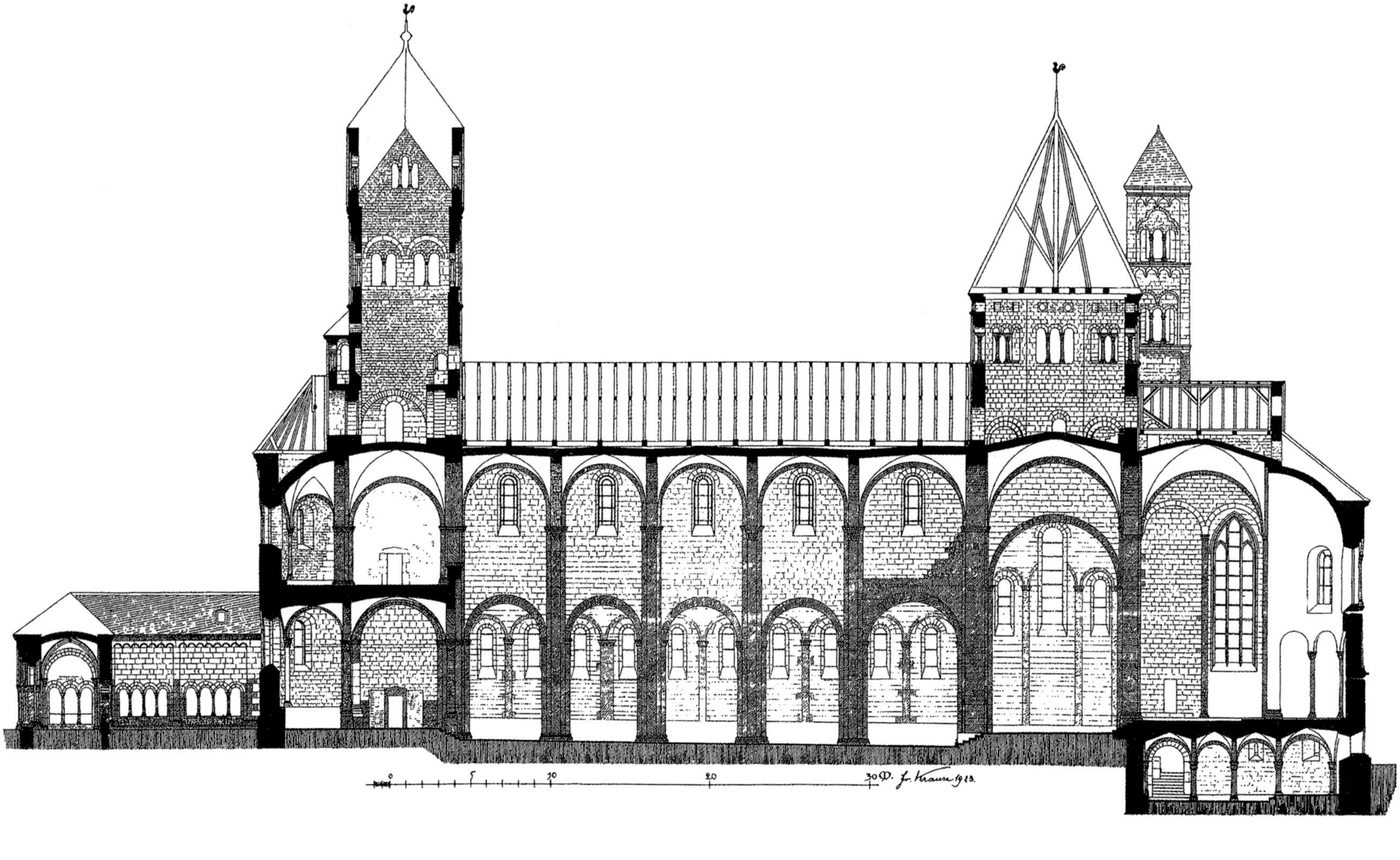

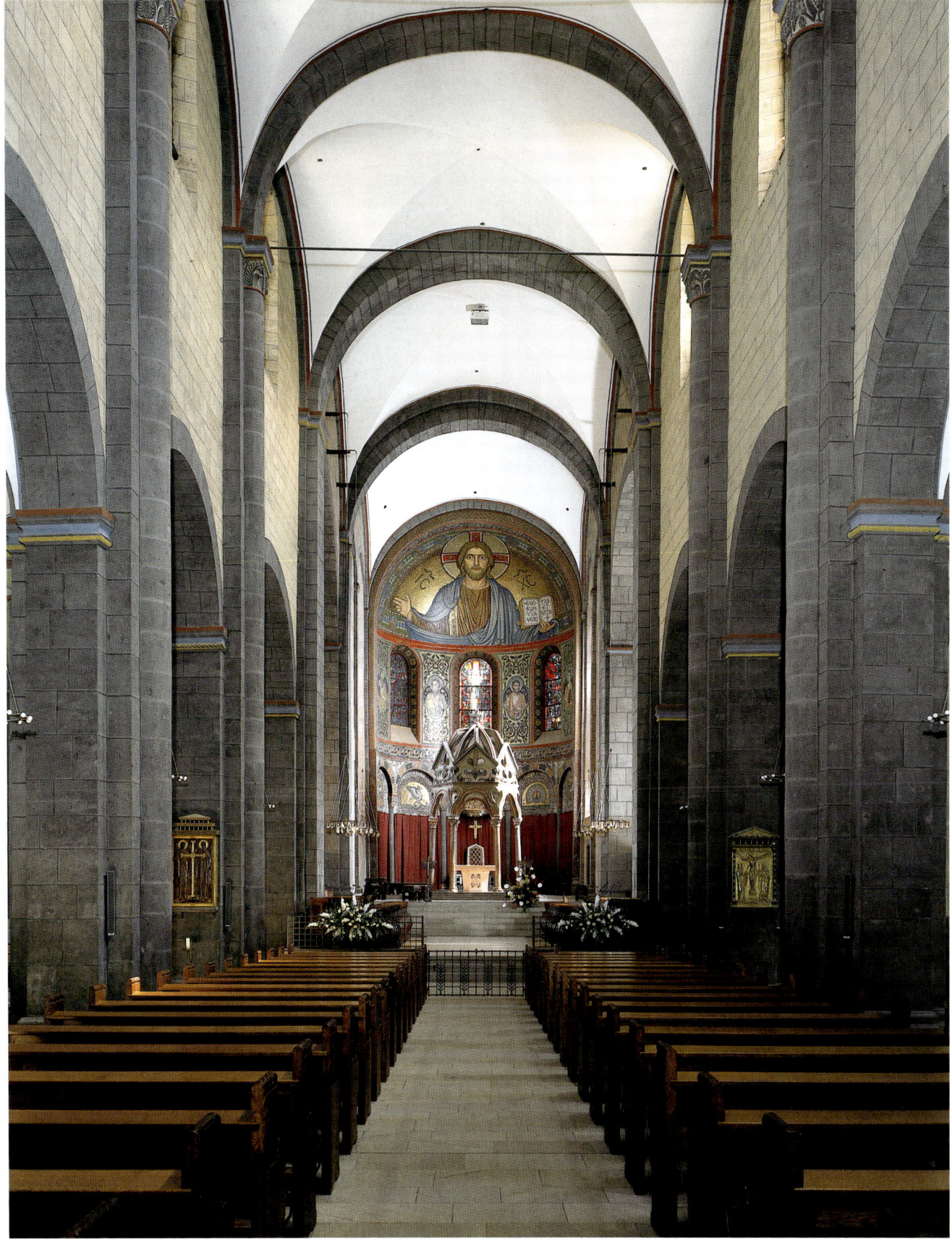

Gesamtansicht zum Chor

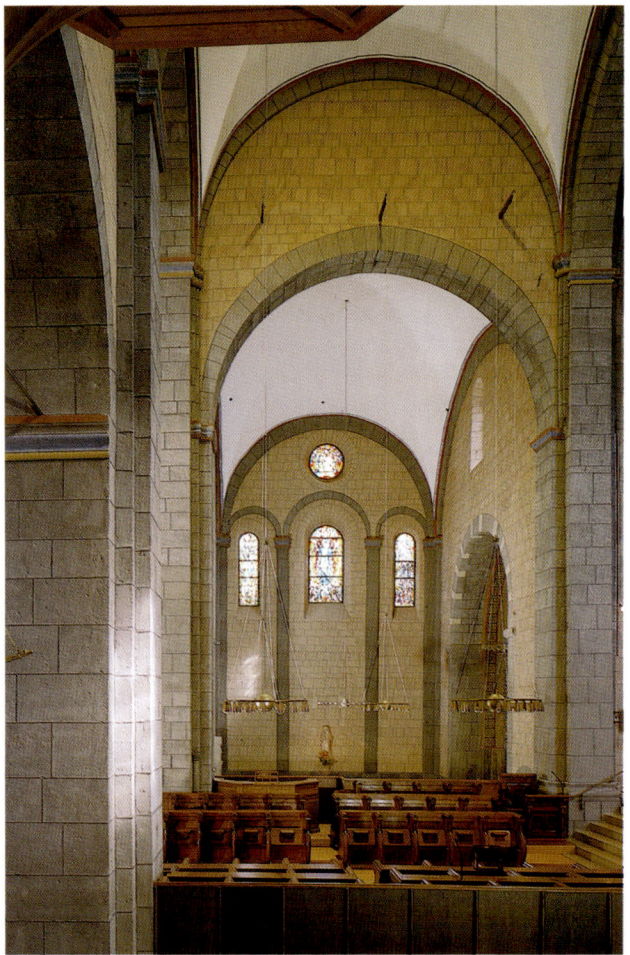

Querhaus nach Norden

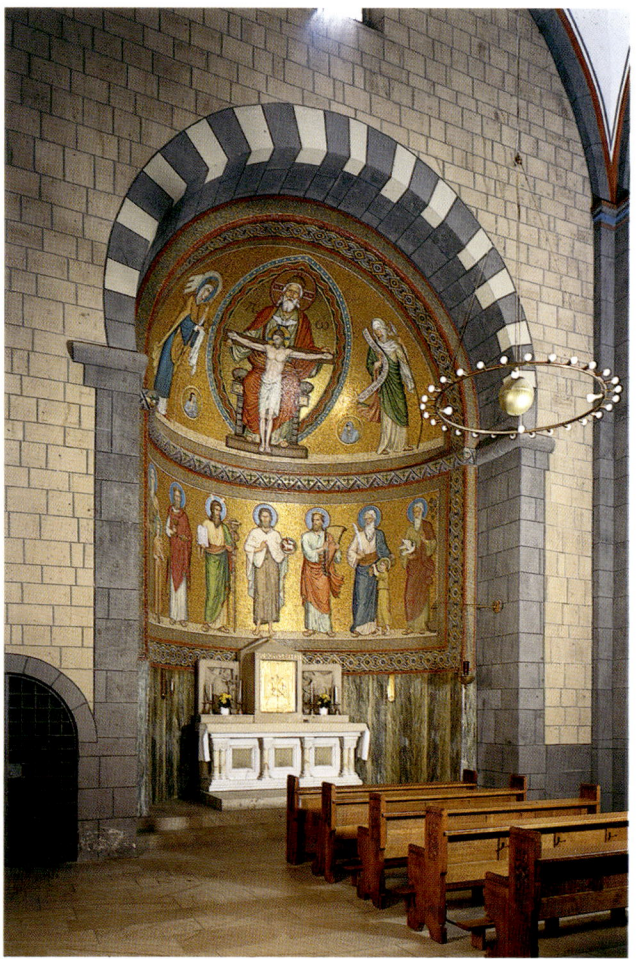

Südliche Nebenapsis mit Mosaikschmuck

Sockel steigt nach Westen leicht an. Alle Lisenen haben das gleiche Maß, obwohl jede zweite außer dem Gurtbogen auch den Schildbogen aufnehmen muß, der je zwei Blendarkaden zusammenfaßt. Die Abstufungen nehmen hier nur wenige Zentimeter ein. Nur die beiden Lisenen zu Seiten des kleinen Nordportals im vierten Joch von Osten sind spürbar verbreitert. Diese flache zeichnerische Blendarkatur, die ganz den Gliederungen des Außenbaus entspricht, ist in keiner Weise mit den mächtigen Blendarkaden der Seitenschiffe in Speyer und St. Marien im Kapitol (Köln) zu vergleichen oder daher abzuleiten, ebensowenig wie von deren reduzierter Form in Mainz oder Worms. Als Gliederung für ein Seitenschiff muß diese sehr noble Form als einzigartig angesehen werden, gegenüber der das System

des Mittelschiffs monumental streng logisch, aber auch ein wenig derb wirkt. Es fällt auf, daß dort jegliche horizontale Unterteilung fehlt, was in dieser Zeit sehr ungewöhnlich wirkt. Bau I in Speyer und der Dom in Mainz besitzen wenigstens auf den Wandflächen Horizontalgesimse, ganz zu schweigen von den mächtigen Verkröpfungen bei Bau II und im Dom zu Worms. Die Halbsäulen und Pfeilervorlagen laufen ohne Unterbrechung durch und monumentalisieren damit den an sich nicht sehr großen Bau. Im Osten und Westen endet das ganze System jeweils mit einer kleinen Eckvorlage, die beim Vierungspfeiler als Abtreppung in Erscheinung tritt.

Die Gewölbegrate, die im 19. Jahrhundert wie fast überall durch gemusterte Bänder hervorge-

30

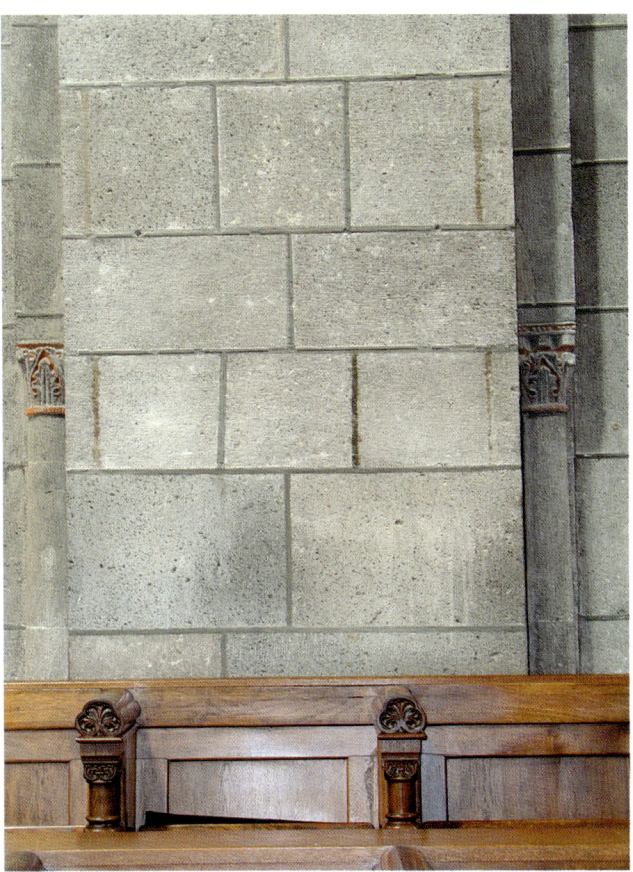

Säulchen und Kapitelle am nordwestlichen Vierungspfeiler

Liturgie und Bauwerk

Trotz der sechs Türme im Äußeren, die mit den großen Domen wetteifern, aber sicher keinen Machtanspruch, wie es heute gerne gedeutet wird, sondern nur eine würdevolle Auszeichnung bedeuten, ist Maria Laach eine Klosterkirche. Die Anlage einer Krypta zeigt, daß man nicht den Reformgedanken aus Cluny anhing, sondern sich in die alte Tradition der Benediktiner im Reich stellte. Krypten konnten zwar auch als Begräbnisorte dienen, so wie hier für den ersten Abt Gilbert, entstammten aber ursprünglich dem Märtyrerkult. Um 1100 gehörten sie zum selbstverständlichen Bauprogramm einer großen Kloster- oder Stiftskirche. Das Verständnis für die vertikale Anordnung von Altären aus der karolingischen Zeit war noch immer gegeben.

Der Hochaltar mit dem Marienpatrozinium stand vor der Apsis am Ostende des Altarhauses.[22] Dahinter befand sich im Scheitel der Apsis ein weiterer Altar zu Ehren Johannes des Täufers. Das Chorgestühl war, wie heute auch, längs in der Vierung angeordnet, rückwärtig geschützt durch eine Schrankenmauer. Seitliche Durchlässe vor den östlichen Vierungspfeilern stellten eine Verbindung zu den Querarmen her. Der liturgische Chorbereich wurde nach Westen zu durch eine Schrankenmauer abgegrenzt, deren Fundament zwischen dem östlichen Pfeilerpaar des Langhauses ergraben wurde und die sich in den Seitenschiffen fortsetzte. Die Höhe dieses Schrankenlettners ist unbekannt. Nach erhaltenen Beispielen etwa in Maulbronn zu urteilen, betrug die Höhe mehr als drei Meter, so daß ein Einblick vom Langhaus in den liturgischen Chor unmöglich war. Vermutlich gab es zwei Pforten, die den Durchgang ermöglichten. Eine Verstärkung des Fundaments in der Mitte und zwei Einzelfundamente davor deuten an, daß es sich um einen sogenannten Kanzellettner handelte, also die Kombination mit einer baldachinartig vorspringenden Kanzel, unter der der Kreuzaltar stand. Dieser ist uns durch die Weihe von 1156 ebenso überliefert

hoben waren, setzen sich wegen der horizontalen Scheitel in der Vierung deutlich stärker ab als in den kuppligen Gewölben des Chores und der beiden Querarme. Die Grate laufen am Ansatz so dünn wie möglich aus. Daher konnte ihr Beginn wo nötig um einige Schichten zwischen Gurt- und Schildbögen nach oben verschoben werden, so z. B. an den Außenwänden der Seitenschiffe.

Die Profile der Kämpfer bei Pfeilern, Gewölbevorlagen und Lisenen, aber auch die der Basen variieren stark. Wir bilden sie ab, um dies zu zeigen, obwohl man kaum baugeschichtliche Schlüsse daraus ziehen kann. Es sei daran erinnert, daß die Mittelschiffpfeiler im fast gleichzeitigen Mainzer Langhaus ebenfalls eine große Variationsbreite aufweisen.

wie die beiden Altäre in den Nebenapsiden der Querarme. Vor den beiden Stützen des Lettners wurde ein halbkreisförmiges Fundament ergraben, dessen Funktion jedoch unbekannt ist.[23]

Es ist davon auszugehen, daß sich das Chorgestühl in dem Bereich der ersten Langhausarkade fortsetzte. Deren größere Spannweite war offenbar als sogenannter *chorus minor* gedacht, wie er sich vor allem bei den Reformbenediktinern des Hirsauer Verbandes herausgebildet hatte. Hier hatten nach den Regeln alte und kranke Mönche ihren Platz. An dem nordwestlichen Vierungspfeiler haben sich zwei aus den seitlichen Kanten herausgearbeitete Säulchen erhalten, die sich nicht einfach zuordnen lassen. Zum Lettner gehörten sie nicht. Der Anfang eines Bogens über dem östlichen Säulchen, der durch die Pfeilervorlage durchschnitten wird, läßt an eine Bogenblende denken, die in irgendeinem Zusammenhang mit dem Gestühl gestanden haben muß und vielleicht diesen Platz besonders auszeichnete. Der Pfeiler endete vermutlich mit einer Konsole, wie wir dies häufiger bei Vierungspfeilern antreffen, die mit dem Gestühl in einem Kontext stehen. Die Steine des Pfeilers zwischen den beiden

Säulchen sind jedenfalls eine jüngere Ergänzung. Der gegenüberliegende südwestliche Vierungspfeiler weist keine derartigen Befunde auf.

Über dem Lettner müßte sich ein großes Triumphkreuz befunden haben, über das es jedoch keine Nachrichten gibt. Der Chorbereich war durch zwei Türen von der Klausur aus zu erreichen. Die eine befindet sich am Ostende der südlichen Seitenschiffmauer und verbindet Kreuzgang und Südseitenschiff. Die zweite befindet sich in der südlichen Stirnwand des Querhauses, kurz vor dem südwestlichen Winkel. Sie führt heute in die anschließenden Räume, dürfte aber ehemals der Zugang zu einer Treppe zum Dormitorium im Obergeschoß des Ostflügels gewesen sein. Sie wurde nach Veränderungen neuromanisch wiederhergestellt.

In der Westmauer des Südquerarms befindet sich über der Arkade zum Seitenschiff eine Rundbogenöffnung, die in den Dachstuhl des Seitenschiffs führt. Eine vergleichbare Öffnung fehlt auf der Nordseite. Derartige Dachstuhlöffnungen zum Querhaus, symmetrisch auf beiden Seiten, sind häufiger anzutreffen, ohne daß sich etwas Eindeutiges über die Funktion sagen läßt, so zum Beispiel

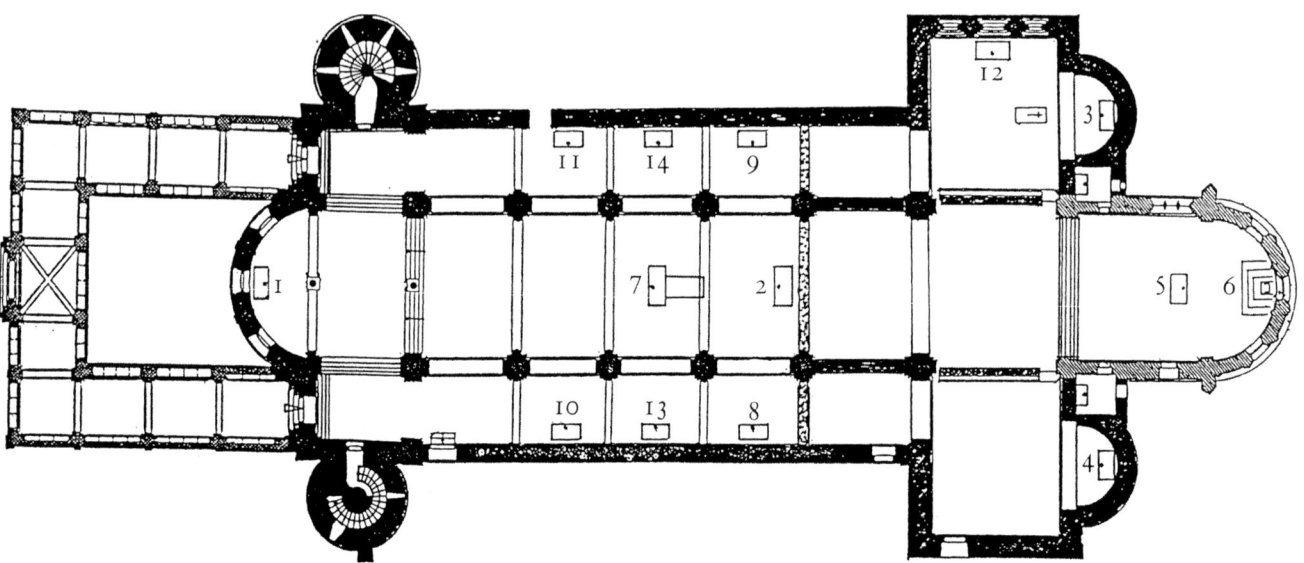

Die Altäre der Abteikirche (nach Oellermann) 1. Altar des hl. Martin (nach 1130), 2. Kreuzaltar (1156), 3. Altar des hl. Stephanus (1156), 4. Altar des hl. Andreas (1156), 5. Hauptaltar der hl. Maria (vor 1200), 6. Altar des hl. Johannes des Täufers (vor 1200), 7. Altar der zehntausend Märtyrer und Grabtuma des Pfalzgrafen (zwischen 1156 und 1195), 8. Altar der hl. Katharina (um 1270), 9. Altar des hl. Sylvester (1294), 10. Altar des hl. Dionysius (14. Jh.?), 11. Altar des hl. Batholomäus (1337), 12. Altar des hl. Hieroymus (15. Jh.), 13. Altar des hl. Hieronymus (15. Jh.), 14. Altar der hl. Anna (1507)

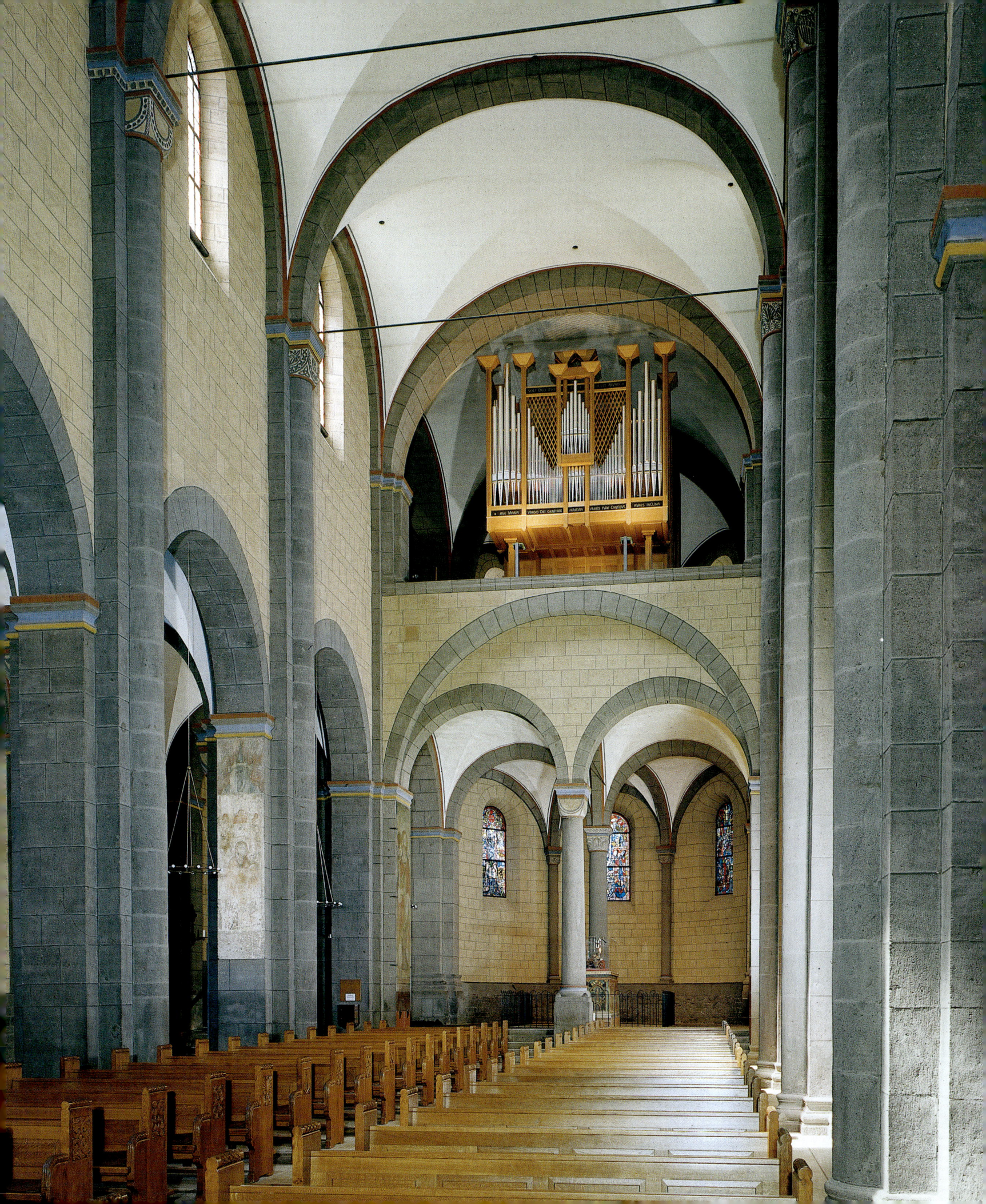

in Hersfeld. In Speyer stammen beide Öffnungen aus verschiedenen Bauzeiten, wobei die nördliche besondere Vorrichtungen aufweist, die sie zur Aufnahme einer kleinen tragbaren Portativorgel befähigen. Als Nachfolger war dort später eine Schwalbennestorgel angebracht, offenbar zur Begleitung des Chorgesangs des Domklerus. In Worms befindet sich die Öffnung nur im Nordquerarm, ist dort aber reich ausgestaltet und wahrscheinlich nach Speyerer Vorbild als Orgelöffnung gedacht. Dies gilt auch für die Öffnung in der nördlichen Hochschiffwand des Bamberger Domes, oberhalb des östlichen Chores für das Domkapitel. Weitere Öffnungen dieser Art finden wir in St. Matthias in Trier. Es ist ein Sonderfall, daß sich die Öffnung in Maria Laach auf der Südseite befindet, gleichwohl ist der Ort oberhalb des Chorgestühls offenbar ein kanonischer. Als man sie anlegte, war wohl noch nicht klar, daß man ausgerechnet nur den nördlichen der westlichen Türme mit einer Treppe ausstattete, so daß ein Organist einen ziemlich weiten Weg über die Westempore und den Dachstuhl des Südseitenschiffs zurückzulegen hatte. Spätere hölzerne Einbauten im Südquerarm, der neuerdings eine aufwändige, relativ große Chororgel als späte Nachfolgerin aufnimmt, sind durchaus denkbar.

Die beiden Kammern neben dem Chor in den Untergeschossen der Osttürme weisen Altarblöcke auf, die aber jeweils an der Westseite stehen, was eigentlich nicht zulässig ist. Die Lage der Türen legt diese Stellung allerdings nahe. Über die Patrozinien ist nichts bekannt.

Der Mönchschor war wie in jeder mittelalterlichen Dom-, Stifts- oder Klosterkirche vollständig von den Laien getrennt. Sichtverbindungen existierten nicht und waren unwichtig. Die Kirche diente nur der Messe und dem Gebet der Mönche. Eine Gemeinde im späteren Sinne gab es noch nicht. Die kleine Schar der Laien, die für das Kloster arbeiteten oder in Verbindung mit ihm standen, mußte sich mit dem Langhaus begnügen. Ob es in Maria Laach Laienmönche, sogenannte Konversen, gab, die nur mit niederen Weihen und Gelübden

ausgestattet waren, ist nicht bekannt. Indizien dafür gibt es nicht, obwohl diese Einrichtung zeitgleich bei den Zisterziensern zur Regel wurde und zuvor schon bei den reformierten Benediktinern von Cluny und Hirsau Anklang fand. Für sie müßte ein zweites Gestühl vor dem Lettner gestanden haben, jedoch fehlen dafür jegliche Nachrichten.

Wie bei den Zisterziensern versuchte man in Maria Laach durch die niedrigen Gewölbe im Querhaus dieses als untergeordnet und damit quasi als Kapelle zu definieren. Chor, Vierung und Mittelschiff werden durch die gemeinsame Raumhöhe dagegen als Einheit betrachtet und als Ort der Liturgie hervorgehoben. In den Nebenapsiden der Querarme standen die Altäre des hl. Stephanus im Norden und des hl. Andreas im Süden. Die sechs Altäre in den Jochen zwei bis vier sind jüngeren Datums. Sie standen sicher nicht an der Außenwand, sondern im rechten Winkel dazu, damit man nach Osten zelebrieren konnte, wie dies auf dem berühmten Plan von St. Gallen vom Anfang des 9. Jahrhunderts und noch immer im hochgotischen Dom von Halberstadt zu sehen ist. Im dritten Joch des Mittelschiffs und damit im wörtlichsten Sinne *in medio ecclesiae* stand der Altar der 10 000 Märtyrer, der mit der Tumba des Stiftergrabes verbunden war.

Der älteste bekannte Altar des hl. Martin, der nach 1130, aber vor 1156 genannt wird, befand sich im Westchor und deutet darauf hin, daß das Untergeschoß schon bei der Weihe vollendet war. Er stand jedoch sicher nicht im Scheitel der Westapsis, sondern davor, weil der Priester auch im Westchor in der Ostrichtung zelebrierte. Dieser Altar erinnert an die auch im Grundriß klar erkennbare Tatsache, daß es sich bei Maria Laach um eine voll entwickelte Doppelchoranlage handelt. Im Inneren nimmt man dies wegen der Unterteilung im Untergeschoß in zwei Schiffe und horizontal durch eine Empore kaum wahr. Auch die beiden Hauptportale im Westen unterstreichen den Eindruck einer längsgerichteten Wegekirche anstelle der eigentlich gegebenen Zweipoligkeit. Doppelchoranlagen sind aus der Spätantike bekannt und werden in karolingischer

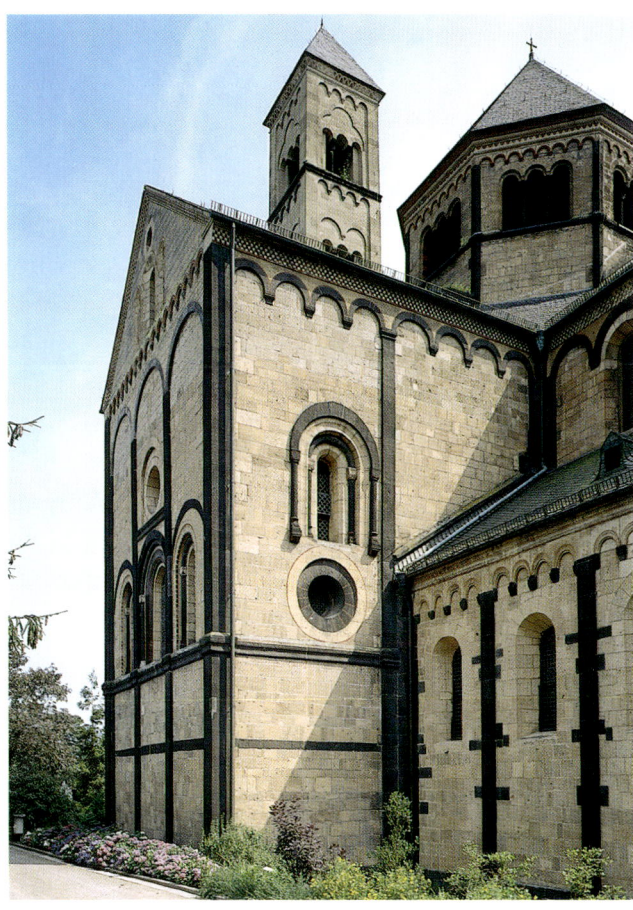

Nordquerarm von Nordwesten

Zeit wieder aufgegriffen (St. Galler Klosterplan, Dom zu Köln). Sie werden danach zu einem markanten Typ des östlichen Frankenreiches, des späteren mittelalterlichen „Römischen Reichs", allerdings fast nur im deutschen Sprachgebiet. Groß ist die Zahl ottonischer Bischofskirchen mit zwei Chören, so z. B. Mainz, Worms, Augsburg, Bamberg, bei denen auch die Disposition der romanischen Nachfolger festgelegt wurde. Auch Klosterkirchen schlossen sich dem an (St. Michael in Hildesheim). Selbst im 12. Jahrhundert blieb der Typ aktuell, wie außer Maria Laach auch die wenig jüngere Prämonstratenser-Kirche in Knechtsteden bezeugt. Die Doppelchoranlage bildet sozusagen das Gegenmodell zu der einseitigen Betonung eines liturgischen Zentrums im Osten durch Chorumgang und Kapellenkranz, wie sie sich seit 1000 herausbildet und im Westen (Frankreich, Spanien, aber auch

England) dominiert, wo es wiederum keine Doppelchoranlagen gibt (Ausnahme Nevers). Das Gegenüber zweier durch Apsiden fast gleichrangig betonter kultischer Zentren ist nur durch die Liturgie zu begründen und bildet keineswegs eine ins Politische reichende Staatstheorie ab, wie etwa den Dualismus von Kaiser und Papst bzw. „Imperium und Sacerdotium", wie man im 19. Jahrhundert nach der Neugründung des Kaiserreiches vermutete. Der Standort des Chorgestühls, das den Mönchschor definierte, gab auch in Maria Laach dem Ostchor das eindeutige Übergewicht. Durch die architektonische Gestaltung wird der Gedanke des Westchors ohnehin stark in den Hintergrund gedrängt.

Für die Entwicklung im Rhein-Maas-Gebiet ist darauf zu verweisen, daß die Doppelchörigkeit im 12. und 13. Jahrhundert noch weiter verbreitet war, als man beim ersten Blick an der architektonischen Gestaltung erkennen kann. Zahlreiche monumentale Westbauten, in denen die Tradition großer Westwerke weiterlebte, wie in Maastricht, Lüttich, Neuss, Xanten, Tienen usw., sind zugleich monumentale Westchöre ohne Apsis. In der Forschung hat man sie daher „Westchorhallen" genannt. Mit seiner Unterteilung in zwei Geschosse nimmt Maria Laach eine gewisse Zwischenstellung ein, wobei die Frage nach der liturgischen Nutzung des Emporengeschosses offen bleiben muß. Als Herrscherempore etwa für die Vögte der Abtei war sie wegen der großen Entfernung zum Hauptaltar sicher nicht bestimmt. Als Standort für große Orgeln dienten Westemporen in der Regel erst in der Neuzeit vornehmlich seit dem Barock. Wenn man davon ausgeht, daß auch auf der Westempore ein Altar stand oder zumindest geplant war, ergibt sich eine Übereinstimmung mit dem alten Westwerkgedanken, aber auch mit dem Prinzip hoch gelegener Michaelskapellen. Beides muß so selbstverständlich in den liturgischen Vorstellungen der Zeit wie der Region verwurzelt gewesen sein, daß es keines schriftlichen Kommentars zur Begründung bedurfte, der uns heute helfen würde, das Phänomen besser zu verstehen.

Kunstgeschichtliche Bedeutung und Baugeschichte

Maria Laach, der Dom zu Speyer und der Oberrhein

Mit ihren sechs Türmen stellt sich die Abteikirche auf eine Stufe mit den großen Bischofskirchen in Speyer, Mainz und Worms. Nur die ottonische Klosterkirche St. Michael in Hildesheim hatte zuvor mit sechs Türmen die Bischofskirchen über-

trumpft. Später folgten die Stifts- und Klosterkirchen in Brauweiler, Neuss und Limburg/Lahn mit ähnlich reichen Turmgruppen in der niederrheinischen Baukunst. Die charakteristische Gleichgewichtigkeit von Ost- und Westgruppe verbindet Maria Laach jedoch besonders eng mit den oberrheinischen Bauten; und zwar die Ostgruppe mit zwei schlanken Chorwinkeltürmen und einem gedrunge-

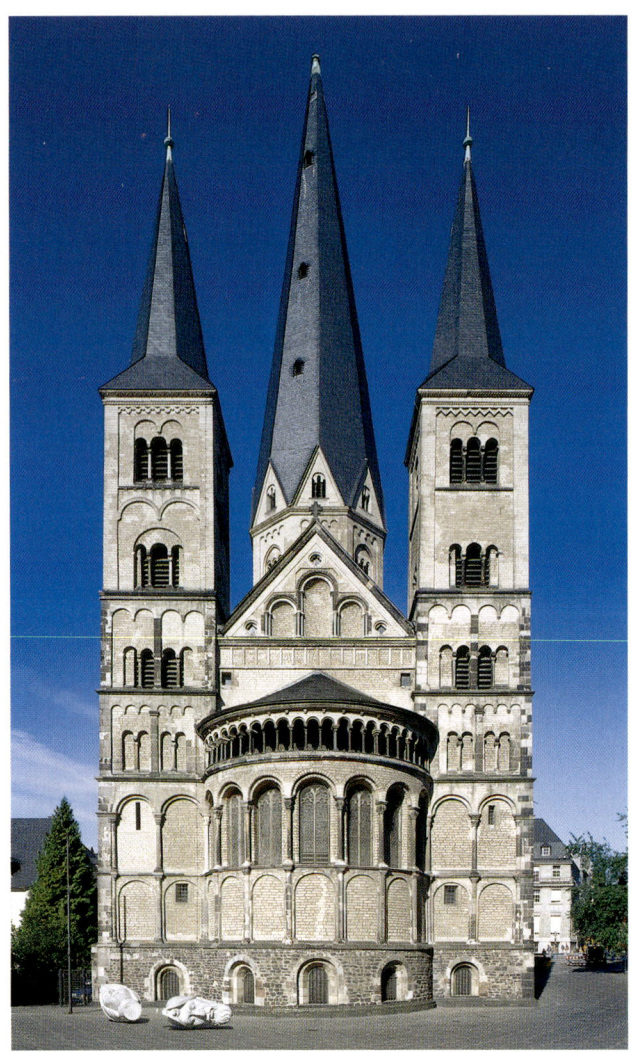

Bonn, Münster von Osten

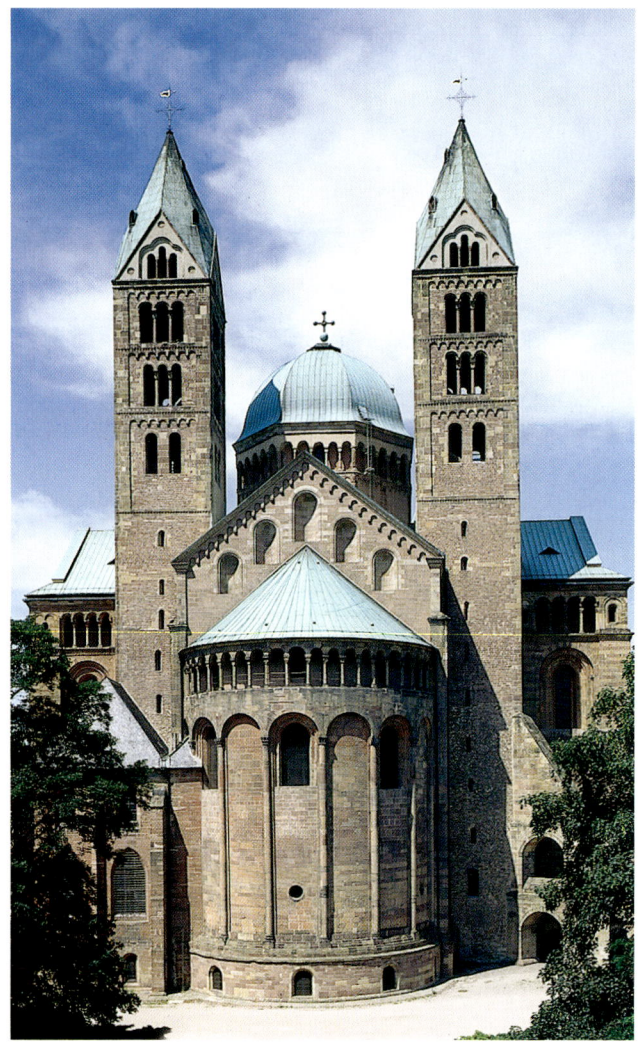

Dom zu Speyer, Ostansicht

Maria Laach, Abteikirche von Osten ▶

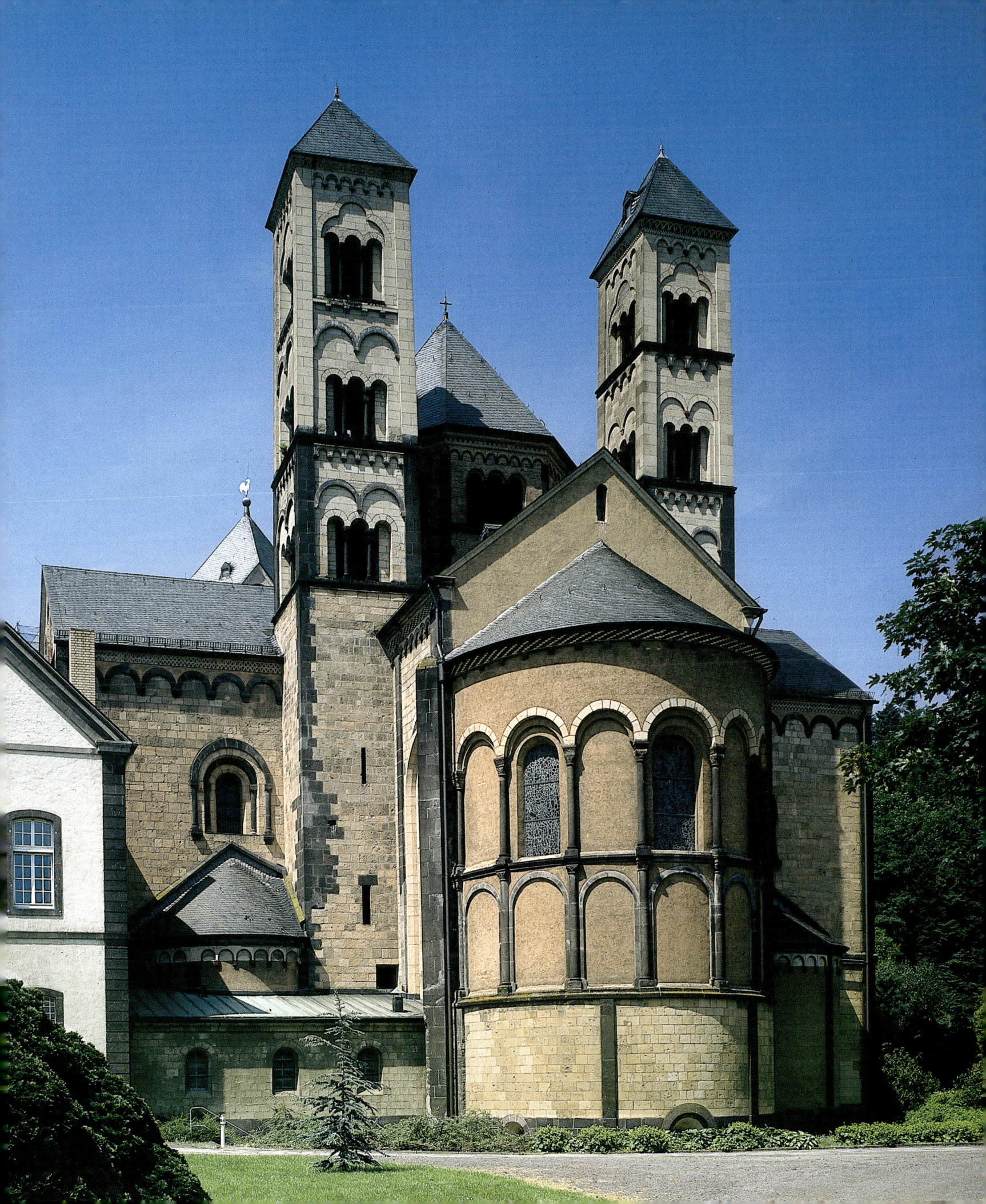

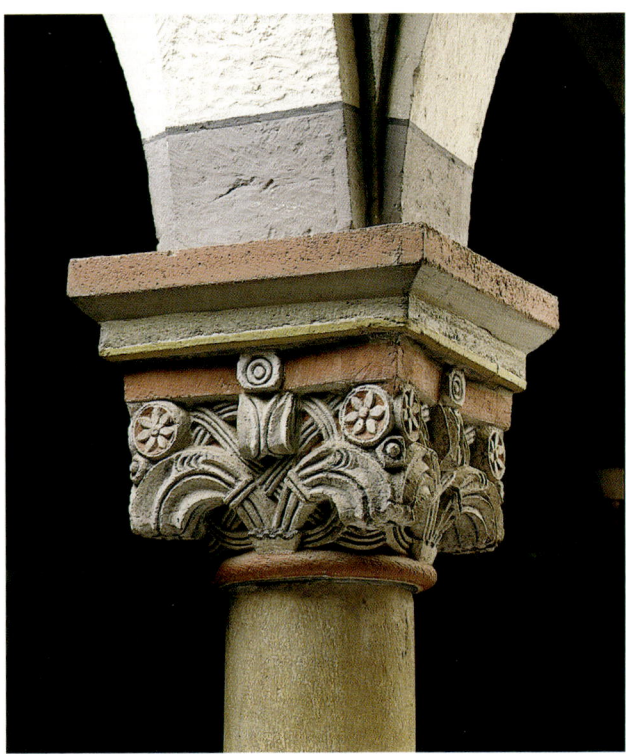

Kapitell neben dem Altar in der Krypta

sogar mit einer kleinen Verbindungsöffnung zum Nordquerarm. Dies entspricht in der Disposition genau Limburg an der Haardt, das als salisches Hauskloster 1025 gegründet worden war und noch ein dreiviertel Jahrhundert später für den Stifter von Maria Laach als Parteigänger Heinrichs IV. als Vorbild dienen konnte. Ähnliche Zugänge zur Krypta waren zunächst auch in Speyer Bau I geplant und wurden später auf dem Heiligenberg bei Heidelberg wiederholt. In diesem Punkt, der für die Außenwirkung von entscheidender Bedeutung ist, war zunächst nicht der Speyerer Dom, sondern das salische Hauskloster vorbildhaft. Dieses besaß übrigens wahrscheinlich auch einen achteckigen, unbelichteten Vierungsturm als Träger der Glokken.

Die Schäfte der Osttürme im Winkel zwischen Chor und Querarmen sind völlig ungegliedert. Sie reichen sogar über das Traufgesims der anschließen-

neren, achteckigen Vierungsturm mit der Ostgruppe in Speyer und der westliche Querriegel mit Apsis, Mittelturm und an den Stirnseiten vorgestellten Rundtürmen sowie seitlichen Portalen mit der Ostgruppe in Mainz. Die Gliederung der Türme im Westen schließt dagegen an niederrheinische Bauten an, so daß man davon schon eine Art Gegensatz zwischen der oberrheinisch geprägten Ostgruppe und der eher niederrheinischen Westgruppe abgeleitet und auf verschiedene Bauabschnitte geschlossen hat. Dies gilt es eingehender zu untersuchen.

Bevor man den Laacher Ostbau in seiner endgültigen Form mit demjenigen von Speyer vergleicht, ist darauf hinzuweisen, daß die Winkeltürme nicht von Anfang an geplant waren, sondern nur niedrige Baukörper in Höhe der Nebenapsiden, die den Zwischenraum zu den Chorwänden ausfüllten. Sie nehmen im Untergeschoß die winkelförmigen Zugänge zur Krypta auf und darüber vom Chor aus zugängliche gewölbte Kammern, die als Sakristei und Schatzkammer zu denken sind, die nördliche

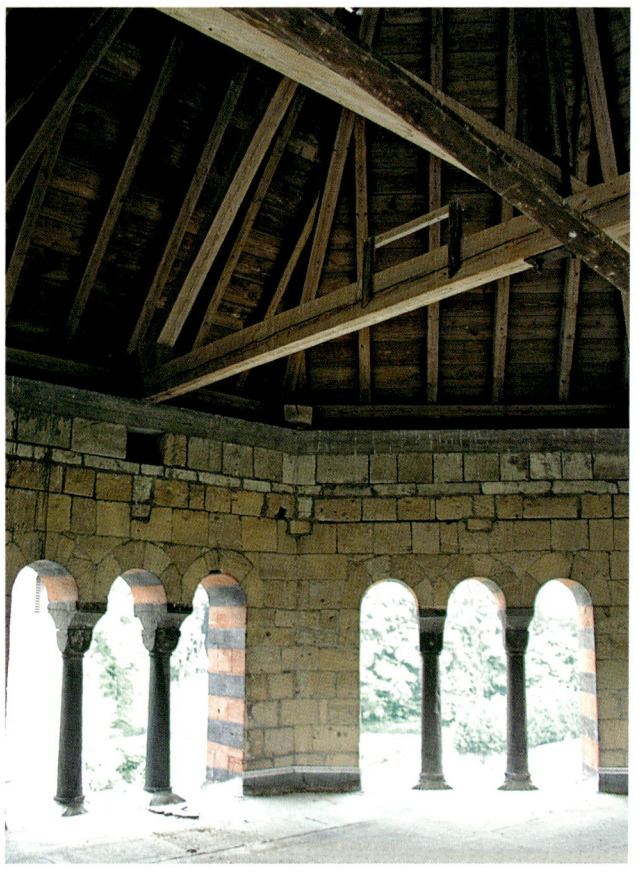

Östlicher Vierungsturm von innen gesehen

Südseite, Ansicht nach Nordosten vom Kreuzgang aus ▶

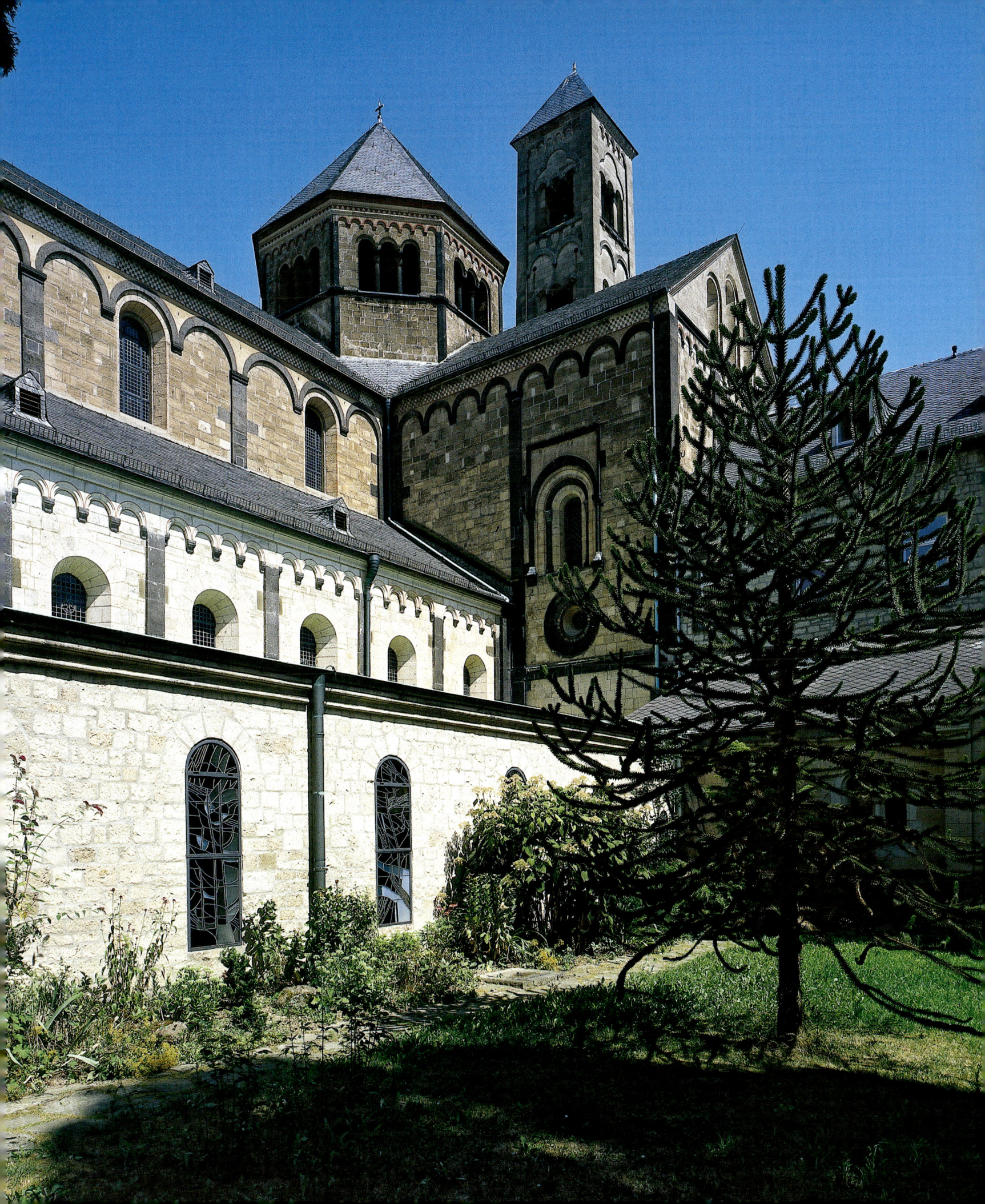

den Baukörper hinaus, das man in Verbindung mit den Bogenfriesen um die Turmkörper hätte herumziehen können. Dies ist um so auffälliger, als alle vergleichbaren Flankentürme, die allerdings direkt im Anschluß an die Apsis angeordnet sind, deren Gliederung aufnehmen und fortführen. So in Bonn, Köln (St. Gereon), Maastricht (St. Servatius), Koblenz (St. Kastor) und Knechtsteden, wo es sich sogar vergleichbar um Chorwinkeltürme handelt. Seit den Winkeltürmen zwischen den Kreuzarmen des Westwerks von St. Pantaleon in Köln (Ende des 10., vielleicht auch erst Anfang des 11. Jahrhunderts) hatte man sich um eine Integration der Türme in den Baukörper bemüht. Der Verzicht darauf in Maria Laach, der sich sehr bewußt in der abweichenden Geschoßteilung ausdrückt, ist sicher nicht durch die nachträgliche Planung der Türme bedingt, die in der Ausführung gleichseitig mit den angrenzenden Mauern von Chor und Querarmen hochgeführt wurden, sondern orientiert sich an Speyer, wo die ungegliederten Turmschäfte von Bau I von den reichen anschließenden Baukörpern von Bau II gleichsam in die Zange genommen werden, dies aber aufgrund eines baugeschichtlichen Nacheinanders.

Die jeweils drei Freigeschosse der Türme folgen dagegen nicht dem Speyerer, sondern dem niederrheinischen Vorbild in Bonn. Wie dort sollten sie zunächst um zwei Geschosse niedriger ausfallen, was die Ähnlichkeit mit Speyer ohnehin stark reduziert hätte. Nur die Helmpyramiden entsprechen denjenigen, die der Speyerer Dom zu dieser Zeit besaß. Der achteckige Mittelturm gleicht zwar mit seinen Drillingsarkaden optisch den oberrheinischen Vorbildern in Speyer, Mainz und Worms, doch ist er von anderer Struktur, weil er nicht belichtet und folglich ungewölbt ist und somit auf die zweischalige Struktur einer Zwerggalerie verzichten kann. Die kräftigen Pfeiler an den Kanten mit den aufgelegten Lisenen und dem Bogenfries unter der Traufe verdeutlichen den Unterschied zu den umlaufenden Galerien in Speyer, Mainz, Worms, die an den Kanten nur einen schlanken Pfeiler in Stärke der Säulen aufweisen. Nur der westliche Mit-

telturm in Speyer, der ebenfalls ungewölbt war und als Träger der Glocken diente, ist dem Laacher Turm in der Struktur vergleichbar. Dies gilt vielleicht sogar für die ihm anfangs zugedachte Funktion als Glockenträger über dem Chor der Mönche in der Vierung. Es ist also der Speyerer Westturm, der hier als Vierungsturm dient.[24]

Über diese Gemeinsamkeiten hinaus gibt es eine Reihe von Details, die eine bemerkenswerte Verwandtschaft mit dem Speyerer Dom erkennen lassen. Sie konzentrieren sich vorwiegend auf das Querhaus, das daher von der Forschung[25] an den Anfang der Baugeschichte gestellt wurde – nicht ganz zu Recht, wie wir meinen. Das wichtigste Verbindungsglied sind zweifellos die Fenster des Querhauses, insbesondere dasjenige in der Westseite des Südquerarms. In das gestufte Gewände, das von einem flachen Karniesprofil umzogen wird, sind Säulchen mit Basis und Kapitell eingestellt, die einen Rundwulst aufnehmen. Dazu ist der Wandfläche außen eine rechteckige Rahmung vorgeblendet, die ebenfalls von Säulchen getragen wird. Das Ganze ruht auf als Löwen gestalteten Konsolen. Der in der Forschung gebrauchte Begriff „Baldachinfenster" trifft die Sache nicht genau, weil es sich nur um eine Rahmung handelt. Diese Form tritt sehr ähnlich nur in Speyer auf und dort nur an gleicher Stelle in der aus baugeschichtlich-technischen Gründen dünneren Westmauer des Südquerarms. Als nachträgliche Zutat prägte sie auch das Mittelfenster des Westbaus.[26] Vorbild waren zweifellos die Halbziborien vor den Konchen der beiden Querarme im Inneren des Domes. Die Verwendung dieser spezifischen Fensterform an gleicher Stelle in Maria Laach gibt zu denken. Offenbar handelt es sich nicht nur um die Übernahme einer allgemeinen, stilistisch formalen Anregung, sondern um ein unmittelbares Architekturzitat. Das bestätigen die beiden kleinen Löwen der Konsolen, die in ihrer abstrakten Gestaltung sehr gut zu den in Speyer häufiger auftretenden Löwen, insbesondere denen der südlichen Prunkfenster passen. Auch die eigentümlichen, etwas ungeordneten, sehr unorgani-

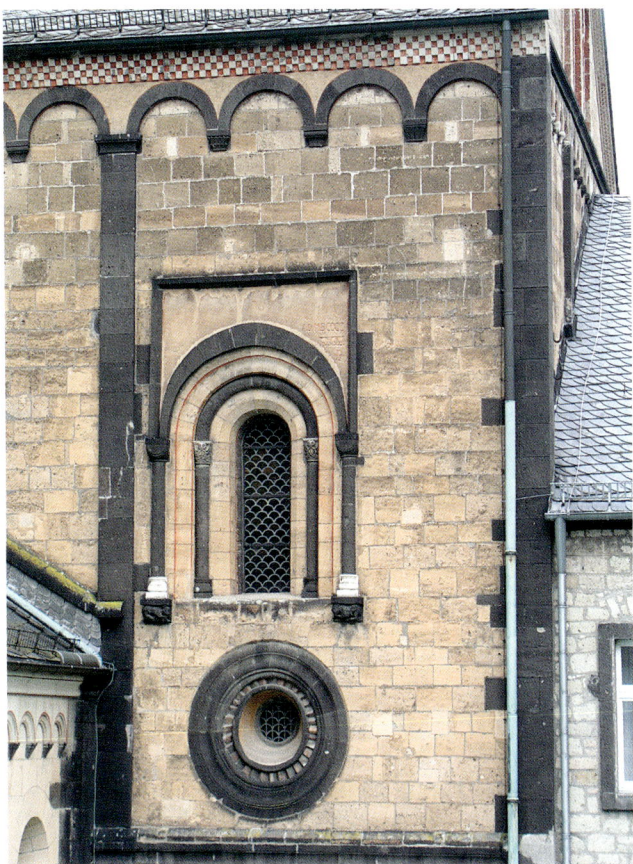

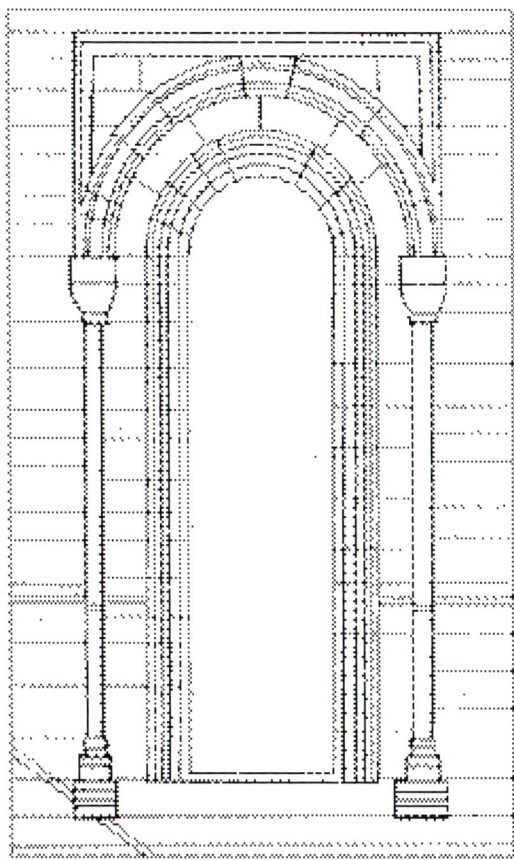

Maria Laach, Löwe unter der rechten Konsole des „Baldachinfensters"

Dom zu Speyer, Fenster in der Westwand des Südquerarms (nach Kubach/Haas)

schen Rankenkapitelle der Fenster lassen Beziehungen zur Apsisgalerie in Speyer, aber auch in Mainz erkennen. Hinzu kommt noch der häufig in Laach auftretende tordierte Taustab.

Die übrigen drei Querhausfenster nach Osten und Westen verzichten auf die rechteckige Rahmung, sind aber ebenfalls mit vorgelegten Säulchen und einem plastisch vortretenden Rahmenbogen ausgestattet. Diese Form ist in Speyer unbekannt, erweitert aber das reiche Fenstergewände und nähert es zumindest aus einiger Entfernung den Speyerer Querhausfenstern an. Als architektonische Form ist dieser Fenstertyp mit vorgelegter Rundbogenrahmung auf Säulchen sehr selten und tritt nur am Baptisterium in Florenz und, um antikisierende Akanthusblätter bereichert, bei den Schmuckfenstern in der Nachfolge von St. Nicola in Bari in Süditalien auf. Mit diesen Parallelen wird

man jedoch kaum historische Zusammenhänge konstruieren können.

Wegen der gestaffelten Fenstergewände, die hinsichtlich ihrer Profilierung gegenüber den differenzierten Speyerer Formen stark vereinfacht sind, ist die lichte Öffnung sehr schmal und ohne Trichter fast senkrecht eingeschnitten. Darin unterscheiden diese Fenster sich von denen des Langhauses.

Durch die angrenzenden Konventsgebäude ist die Südseite weitgehend verdeckt, so daß nur die Nordfassade des Querhauses eine eigenständige Gliederung erhielt. Dort erscheint noch einmal der besagte Fenstertyp als Dreiergruppe mit breiterem Mittelfenster gesteigert. Es fehlen hier die vorgestellten äußeren Säulchen mit ihren Blendbogen, dafür zeigt aber das Mittelfenster eine breite, flache Karniesrahmung, wie wir sie sonst nur aus Speyer kennen. Mit Recht wurde darauf hingewiesen, daß

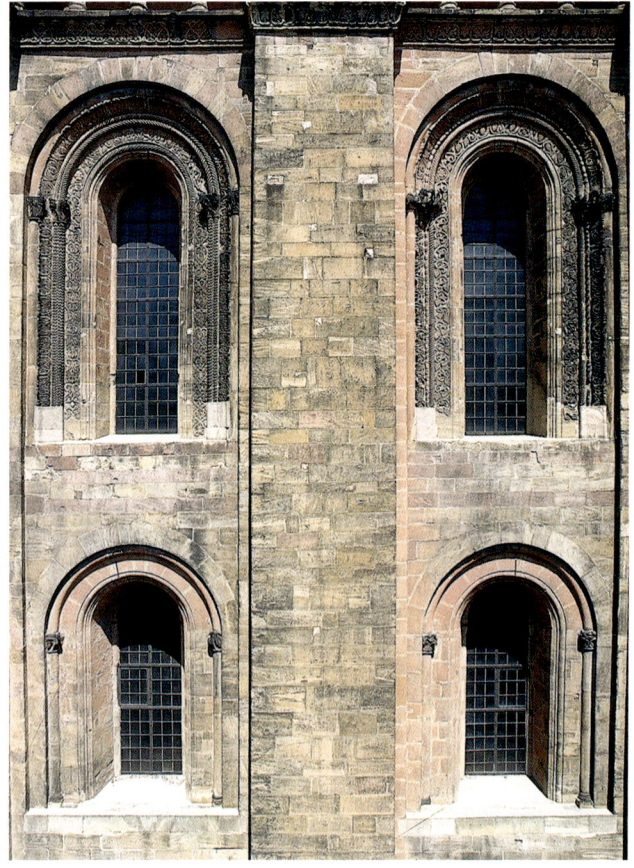

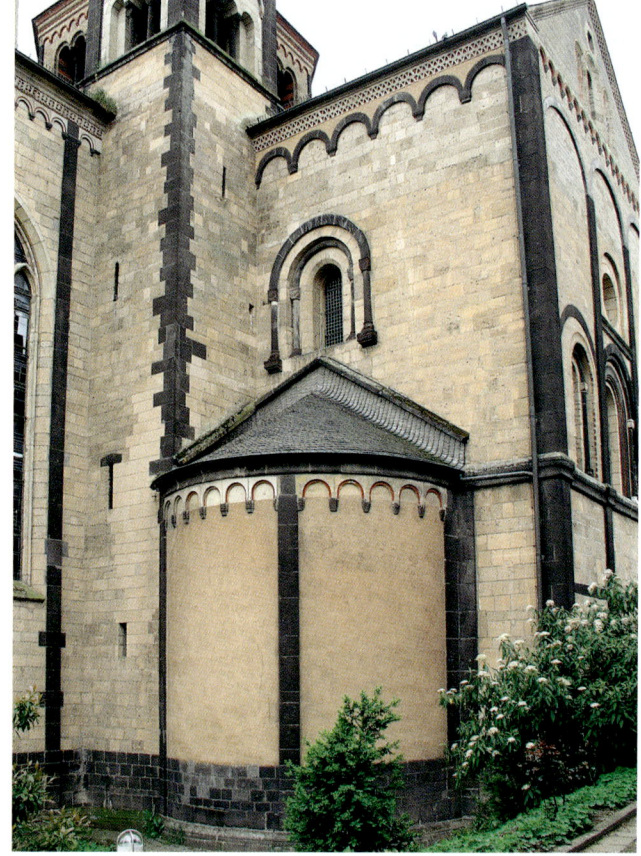

Dom zu Speyer, Fenster des Südquerarms   Maria Laach, Nordquerarm von Osten

diese einfachere Fensterform in Oberitalien zum Beispiel in St. Abbondio in Como und von dort abgeleitet in Quedlinburg anzutreffen ist. Die ursprüngliche Form mit Okulus wurde 1936 rekonstruiert, nachdem zuvor in beiden Fassaden große Fenster eingebrochen worden waren.

Hier sind auch die beiden Rundfenster in der Westwand des Querhauses mit ihren reich und differenziert angelegten Rahmungen zu erwähnen. Das südliche besitzt ein leicht nach oben verzogenes Gewände. Diese beiden Rundfenster knüpfen stark vergrößert an die entsprechenden Okuli der Mauerkapellen in der Stirnseite des Nordquerarms in Speyer an. Im Gegensatz zu dort ist in Laach kein Grund für das auffällige Motiv an dieser Stelle zu erkennen.

Flach aufgelegte, differenziert mit Karniesen und feinen Abstufungen versehene Rahmungen, jedoch ohne eingestellte Säulchen mit ihren Wulsten, treten nur noch an den unteren Fenstern der Westapsis auf, wobei wiederum das mittlere betont wird. Diese Fenster sind nur vom Inneren des später angebauten Paradieses aus zu sehen. Alle übrigen romanischen Fenster – sofern sie nicht später verändert wurden – sind einfache, in die Mauer eingeschnittene Trichterfenster. Ohne den Bezug zu Speyer überinterpretieren zu wollen, sei darauf hingewiesen, daß auch dort die Fenster von Bau I einfache Trichtergewände besitzen und so einen deutlichen Kontrast zum Querhaus bilden. Vielleicht wollte man in Laach mit diesem Gegensatz auf das große Vorbild verweisen. Ein Parallelfall dazu ist bekannt: St. Sebald in Nürnberg, das als Pfarrkirche das Vorbild der Bamberger Bischofskirche nachahmt. Bei dieser unterscheiden sich baugeschichtlich bedingt die zisterziensisch geprägten Formen des jüngeren westlichen Querhauses von den romanischen des Lang-

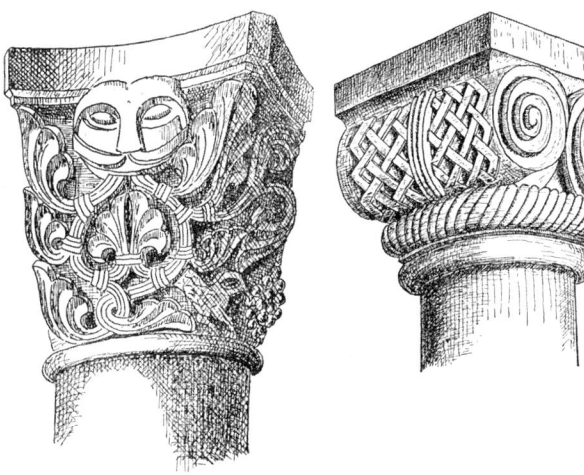

Kapitell vom „Baldachin-
fenster" auf der Westseite des
Südquerarms

Kapitell von der Zwerggalerie
des Westturmes (vermutlich
aus der früheren Bauzeit,
zweitverwendet)

hauses. In St. Sebald, wo das Querhaus vor dem
Langhaus errichtet wurde, ahmte man den eher zufällig entstandenen Bamberger Unterschied getreu-
lich nach und gab dem Querhaus die zisterziensisch
gestuften Fenstergewände im Vergleich zu den
Trichterfenstern des Langhauses. Die Baugeschichte
des Vorbildes wurde also beim Nachfolgebau
gleichsam nachgestellt.[27]

Bei den sehr unterschiedlich geformten Bogenfriesen in Maria Laach fällt besonders derjenige im
Ostjoch des Seitenschiffes auf. Hierbei handelt es
sich um den ältesten Bauabschnitt des Langhauses,
der vermutlich noch in Zusammenhang mit dem
Querhaus entstand. Während er auf der Nordseite
unverändert erhalten ist, scheint er dem andersarti-
gen Material nach zu urteilen auf der Südseite weitgehend erneuert worden zu sein, was vermutlich
mit den mehrfach veränderten Klausurgebäuden
zusammenhängen dürfte.

Dieser Bogenfries besteht aus kleinen profilierten Bögen aus Tuff, doch ist das Profil nicht kon-
zentrisch um den Bogen herumgeführt, sondern
nimmt in allen seinen Abstufungen zum Scheitel
hin sichelförmig zu. Dadurch entsteht eine fast
„perspektivische" Wirkung, die eine größere Tiefe

des Profils suggeriert. Man hat dabei in Laach von
einem „perspektivischen" Bogenfries gesprochen
und mit einem gewissen Recht auf Speyer verwiesen. Dort gibt es zwar keine derartigen Bogenfriese,
doch ist das Phänomen in noch ausgeprägterer
Form bei den Bögen der Zwerggalerie des Langhauses zu beobachten. Die geringe Mauerstärke von
Bau I verhinderte dort, die Galerie mit den gleichen
plastischen Merkmalen auszustatten, die insbesondere den Nordquerarm auszeichnen. Dort überfan-
gen schwere, weit vortretende Bögen die eigentlichen Galeriebögen in einer Art monumentalem
Bogenfries. Dieser scheint am Langhaus gleichsam
flach gepreßt zu sein, mit einer nur gerinfügigen
Tiefendifferenzierung des Reliefs, jedoch wird
durch den Trick des sichelförmigen Anschwellens
optische Tiefe vorgetäuscht.[28] Es ist nicht aus-
zuschließen, daß dadurch die spezifische Form des
Bogenfrieses in Laach angeregt wurde. Es ist außerdem denkbar, daß die merkwürdig weit gespannten
Bögen in Maria Laach, die eine Zwischenstellung
zwischen Bogenfries und Blendbogengliederung
einnehmen, auch etwas mit dem monumentalen
Bogensystem der Zwerggalerien der Speyerer Querarme zu tun haben.

Im Inneren sind die Hinweise auf die großen Do-
me am Oberrhein, insbesondere auf Speyer, weit
weniger deutlich, wenn man einmal von der Frage
der Wölbung im allgemeinen absieht. Die Gliederung des Chorjochs und der beiden Stirnwände
der Querarme mit schlanken rechteckigen Lisenen
und großen Blendbögen kann man vielleicht in diesem Sinn deuten, muß aber darauf hinweisen, daß
dieses Prinzip in Speyer auf Bau I zurückzuführen
ist und nur notgedrungen von Bau II mittels pro-
filierter Blendbögen übernommen wurde und daß
die vermutete Dreiachsigkeit der Stirnwände von
Bau I durch Bau II in eine Zweiachsigkeit verwan-
delt wurde. Die außerordentlich dünne, fast graphi-
sche Schichtung in Maria Laach stellt zudem einen
markanten Unterschied dar. Mangels anderer Vergleiche wird man dennoch in Speyer das Vorbild erblicken dürfen. Ob dies auch für die ungewöhnlich

schwach ausgebildeten östlichen Vierungspfeiler in Maria Laach im Hinblick auf das ähnliche Phänomen in Speyer gelten kann, muß offen bleiben.

Auch die Laacher Krypta wurde mit derjenigen von Speyer verglichen.[29] Außer den allgemeinen Kriterien einer dreischiffigen Hallenkrypta mit großer halbkreisförmiger Apsis gibt es jedoch kaum Übereinstimmungen, wobei die Unterschiede in der Zeitstellung und in der Größe eine Rolle spielen. Da man in Mainz nach 1100 das rund 70 Jahre ältere Modell kopierte, wäre dies an sich auch in Laach denkbar gewesen. Dort stehen nur zwei Stützen im Rund der Apsis im Gegensatz zu vier in Speyer. Die relativ flachen, aber geometrisch klar definierten Laacher Würfelkapitelle passen viel besser in die niederrheinische Tradition des 11. Jahrhunderts in Bonn und in St. Gereon in Köln als zu den schweren, blockhaften Kapitellen des Speyerer Doms.

Dies gilt auch für die gegenüber der Speyerer Querhauskrypta reduzierte Laacher Wandgliederung. Die beiden eigentümlichen Kapitelle, die den Standort des Altars auszeichnen, lassen sich mit ihren sehr abstrakten Blattbüscheln, die aus Caules und Stützblättern entwickelt wurden, nicht mit bekannten Vorbildern vergleichen. Lediglich die Blütensterne als Voluten bei dem südlichen Kapitell besitzen eine gewisse, aber eher zufällige Ähnlichkeit mit den Kapitellen der Emmeramskapelle im Untergeschoß der Speyerer Doppelkapelle.[30] Vermutlich gab dies, wenn auch unausgesprochen, den Anlaß für den Vergleich. Auch der Farbwechsel zwischen weißen Kalksteinen und schwarzer Basaltlava in den Gurtbögen der Krypta, der am Niederrhein selten ist, mag dazu Anlaß geboten haben. Doch ist das Kriterium zu allgemein, um daraus Schlüsse zu ziehen. Die Basen schließlich, bei denen die mittleren wegen ihres zusätzlichen Taustabes besonders hervorgehoben sind, unterscheiden sich von den älteren in Speyer allein durch ihre flachen prismatischen Eckzehen.

Insgesamt beschränken sich die Laacher Anleihen an Speyer auf die Gesamtdisposition des Ostbaus

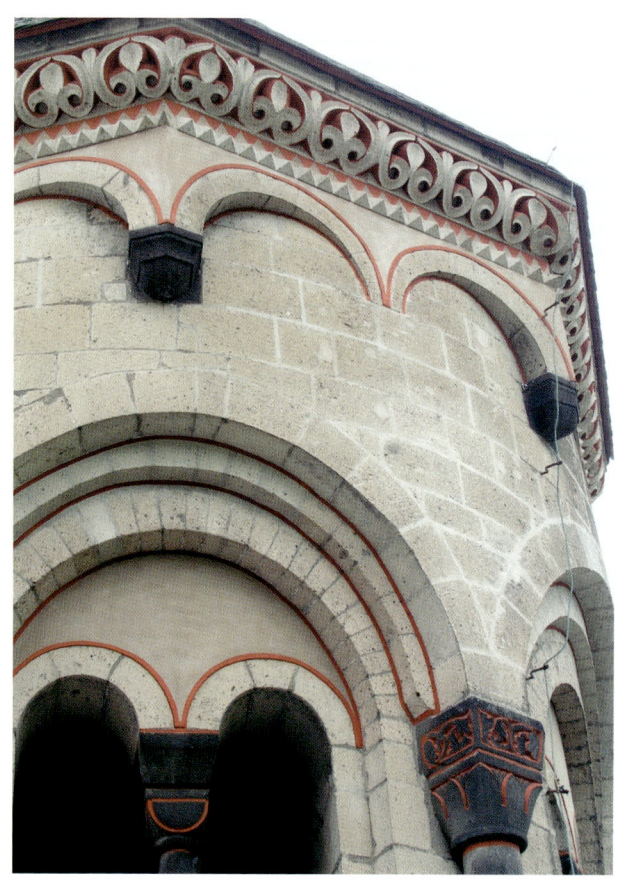

Südwestturm, Blendarkade und Kranzgesims

und einige wenige Motive des Querhauses, die sogar wie Zitate eingesetzt wurden. Für die Begründung einer relativen Chronologie oder gar für absolute Datierungen reicht dies nicht aus. Allerdings wird man darauf hinweisen müssen, daß der große Umbau in Speyer nicht mit dem Tode Kaiser Heinrichs IV. 1106 beendet war, sondern sich vermutlich sogar schleppend in die Regierungszeit Heinrichs V. hinzog, der in einer einzelnen Quelle als Vollender des Domes genannt wird. Trotz der beiden Löwen unter dem südwestlichen Querhausfenster wird man wegen der starken Vereinfachung und Abwandlung der Details kaum an die Wanderung von Steinmetzen denken wollen. Um so interessanter, wenn auch kaum zu beantworten, erscheint die Frage nach dem Sinn der bewußten Architekturzitate.

Maria Laach, das Bonner Münster und der Niederrhein

Wie bereits angedeutet, durchdringen sich in Maria Laach oberrheinische und niederrheinische Bauformen. Die Ostapsis, die nach dem hohen Untergeschoß zu urteilen ursprünglich ähnlich ausgesehen haben dürfte wie die Westapsis, wurde vor 1156 außen nach dem Vorbild des Bonner Münsters umgebaut. Auf einem Kämpfer der inneren Blendarkatur befindet sich eine gereimte Inschrift, die eine Gräfin Hedwig wohl als Stifterin rühmend hervorhebt. Es handelt sich um Hedwig von Are, eine nahe Verwandte des Bonner Propstes Gerhard von Are, unter dem das Münster einen neuen Ostbau und einen neuen Kreuzgang erhielt. Außerdem stellte das Geschlecht die Laacher Vögte. 1153 wurde der neue Bonner Hochaltar geweiht,[31] ein Datum, das durch Holzproben aus einem Ringanker der Apsis bestens bestätigt wird. 1156 erfolgte die Weihe in Maria Laach durch den Trierer Erzbischof, die ebenfalls relativ gut dokumentiert ist.

Die Laacher Apsis gleicht der Bonner bis ins Detail, es fehlt lediglich die Zwerggalerie, für die es keine Zugänge gab und die Mauerstärken nicht ausreichten. Die Gliederung setzt unvermittelt und ohne Bezug über dem stehengebliebenen unteren Teil an. Das untere Geschoß besteht aus flachen Rundbogenblenden, zwischen denen Halbsäulen angeordnet sind. Darüber verkröpft sich ein Gesims, und ein kräftiger Rücksprung ermöglicht es, daß die Säulen des oberen Geschosses voll-

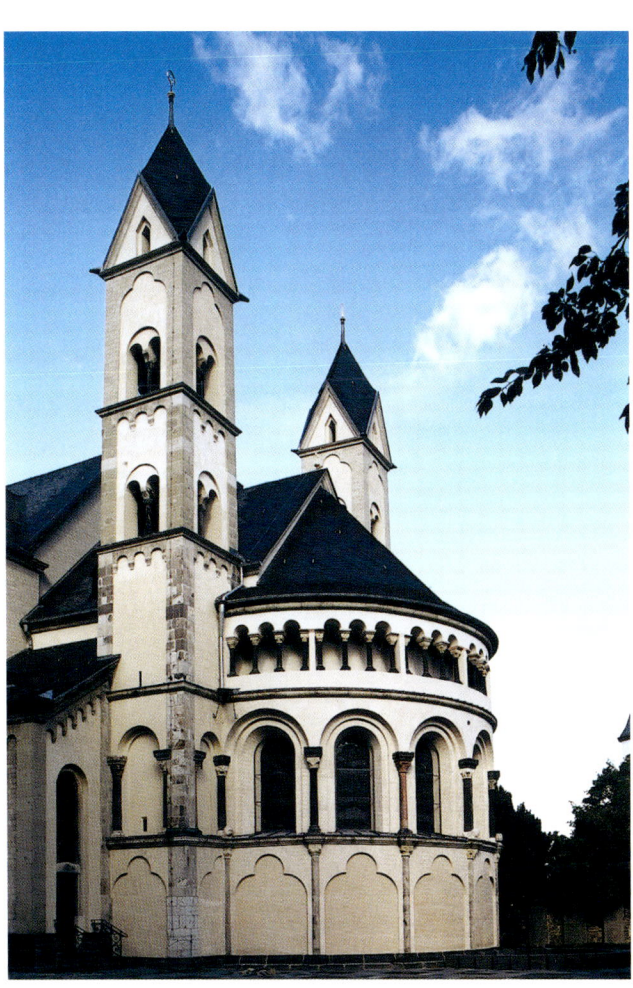

Koblenz, St. Kastor, Ostpasis (vor 1158)

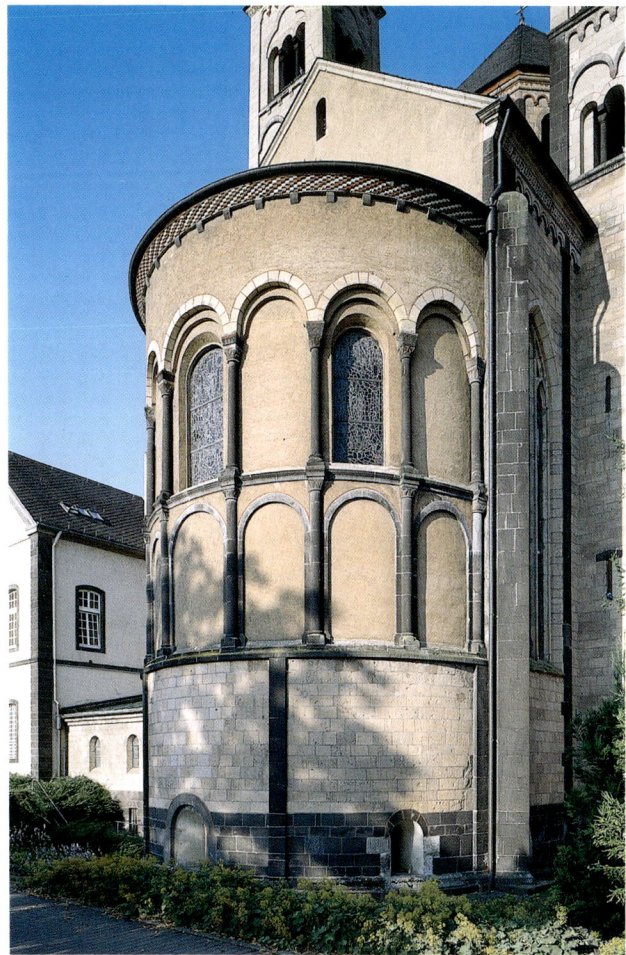

Maria Laach, Ostapsis mit den meist verdeckten Fenstern der Krypta (vor 1156)

45

rund sind und frei stehen. Ihre Basen sind über den Verkröpfungen des Gesimses angeordnet. Derartige mehrgeschossige Säulenstellungen sind aus der römischen Antike bekannt. Die Säulen des Obergeschosses tragen nach dem Speyerer Vorbild Rundbogenarkaden, die die Fenster und die dazwischenliegenden geschlossenen Felder rahmen. Die Blendarkaden sind zusätzlich gestuft. Da die inneren Stufen auf den Deckplatten der Kämpferaufsätze keinen Platz finden, ruhen sie auf seitlich vorkragenden Konsolen.

Die doppelte Säulenstellung und die gestuften Blendarkaden sind so charakteristisch, daß man eine geschlossene Gruppe bilden kann. Außer dem Bonner Münster gehören hierzu die Stiftskirche St. Servatius in Maastricht, wo Gerhardt von Are ebenfalls als Propst fungierte (1154–1160) und St. Kastor in Koblenz (vor 1158).[32] In Maastricht erscheint das Untergeschoß gegenüber den ausgewogenen Bonner und Laacher Proportionen in die Länge gestreckt, in Koblenz, wo die Apsis ungewöhnlich breit und gedrungen ist, sah man sich genötigt, im Untergeschoß statt der Rundbogen-Kleeblattbogenblenden zu verwenden, die eine größere Spannweite ermöglichten. Bei den jüngeren kölnischen und niederrheinischen Apsiden besitzt das Untergeschoß niemals eine Säulenstellung, sondern stets Lisenen oder Pilaster. Nur in St. Gereon, das zeitlich dem Bonner Münster sehr nahe steht, ist das Untergeschoß entsprechend dem Obergeschoß mit einer Blendarkatur ausgestattet, die auf Säulen ruht. Bei der Doppelkapelle von Schwarzrheindorf, die 1151 geweiht wurde, ist die Apsis der Oberkirche über dem Pultdach der Zwerggalerie mit den gleichen Blenden und dazwischenstehenden Halbsäulen gegliedert wie das Untergeschoß der Bonner und der Laacher Apsis, so daß man auch diesen Bau der Gruppe zurechnen muß.

Die Bonner Apsis ist die erste ihres Typs am Niederrhein und prägte für fast hundert Jahre bis in die Mitte des 13. Jahrhunderts das Erscheinungsbild im gesamten Raum. Ausgangspunkt ist natürlich die Ostapsis des Doms zu Speyer, doch mit einer Unterteilung in zwei Geschosse. Dies entspricht genau einem nicht ausgeführten Projekt für den Gewölbeumbau des Mittelschiffs in Speyer, wo auch zwei Säulenvorlagen, unterbrochen von einem Horizontalgesims, übereinander angeordnet wurden, offenbar als Kritik an dem frühsalischen Vertikalismus.

Beim Bonner Münster und seinen Verwandten wurden die Türme flankierend zur Apsis angeordnet und deren Gliederung weitergeführt. Das war in Maria Laach wegen der bereits ausgeführten Bauteile nicht möglich. Der Giebel des Ostchors über dem Apsisdach ist in Maria Laach ungegliedert und vollständig erneuert. Es besteht kein Zweifel, daß dies dem ursprünglichen Zustand entspricht. Bei dem Bonner Giebel handelt es sich um eine spätromanische Aufstockung nach Erhöhung der Dächer über Chor und Langhaus. Der ursprüngliche Giebel hat sich auf der Rückseite ablesbar erhalten. Er folgte in nur geringem Abstand dem Apsisdach und war vermutlich ebenfalls ungegliedert. In St. Kastor in Koblenz erscheint der Giebel nur mit seinem schrägen Gesims über dem Apsisdach, so daß sich auch hierin eine weitgehende Übereinstimmung ergibt.

Die schwarzen Lisenen aus Basaltlava erscheinen in Maria Laach nur im ersten Freigeschoß der Türme. Darüber ist die gesamte Außenhaut erneuert, jedoch darf man davon ausgehen, daß dies getreu dem Ursprungszustand erfolgte. Demnach besitzen die oberen beiden Geschosse Kantenlisenen aus großen Tuffquadern. Das gleiche gilt für die Bonner Osttürme, wo die Trachytgliederung mit einem kräftigen Abschlußgesims über dem ersten Freigeschoß endet und damit die ursprüngliche Höhe der Türme anzeigt. Die beiden oberen Geschosse sind in den Kantenlisenen zusammengefaßt, die von der Horizontalteilung nicht durchschnitten werden. Das gleiche gilt für den Südostturm in Laach. Wie in Bonn sollten dort die Türme ursprünglich nur ein Freigeschoß erhalten. Auch in Koblenz wurden die kleinen Osttürmchen nach der Aufhöhung des Langhauses aufgestockt. Ge-

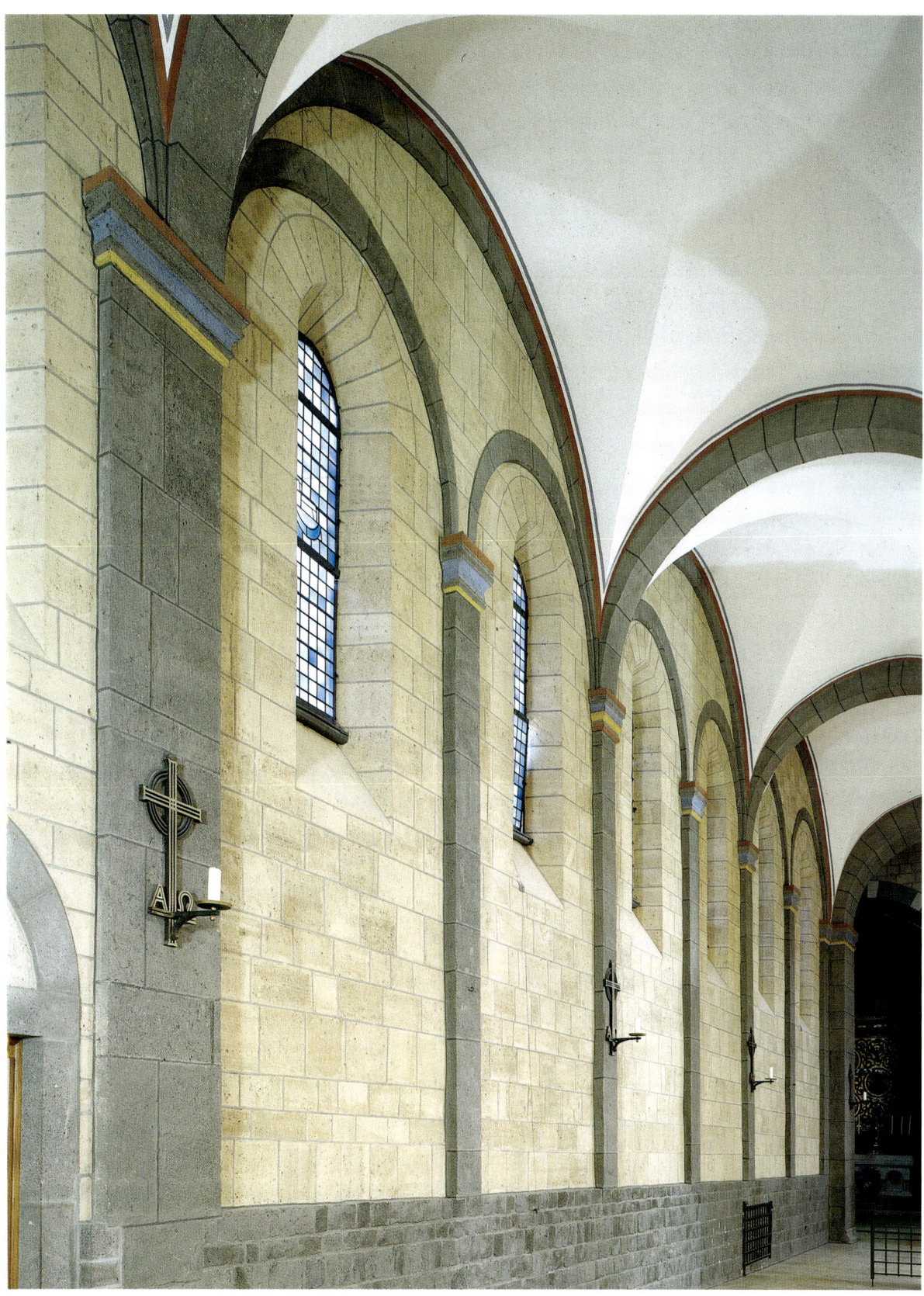

Außenwand des nördlichen Seitenschiffs nach Osten

drungene Türme mit nur einem Freigeschoß waren im 12. und frühen 13. Jahrhundert offenbar weiter verbreitet, als Fortsetzung einer früh- und vorromanischen Tradition. Nicht nur die Wormser Osttürme wurden nachträglich aufgestockt, sondern auch diejenigen des Bamberger Domes, der im Umriß sowie in der Gliederung der Apsis ohnehin dem älteren Bonner Vorbild sehr ähnlich war.[33]

Ein weiteres Detail unterstreicht die enge Verbindung zwischen Bonn und Laach: bei den offenen Arkaden der Türme scheinen die äußeren fast ganz oder zur Hälfte zugemauert zu sein oder von einem etwas zurückgesetzten Pfeiler überschnitten zu werden. Dies gilt jeweils für die älteren Geschosse wie für die nachträglichen Aufstockungen. Es handelt sich dabei jedoch nicht um eine nachträgliche Maßnahme, sondern um ein Konstruktionsmerkmal, weil man offenbar die verbliebenen Mauerabschnitte der Turmkanten als zu schwach erachtete. Die inneren Winkel wurden von verstärkenden Pfeilern ausgefüllt und oben mit einem kräftigen Bogen verbunden, der im Inneren die geöffneten Arkaden übergreift. Das Wechselspiel zwischen geöffneten und geblendeten Arkaden ist für Bonn und Schwarzrheindorf ohnehin charakteristisch. Die beiden Blendbögen, die in Maria Laach die Drillingsarkaden der ersten Freigeschosse und des zweiten Freigeschosses des Südostturms auf Konsolen ruhend übergreifen und auch mit dem Bogenrücken frei vor der zurückgesetzten Wandebene darüber vorspringen, sind in Bonn im zweiten Freigeschoß des Südostturmes zu finden, der überhaupt dem entsprechenden in Maria Laach besonders ähnlich ist. Die Aufstockung in Bonn ist eine Konsequenz der höheren Dächer und Traufen von Chor und Langhaus und des aufgestockten Vierungsturmes. In Maria Laach war es vermutlich die Konsequenz der Vollendung der wuchtigeren und höheren Türme des Westbaus, weil man wie bei den oberrheinischen Domen eine gewisse Gleichgewichtigkeit beider Turmgruppen anstrebte.

Das Innere der Apsis zeigt unter den Fenstern eine schöne Blendarkatur auf Säulen, während das Fenstergeschoß glatt ist und ohne trennendes Gesims in die Kalotte der Wölbung übergeht. Es war noch nicht die Zeit reicher, mehrgeschossiger Innengliederungen mit Laufgängen, wie sie ab 1170 bei Groß St. Martin in Köln zu beobachten sind. Nur St. Gereon hat eine reichere Blenden- und Nischengliederung im Inneren, während Bonn gänzlich unstrukturiert ist. St. Kastor in Koblenz besitzt dagegen wie Laach eine Blendarkatur im Sockelgeschoß.

Immer wieder ist darauf hingewiesen worden, daß das stärker gebuste Kreuzgratgewölbe des Chorjoches mit seinen steigenden Scheiteln sich von den Gewölben der Vierung und des Langhauses unterscheidet. Daß die Querarme ebenfalls kuppelige Gewölbe mit stark steigenden Scheiteln aufweisen, wird dabei übersehen. Wenn es sich bei der Apsis – wie wir vermuten – um einen nachträglichen Umbau handelt, dann müßten die Gewölbe von Chor und Querarmen wohl schon vorher ausgeführt gewesen sein. Sicher ist dies nicht. Daher scheint es angemessen, darauf hinzuweisen, daß mit den genannten neuen Apsiden in Bonn, Köln und Koblenz jeweils ein quadratisches Joch mit Kreuzgratgewölbe den Bauten angefügt wurde, gleichsam als Auszeichnung des Altarhauses vor der Apsis. Man könnte also das Laacher Chorgewölbe in diesem Sinne interpretieren. Andererseits weisen die spornförmigen Strebepfeiler an den Kanten des Altarhauses darauf hin, daß dieses wohl von Anfang an gewölbt werden sollte. Der Zeitpunkt der Ausführung ist jedoch von dem der Vierung zu trennen und dagegen mit denjenigen der Querarme zu verbinden.

Beim Äußeren des Langhauses weisen die flachen, unprofilierten Lisenen aus harter Basaltlava auf den Niederrhein, wo die entsprechenden Gliederungen aus Trachit bestehen. In beiden Fällen erschwerte das harte Material den Umgang mit Profilen. Die profilierten Bogenfriese jedoch weisen eher zum Oberrhein, auch wenn ihre Profile kleinteilig und abweichend von der Standardform von Kehle und Wulst sind. Vor allem niederrheinisch geprägt ist die Verwendung von Konsolen, da am

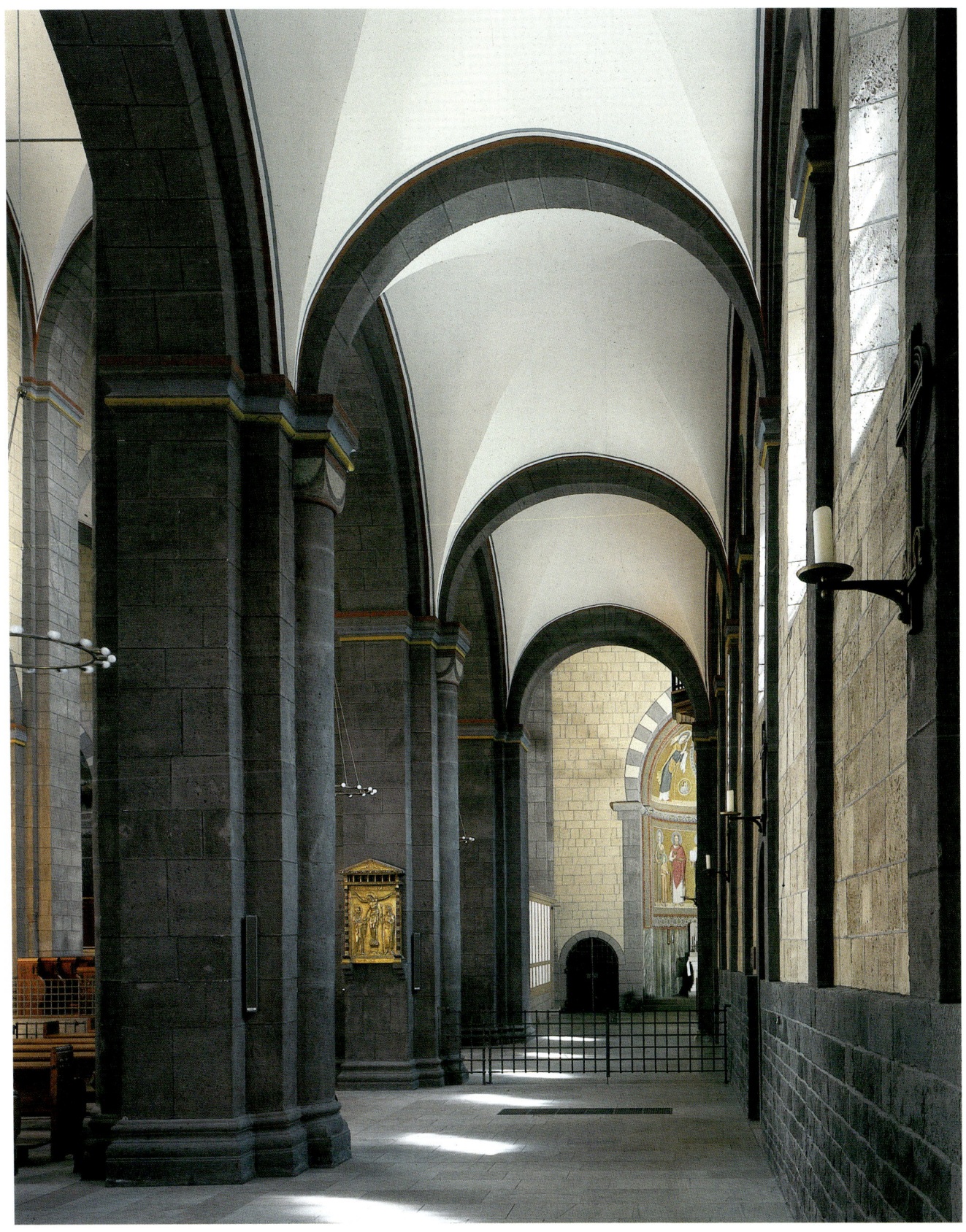

Südliches Seitenschiffs nach Osten

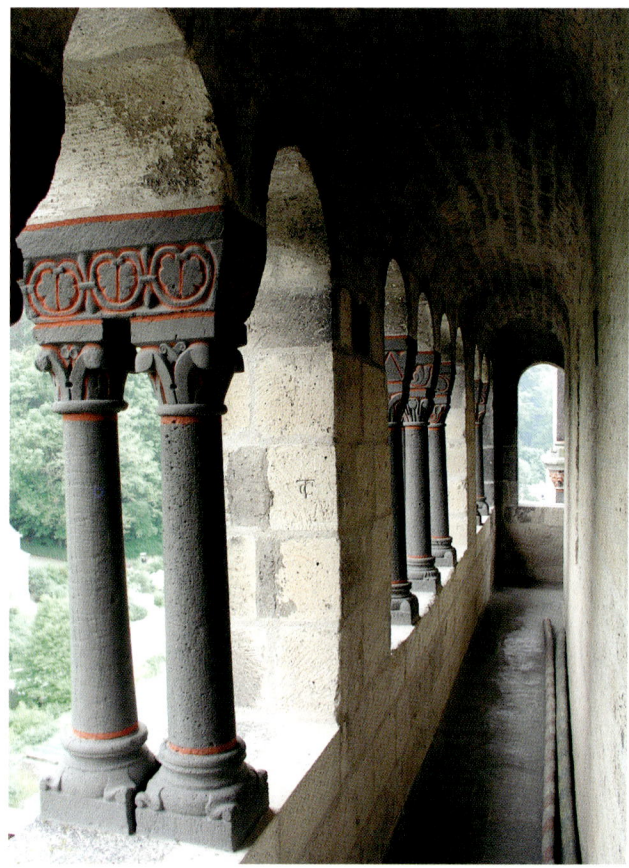

Mittlerer Westturm, Westseite, Zwerggalerie mit Brüstung und Längstonne

Oberrhein diese durch umlaufende Profile ersetzt sind.

Die schlichte Gliederung des Westbaus war von Anfang an vorgegeben. Bei den Türmen ergab sich eine Aufteilung in der Horizontalen in sechs Abschnitte, die bei den Freigeschossen mühelos fortgeführt werden konnten. Überraschenderweise entschied man sich für eine ungewöhnlich reiche Gliederung der beiden oberen Geschosse, handelt es sich doch um die einzigen Türme, auf die in einer detailgenauen Übereinstimmung eine Apsisgliederung übertragen wurde. Es handelt sich um das bei der Ostapsis besprochene Prinzip, lediglich die Blenden des geschlossenen „Sockelgeschosses" sind hier kleeblattförmig und folgen damit dem Vorbild von St. Kastor in Koblenz. Da einzelne Balken der Dachstühle, des Querbaus und der Turmhelme 1167/69 datiert werden konnten, muß der Westbau

damals vollendet worden sein – das heißt, in dem Jahrzehnt nach der Koblenzer Apsis. Erstaunlicherweise wählte man für die Rundtürme keine Kegeldächer, weil man sie möglicherweise für altertümlich hielt, sondern wählte statt dessen die prismatischer wirkenden achtseitigen Helmpyramiden. Der Übergang wurde noch im Baukörper angelegt durch einen Bogenfries, der immer zwei Bögen durch Verzicht auf die Mittelkonsole mit dem Zylinder verschneiden ließ. Dieser Rhythmus setzt sich klar von der Felderteilung der Blendarkaden darunter ab, so daß sich beide gegeneinander verschieben. Die achteckige Brechung der Rundtürme stellte nicht nur eine Korrespondenz zum östlichen Vierungsturm her, sondern gab ihnen einen festen optischen Halt im rechtwinkligen Achsensystem des Westbaus.

Der Mittelturm mit seiner dreiseitig umlaufenden Zwerggalerie zeigt die niederrheinische Formensprache ebenso klar wie die seitlichen Türme. Der stark querrechteckige Grundriß wird durch die nur an drei Seiten umlaufende Galerie dem Quadrat angenähert, wobei das obere Geschoß auf den Rückwänden der Galerie aufsitzt. Diese schließt mit einem Pultdach an den Kernbau an, der damit gleichsam aus dem Dach herauszuwachsen scheint. Dies war zuvor bei den Querhausgiebeln in Speyer (um 1106), andeutungsweise bei den Westtürmen des Domes in Trier (um 1050) und vor allem beim Obergeschoß der Doppelkapelle von Schwarzrheindorf (1151) zu beobachten, sollte aber zu einem Grundprinzip der großen niederrheinischen Westchorhallen mit ihren aufgesetzten Doppeltürmen in Maastricht, Lüttich und – geplant – in Neuss und in Xanten werden. Die Zwerggalerie selbst mit ihrer hohen Brüstung und der Längstonne oberhalb der Galeriebögen folgt mit einer Variation des Rhythmus dem Schwarzrheindorfer Modell, das als raumhaltiger Gang zwischen den Mauerschalen für den Niederrhein für hundert Jahre verbindlich werden sollte.[34]

Der Plattenfries mit seinen kassettenartigen rechteckigen Feldern, der oft auch als Brüstung für die Zwerggalerien dient, ist hier ein Geschoß nach oben unter die Schallöffnungen versetzt. Der regelmäßige, verhältnismäßig stumpfe Rautenhelm zwischen den Giebeldreiecken des Mittelturmes ist schon in seiner Fernwirkung so charakteristisch niederrheinisch, daß er eine feste Verankerung in dieser Architekturlandschaft bewirkt. Von wenigen Exporten wie z. B. den Speyerer Türmen abgesehen, hat erst das 19. Jahrhundert mit seiner freien Verfügbarkeit architektonischer Formen die klaren Grenzen der angestammten Region für dieses Motiv verwischt.

Die beiden eigentümlichen, vereinfachten Lilienfenster – Halbkreis und konkav eingezogene Sohlbank – im Obergeschoß der Querflügel nehmen ein charakteristisches Motiv der Oberkirche von Schwarzrheindorf auf, bevor es durch einen Kleeblattbogen zur echten Blütenform entwickelt ist. Fenster mit derart bewegten Umrissen kannten in der Region weite Verbreitung und wurden zu einem „Markenzeichen" der niederrheinischen Baukunst.

Auch das Innere des Westbaus hat hinsichtlich der Westempore, die sich im Obergeschoß auch in die seitlichen Arme des Querbaus erstreckt, seine nächsten Verwandten am Niederrhein. Der hochgelegene, saalartige Querraum ist nicht nur mit den jüngeren Beispielen in St. Andreas in Köln, Andernach und Limburg an der Lahn durchaus vergleichbar, wenn auch bei den letzten beiden Beispielen verbunden mit Längsemporen über den Seitenschiffen, sondern auch mit den „Kaisersäulen" der Maastrichter Westchorkapellengruppe.[35]

Auch das sogenannte Paradies, bei dem es sich in Wirklichkeit um ein nach außen geöffnetes Atrium handelt, ist in allen Einzelheiten von der niederrheinischen Formenwelt geprägt. Das gilt nicht nur für die gerundeten Gurte mit Halbkreisquerschnitt, die die Halbsäulenvorlagen in Bogenform fortsetzen und in Knechtsteden und Koblenz zu finden sind, sondern vor allem für die hervorragende Bauzier, die in Knechtsteden, Brauweiler und Köln ihre nächsten Verwandten hat. Die Kelchblockkapi-

telle mit diamantierten Stengelblättern vertreten den Typ des niederrheinischen Kapitells, das im 13. Jahrhundert auch den Oberrhein und andere Regionen Deutschlands erobert. Die schwarzen Doppelsäulchen mit Schaftringen auf Höhe eines Drittels ihrer Länge sowie die kapitellförmigen Konsölchen unter den äußeren und inneren Bogenrahmungen sind weitere Details, die in diese Kunstlandschaft gehören und damit anzeigen, daß die Laacher Formenwelt an ihrem Ende vollständig von der kölnisch-niederrheinischen dominiert wird.

Das Langhaus und das Problem von Wölbung und Dächern

Aufgrund seines Gewölbesystems mit gleicher Jochfolge in Mittel- und Seitenschiffen nimmt das Langhaus eine Sonderstellung im frühen deutschen Gewölbebau ein. Den querrechteckigen Jochen im Mittelschiff entsprechen längsrechteckige in den Seitenschiffen. Wegen der Halbkreisbögen, die als Gurte und Schildbögen das einzelne Joch begrenzen, versuchte man in der Regel, möglichst quadratische Grundrisse zu erzielen, so daß bei den schmaleren Seitenschiffen erheblich kleinere Quadrate entstanden und jeweils zwei auf jeder Seite einem Mittelschiffjoch zugeordnet wurden: das sogenannte „gebundene System", das seit der Einwölbung des Domes in Speyer, von ganz wenigen späten Ausnahmen abgesehen, verbindlich für die romanische Architektur in Deutschland bis zur Mitte des 13. Jahrhunderts wurde. Auch Oberitalien hatte daran seinen Anteil. Eine Gruppe mittelgroßer Bauten im westlichen Burgund, die zwischen 1100 und 1130 entstand, besitzt ein ähnliches Gewölbesystem wie Maria Laach, das vermutlich wegen der engen Verbindung dieser Region mit den dort verbreiteten Tonnengewölben eine ganz andere Genese hat und daher nur als historische Parallele zu verstehen ist. Die Bauten um Anzy-le-Duc, Gourdon und Vézelay, die oft in Verbindung mit Maria Laach genannt wurden, sind wegen ihrer anders gestalteten Gratgewölbe, Wandvorlagen und Einzelformen nicht als Vorstufe anzusehen.[36]

Überblickt man die Situation im ersten Drittel des 12. Jahrhunderts, so gab es nur den Dom zu Speyer, dessen enorm weit gespannte Gewölbe vor 1106 begonnen und am Anfang des zweiten Jahrzehnts vollendet waren. In Mainz arbeitete man 1125 noch am Ostbau, während das Mittelschiff des Langhauses 1137 im Bau oder sogar vollendet war, allerdings ohne die geplante Wölbung, die erst um 1200 realisiert wurde. In Worms begann man 1125 den Ostbau und ging 1135 an die Ausführung von dessen Bandrippengewölben. Am Niederrhein konzipierte man nach 1130 in Utrecht, Brau-

weiler, Knechtsteden und Elten Gewölbebauten, die zumeist um 1140 oder später eingewölbt wurden. Das heißt: als das Laacher Langhaus im Bau war, gab es nur den Dom in Speyer, der das neue Prinzip anschaulich vor Augen führte. Insofern darf es nicht wundern, daß man hier mit einem anderen Prinzip experimentierte, das von der gleichmäßigen Pfeilerfolge von Bau I in Speyer ausging und durch leichte Streckung der Jochschritte mit den Gewölben verbunden werden sollte.

War dies von Anfang an so geplant? Die glatten Sockelstreifen der Seitenschiffaußenmauern enthalten keinen Hinweis auf die zu erwartenden Gewölbevorlagen, und die östlichen Vierungspfeiler deuten mit ihren versetzten Kämpfern auf einen Planwechsel hin. Eine gestufte Gewölbevorlage im Nordostwinkel des Nordquerarms, die nach oben nicht weitergeführt wurde, gibt aber zu erkennen, daß zumindest die Querarme gewölbt werden sollten. Für das Langhaus läßt sich vom Sockel der Außenmauern der Seitenschiffe eher eine negative, zumindest keine eindeutige Antwort geben. Das ändert sich bei den Mittelschiffpfeilern grundlegend. Nicht nur durch deren Kreuzform, sondern vor allem durch die zum Mittelschiff und Seitenschiff vorgelegten Halbsäulen, die nicht nur ein kräftiges Relief erzeugen, sondern insbesondere im Seitenschiff nur für die Aufnahme von Gurtbögen bestimmt sein konnten. In den Seitenschiffen entsteht durch die kräftigen Vorlagen der Pfeiler einerseits und die flache Blendarkatur auf der Außenwand, die die Gewölbe in keiner Weise vorbereitet, eine starke Asymmetrie. Sie drückt sich besonders in den Gurtbögen aus, die nach innen zu kaum an Stärke verlieren, nach außen aber sichelförmig verlaufen müssen, weil sie am Auflager keinen Platz beanspruchen dürfen. Dadurch setzen auch die Gewölbegrate außen erheblich höher an als über den Kämpfern der Pfeiler. Optisch erzeugt dies den Eindruck nicht nur einhüftiger Bögen, sondern höherliegender Bogenanfänger auf der Außenseite.

Die Gurtbogenanfänger an den Außenmauern der Seitenschiffe sind mit den Ansätzen der Blend-

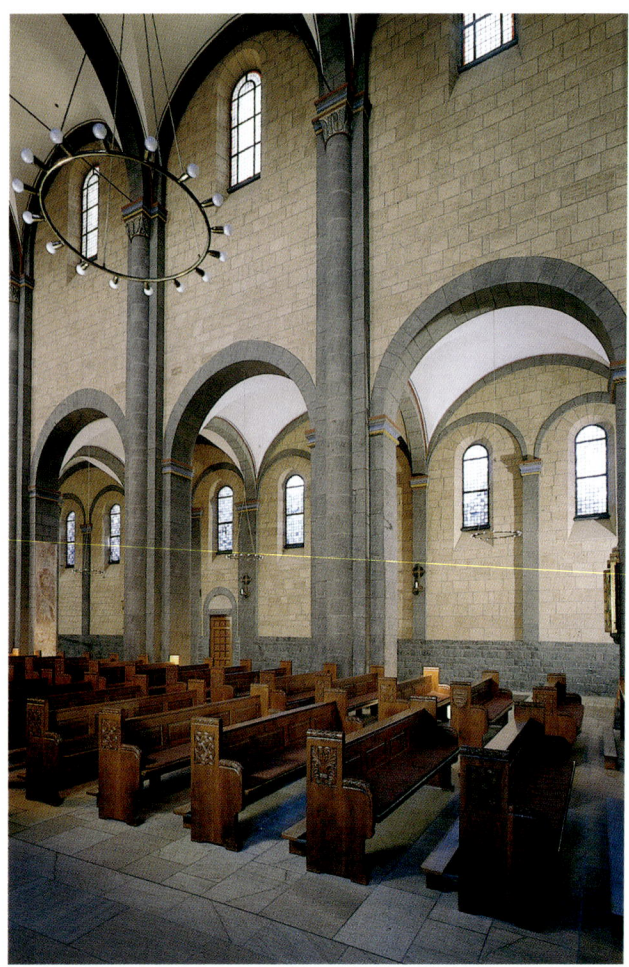

Langhaus, Nordarkade: Aufrißsystem

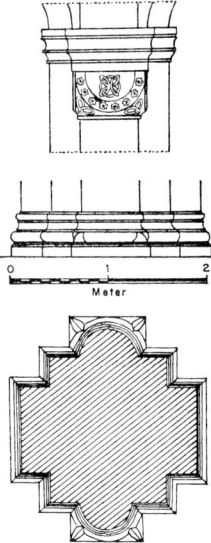

Grundriß, Basis und Kapitell eines Mittelschiffpfeilers der
Südreihe (nach Schippers)

bögen wie der Schildbögen aus denselben Werkstücken gearbeitet, so daß spätestens in Kämpferhöhe der Seitenschiffe feststand, daß diese gewölbt
werden sollten. Gewölbte Seitenschiffe in Verbindung mit einem flachgedeckten Mittelschiff wie
bei Bau I in Speyer oder St. Marien im Kapitol in
Köln, beide aus dem vierten Jahrzehnt des 11. Jahrhunderts, waren ein dreiviertel Jahrhundert später
nicht mehr aktuell, so daß man annehmen muß,
daß auch das Mittelschiff gewölbt werden sollte.
Alle Überlegungen, die davon ausgehen, daß Pfeilervorlagen und Halbsäulen dort eine gestufte Blendarkatur tragen sollten wie in Bau I in Speyer,[37] ver-
nachlässigen die Pfeilerform in den Seitenschiffen,
die nur in Verbindung mit Gewölben einen Sinn
ergibt.

Durch partielle Grabungen im Ostteil des Langhauses während der letzten Restaurierung ergaben
sich Erkenntnisse zu den Mittelschifffundamen-
ten.[38] Im Ostjoch mit seiner größeren Arkaden-
spannweite handelt es sich um kräftige Streifenfundamente, die unter dem ersten Pfeilerpaar um etwa
1/3 zu Einzelfundamenten verstärkt sind. Spann-
mauern und Verstärkungen sind offenbar einheitlich. Sie zeigen eine Form, wie wir sie bei allen drei

oberrheinischen Domen antreffen, wo jeweils ältere
Fundamente – in Speyer diejenigen von Bau I, in
Mainz und Worms die ottonischen Fundamente
vom Anfang des 11. Jahrhunderts – bei jedem zweiten Pfeiler dem gebundenen System folgend nachträglich verstärkt wurden, um die entsprechenden
Vorlagen aufnehmen zu können. In Laach wählte
man diese Form von Anfang an, aber bei jedem
Pfeiler entsprechend der kurzen Jochfolge. Vom
zweiten Joch ab sind die Streifenfundamente, aber
auch die beidseitigen Verstärkungen unter den
Pfeilern erheblich schwächer, trotz deren gleichblei-
bendem Querschnitt. Vermutlich waren die Fundamente des östlichen Pfeilerpaars im Zusammenhang mit der Vierung gelegt worden, während man
in der Fortsetzung erkannte, daß man mit geringe-
ren Stärken auskam. Dies belegt, daß die Wölbung
des ersten Jochs schon im Zusammenhang mit der
Vierung geplant wurde, ebenso dessen größere
Spannweite, die man für die folgenden vier Joche
reduzierte. Auch dort hielt man trotz der reduzierten Dimensionen das Prinzip der Fundamente bei,
das eine Mischung aus Einzel- und Streifenfun-
damenten darstellt.

Das Laacher Wölbungsproblem wird auch von
Befunden tangiert, die 1936/37 bei der Erneuerung
des Dachstuhls zutage traten.[39] Bei dem alten

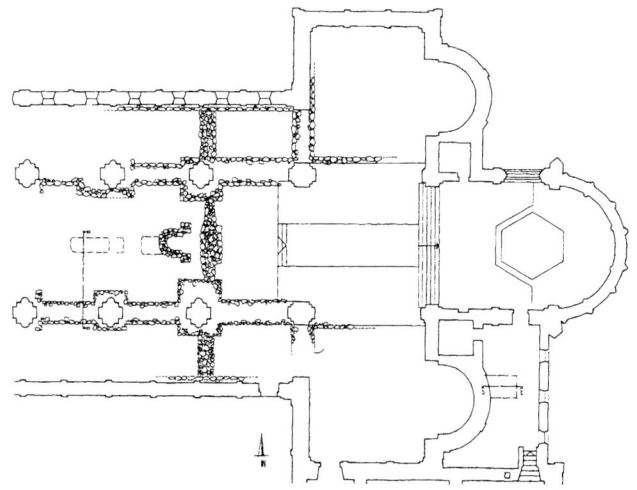

Die Fundamente am Ostende des Langhauses
(nach Stanzl 1988, abgedruckt bei Kahsnitz)

Dachstuhl, der mit den damaligen Methoden kaum zu konservieren war, handelte es sich leider um den originalen romanischen Bestand, obwohl er mit seinem First zu hoch lag und deutlich in die westlichen Drillingsarkaden des östlichen Vierungsturmes hineinragte. Einige der horizontalen Dachbalken waren noch so gesund, daß sie wiederverwendet werden konnten. Sie lassen sich dendrochronologisch auf die Zeit zwischen 1178 und 1185 als jüngster Probe datieren, also deutlich später als die Weihe von 1156, aber auch als die Dachbalken des Westbaus 1167/69. Die Erklärung bietet ein tieferliegender Dachanschlag am östlichen Vierungsturm, der nicht nur auf ein älteres Dach hinwies, sondern auch als Anhaltspunkt für die Neugestaltung des Daches 1937 diente. Warum aber hatte man das Dach nach 30 oder wenig mehr Jahren erneuern müssen?

Das romanische Dach lag nicht auf dem Kranzgesims, sondern auf einer Aufmauerung, die zwischen 40 und 58 cm betrug. Zwischen seinen Bindern im Abstand von 2,80 m lagen jeweils zwei Leergesperre mit kurzen Stichbalken, die durch Wechselbalken mit den Dachbalken verbunden waren. Die Sparren waren oben durch einen Kehlbalken verbunden und wurden unten durch kurze senkrechte Pfosten auf den Stichbalken bzw. den Dachbalken abgestützt. In die nachträgliche Aufmauerung unter dem Dachfuß waren oben auf jeder Seite zwei Mauerlatten eingelassen. Die alte Dachhaut lief ohne Dachüberstand auf die Außenkante zu, was bei dem ursprünglichen Fehlen von Dachrinnen merkwürdig ist, weil kein Dachüberstand zum Abtropfen vorhanden war. Am westlichen Ende war zur Sicherung des romanischen Dachstuhls eine Art stehender Stuhl eingebaut worden.

In der Aufmauerung über dem Sims fand man quer angeordnete Balkenstümpfe, die auf dem Kranzgesims auflagen und 22 cm breit und 34 cm hoch waren. Seitliche Nuten belegten, daß dort die Bretter für eine flache Decke eingeschoben worden waren. Diese Balken waren auf der Innenseite durchtrennt worden, außen wurden sie von einer

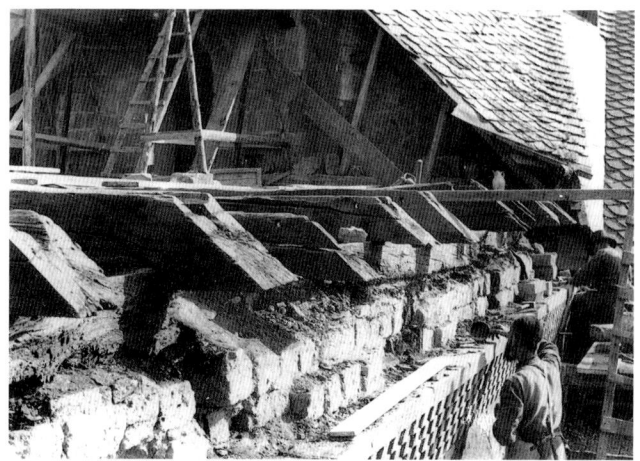

Abbruch des romanischen Dachstuhls 1936 mit einem Laacher Mönch bei der Arbeit. Oben die Balken von ca. 1185, unten Kranzgesims mit eingemauerten Balken, vor ca. 1156, aufliegend

vorgeblendeten Schicht der Aufmauerung verdeckt. Da die Scheitel von Gewölben und Gurtbögen höher liegen als die Oberkante des Traufgesimses, war diese Balkenlage, die vermutlich zu dem niedrigeren Dachanschlag gehörte und die Existenz einer flachen Decke belegt, nicht mit den ausgeführten Gewölben in Einklang zu bringen. Sie gilt als Beleg dafür, daß das Mittelschiff als flachgedeckter Raum geplant war.[40] Dieser Rückschluß ist jedoch nur teilweise richtig, obwohl alle Befunde relativ gut dokumentiert sind.

Selbst bei dem um einen halben Meter höher liegenden endgültigen Dachstuhl, der 1937 beseitigt wurde, war es notwendig, die weit gespannten Gurtbögen im Scheitel zu Korbbögen zu deformieren, damit sie unter den Dachbalken Platz hatten. Dies deutet darauf hin, daß man bei der Planung des Gewölbesystems die erheblich größere Scheitelhöhe der Gurtbögen gegenüber den Schildbögen nicht richtig eingeschätzt hatte. Am Anfang des Gewölbebaus – dem dritten oder vierten nach dem Dom zu Speyer – ist dies nicht verwunderlich. Auch in Speyer bedurfte es hoher Drempelmauern über den äußeren Kranzgesimsen, um mit den horizontalen Dachbalken über die mächtig aufsteigenden Gewölberücken hinweg zu kommen. Selbst bei den Seitenschiffgewölben in Maria Laach kann man be-

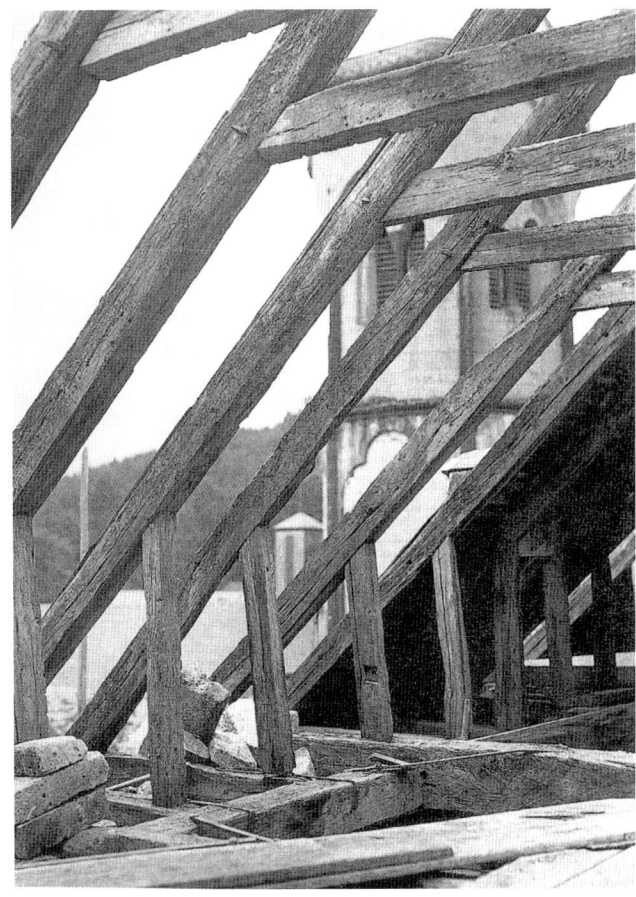

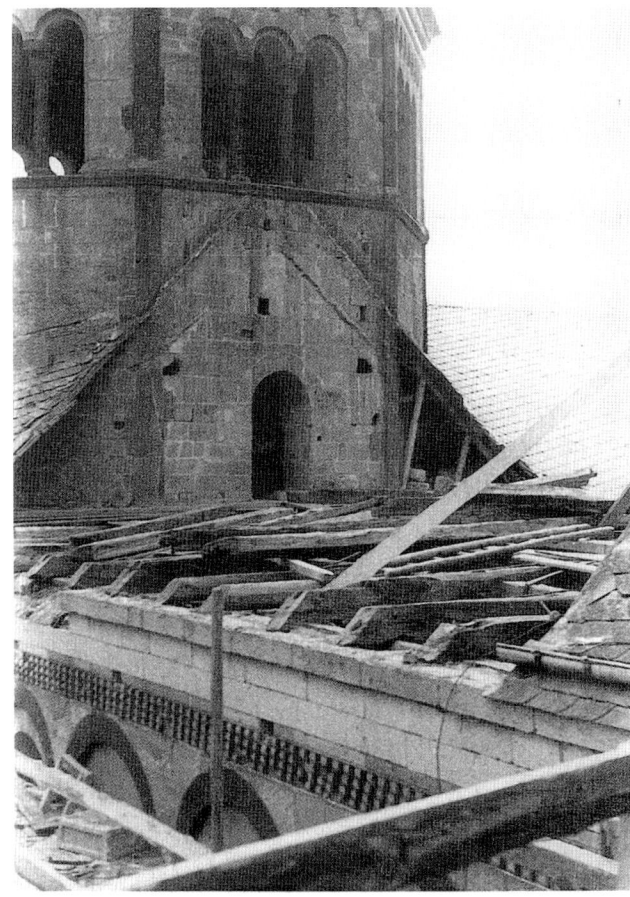

Romanischer Dachstuhl (1936) mit Binder und Leergespärre
(Sparren, Kehlbalken, Stichbalken)
(v. Winterfeld 1999, Fotoslg. H. E. Kubach)

Vierungsturm, Westseite mit zwei Dachspuren vor und nach
1185, Dachbalken von 1185 auf der Aufmauerung. Zustand 1936,
(v. Winterfeld 1999, Fotoslg. H. E. Kubach)

obachten, daß die Oberkante des Kranzgesimses außen deutlich tiefer liegt als der Anschluß der Gewölbekappen innen und daß dies über die Dachkonstruktion ausgeglichen werden muß.

Offensichtlich stellte man beim Bau die Ausführung der Mittelschiffsgewölbe zunächst zurück, wie dies fast zur gleichen Zeit beim Mittelschiff des Domes in Mainz der Fall war.[41] Die Gewölbe wurden ohnehin erst nach der Errichtung der Dachkonstruktion ausgeführt, weil diese vor Regen schützte und zugleich eine wichtige Rolle beim Materialaufzug und Gerüstbau spielte. Man rechnete offenbar mit einem längeren Zeitraum, so daß man den Innenraum mit einer flachen Decke zwischen den Dachbalken abschloß. Mit dem First hielt man sich naturgemäß an den ausgeführten östlichen Vie-

rungsturm. Formal bezeugen Wandvorlagen und Halbsäulen die Absicht zu wölben, technisch wurde dies durch die Anfänger der Gurtbögen dokumentiert. Sie wurden selbstverständlich im Verband mit den Obergadenmauern versetzt und bestehen, soweit man dies erkennen kann, zumindest teilweise aus denselben Werkstücken wie die angrenzenden Anfänger der Schildbögen. Diese mußten natürlich kräftig gestelzt werden, um die Scheitelhöhe der Gewölbe in der Querrichtung möglichst weit anzuheben. Über die genaue Scheitelhöhe der Gurte machte man sich offenbar zunächst keine Gedanken, obwohl sie an den halbkreisförmigen Vierungsbögen abzulesen war.

Als man dann schließlich als letzte Baumaßnahme an der Kirche nach der Vollendung des gesam-

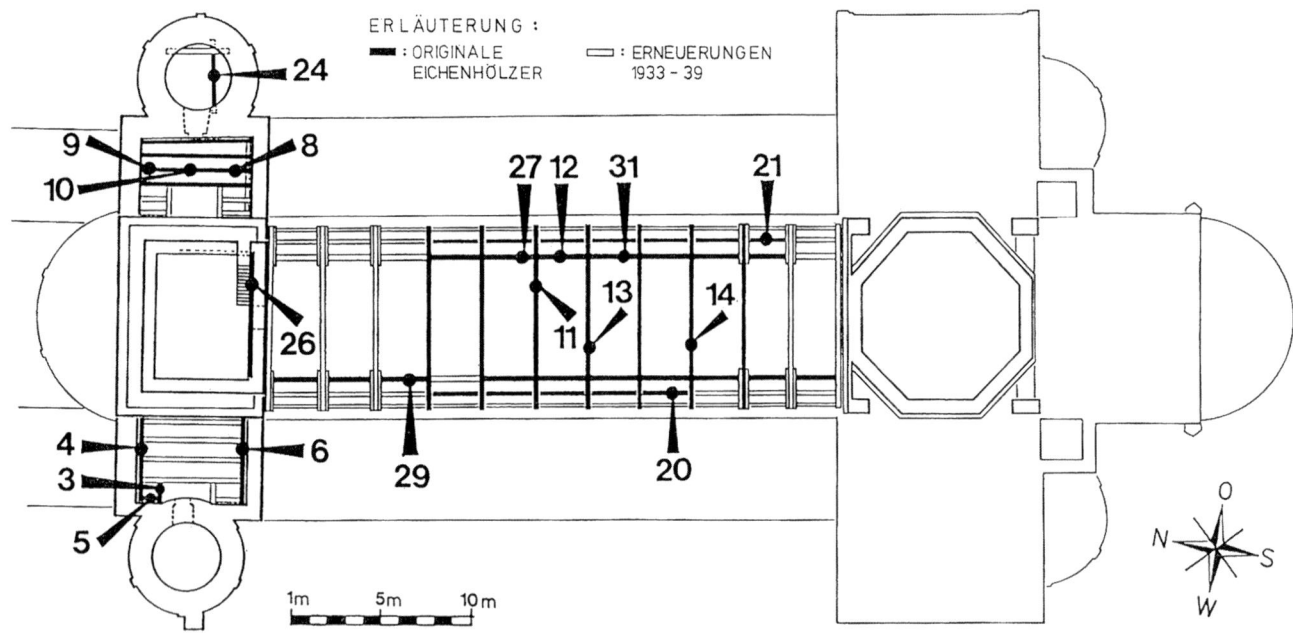

ERLÄUTERUNG :
■ : ORIGINALE EICHENHÖLZER   ▭ : ERNEUERUNGEN 1933 - 39

Lage der dendrochronologisch datierten Hölzer von Mittelschiff und Westbau (nach Backes 1993)

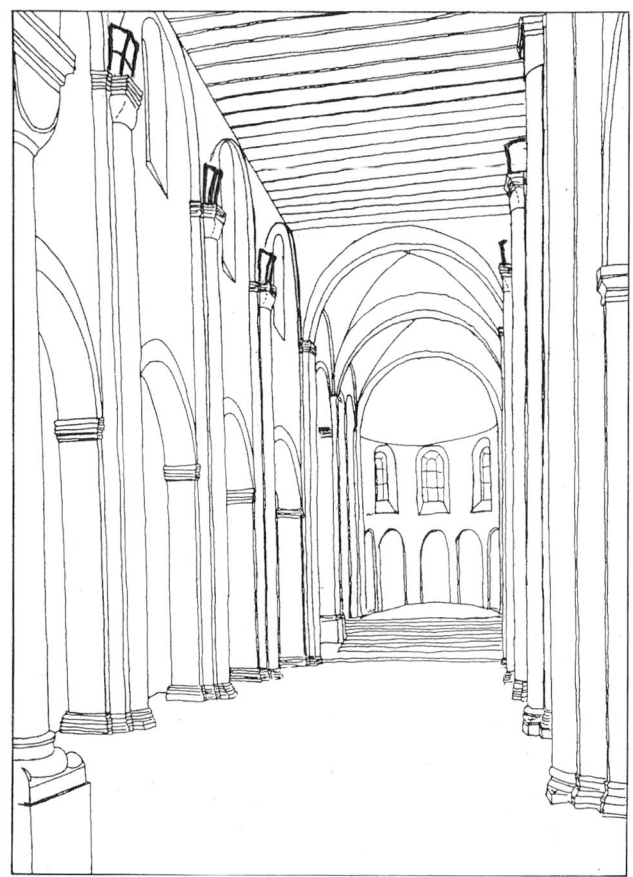

Rekonstuktion des Zwischenzustandes mit flacher Decke (nach Backes mit Veränderungen)

Die Untersuchungsergebnisse der Holzproben (nach Backes und Tisje)

Erläuterungen:
I = Anzahl aller gemessenen Jahresringe
II = Anzahl der gemessenen Splintringe
III = Datum der Splintgrenze
IV = Datum des letzten erhaltenen
    Jahresringes
V = Datum der Fällung
Wk = Waldkante

Nr.	I	II	III	IV	V
03	97	20 Wk	1149	1169	Frühjahr 1169
04	94	6 ?	1144	1150	1164 8
05	54	–	–	1140	um 1160 möglich
06	96	20 ?	1144	1164	1169 3
08	47	11 Wk	1156	1167	Ende 1167
09	64	18 Wk	1159	1167	Ende 1167
10	58	14 ?	1151	1165	um 1167 möglich
11	71	–	1160	1160	1180
12	57	22 Wk	1278	1300	Ende 1300 (nicht gesichert)
13	59	4 ? Wk	1162	1166 bzw. 1175	1175 oder kurz danach
14	61	19 Wk0	1159	1178	Ende 1178
16	75	23 Wk	1332	1355	Ende 1355
20	46	10	1172	1182	1185 2
21	48	18 Wk	1167	1185	Ende 1185
24	78	1 Wk ?	1146	1147	1166 8
26	90	18 Wk	1149	1167	Ende 1167
27	76	19 Wk	1166	1185	Ende 1185
29	42	–	1164	–	um oder nach 1185 möglich
31	49	–	1168	–	um oder nach 1185 möglich

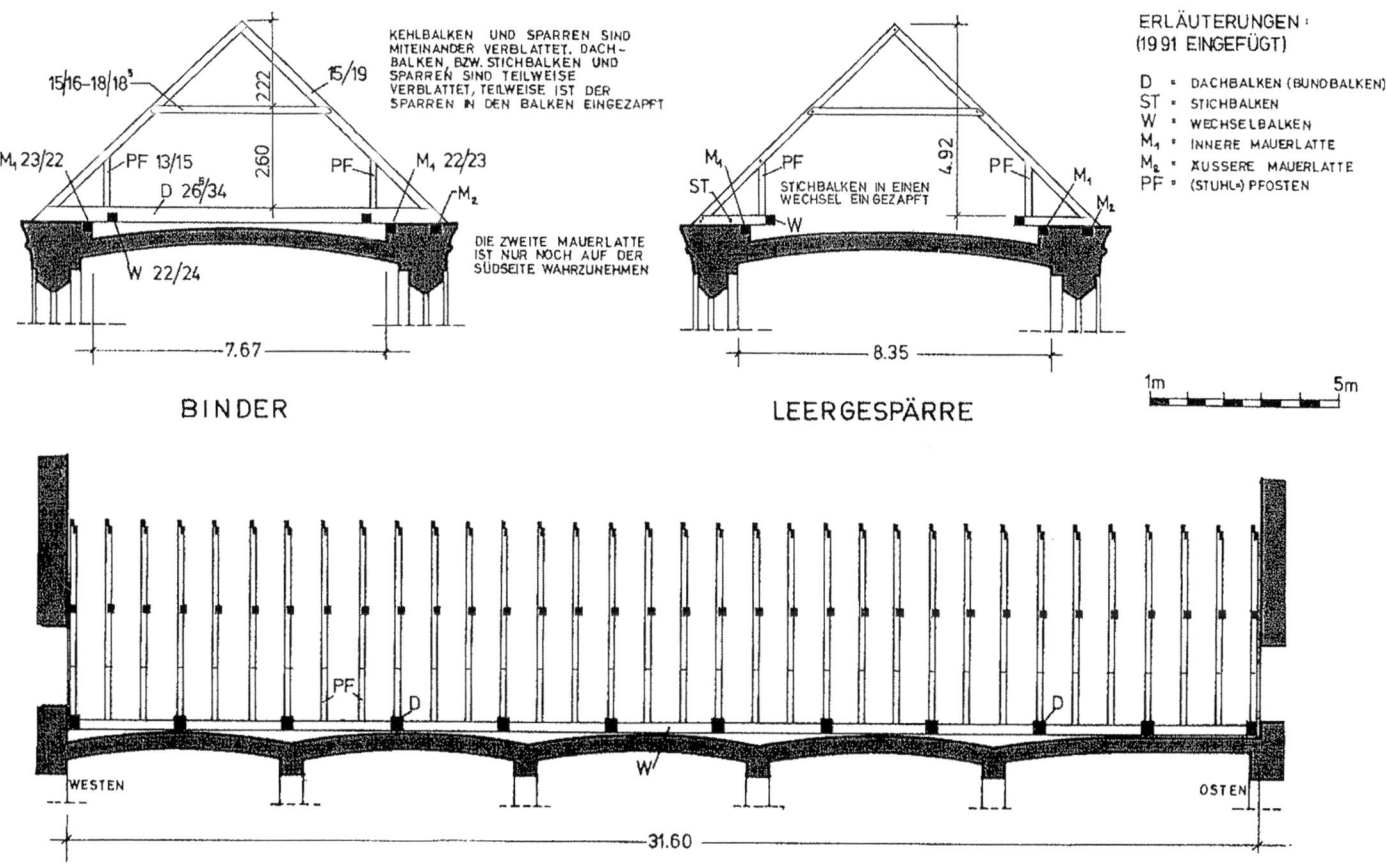

Romanischer Dachstuhl des Mittelschiffs, Querschnitte und Längsschnitt (Aufmaß Florin Freyer 1932, Nachzeichnung P. Rieck, nach Backes 1993)

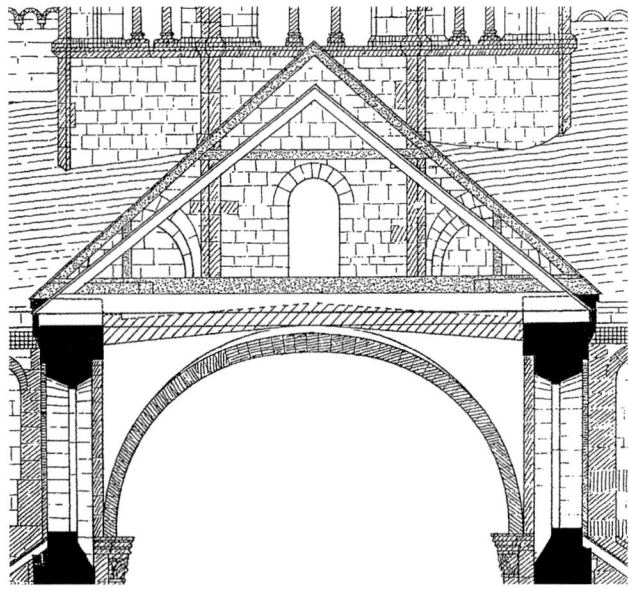

Querschnitt der beiden romanischen Dächer nach Osten:
weiß: erstes romanisches Dach vor Einwölbung vor 1185;
gepunktet: zweites romanisches Dach nach Einwölbung nach
1185 bis 1936;
schraffiert: Gewölbe (nach Backes 1993)
Erster Dachstuhl mit Flachdecke, ca. 1156 vollendet
Zweiter Dachstuhl mit Einwölbung, 1185

ten Westbaus mit seinen Türmen 1185 die Ausführung der Gewölbe in Angriff nahm, stellte sich heraus, daß dies unter der Flachdecke und mit der bestehenden Dachkonstruktion nicht zu realisieren war. Man war also gezwungen, dreißig oder vierzig Jahre nach dem ersten ein zweites Dach zu errichten, mit höher liegendem First und Dachfuß. Da man relativ kurz nach der ersten Ostapsis diese tiefgreifend veränderte oder eine neue errichtete, dürfte man auch in diesem Fall mit einer gewissen Gelassenheit reagiert haben. Da die alten Deckenbalken von einer Aufmauerung über dem Kranzgesims eingeschlossen waren, wie dies häufiger zu beobachten ist, entschied man sich dafür, sie einfach abzuhauen und die Stümpfe stecken zu lassen, zumal man die Aufmauerung sehr gut als Teil der nunmehr notwendigen Aufhöhung verwenden konnte. Um das Ganze nicht zu sehr zu verunstalten, wählte man das Maß möglichst gering, auch wenn dies innen keine runden, sondern nur gedrückte Bögen zuließ.

Auch später setzte man sich immer wieder mit der Konstruktion des Dachfußes auseinander. Kleine Balkenlöcher, die an der Oberkante aus dem romanischen Traufgesims ausgestemmt wurden, bezeugen, daß es hier entweder eine Rinnenkonstruktion gab oder ein vorgehängtes, vermutlich barockes hölzernes Traufgesims, das einen größeren Dachüberstand ermöglichte. Die ursprünglichen Dachüberstände lassen sich kaum mehr ermitteln. Sie sind einerseits am Westbau sehr gering, andererseits deuten die romanischen Deckgesimse an der Westwand des Querhauses und über den Nebenapsiden auf erhebliche Dachüberstände hin, da sie sehr hoch über den modernen Dächern verlaufen.

Zusammenfassend kann man feststellen, daß das Langhaus von Maria Laach spätestens ab der Fensterzone der Seitenschiffe und der Fundamente des Mittelschiffs mit einer Einwölbung in kurzen Jochschritten rechnete und jene auch an den Obergadenwänden verlegt wurden. Trotzdem gab es zunächst eine flache Decke im Mittelschiff, verbunden mit einem niedrigeren Dachstuhl. Diesem folgte 1185 ein zweiter, höher gelegener, unter dem die Gewölbe als letzte Baumaßnahme der Kirche ausgeführt wurden.

Der Westbau

Der Westbau ist als schmaler Querriegel konzipiert, nicht tiefer als ein normales Joch des Langhauses und außen kaum vor die Flucht der Seitenschiffe vortretend. Seine Höhe entspricht der des Mittelschiffs. Nach Westen ist eine halbkreisförmige Apsis vorgelegt. Vor den Stirnseiten stehen kräftige runde Treppentürme, und ein gestufter mittlerer Turm über querrechteckigem Grundriß bildet den Abschluß. Innen ist der Raum in zwei Geschosse unterteilt. Die Seitenjoche nehmen Westportale auf, wie in Mainz und Trier die Ostportale.

Primär läßt der Westbau das Konzept der Doppelchoranlage erkennen und ähnelt darin dem Ostbau des Mainzer Doms, allerdings vor dessen Ver-

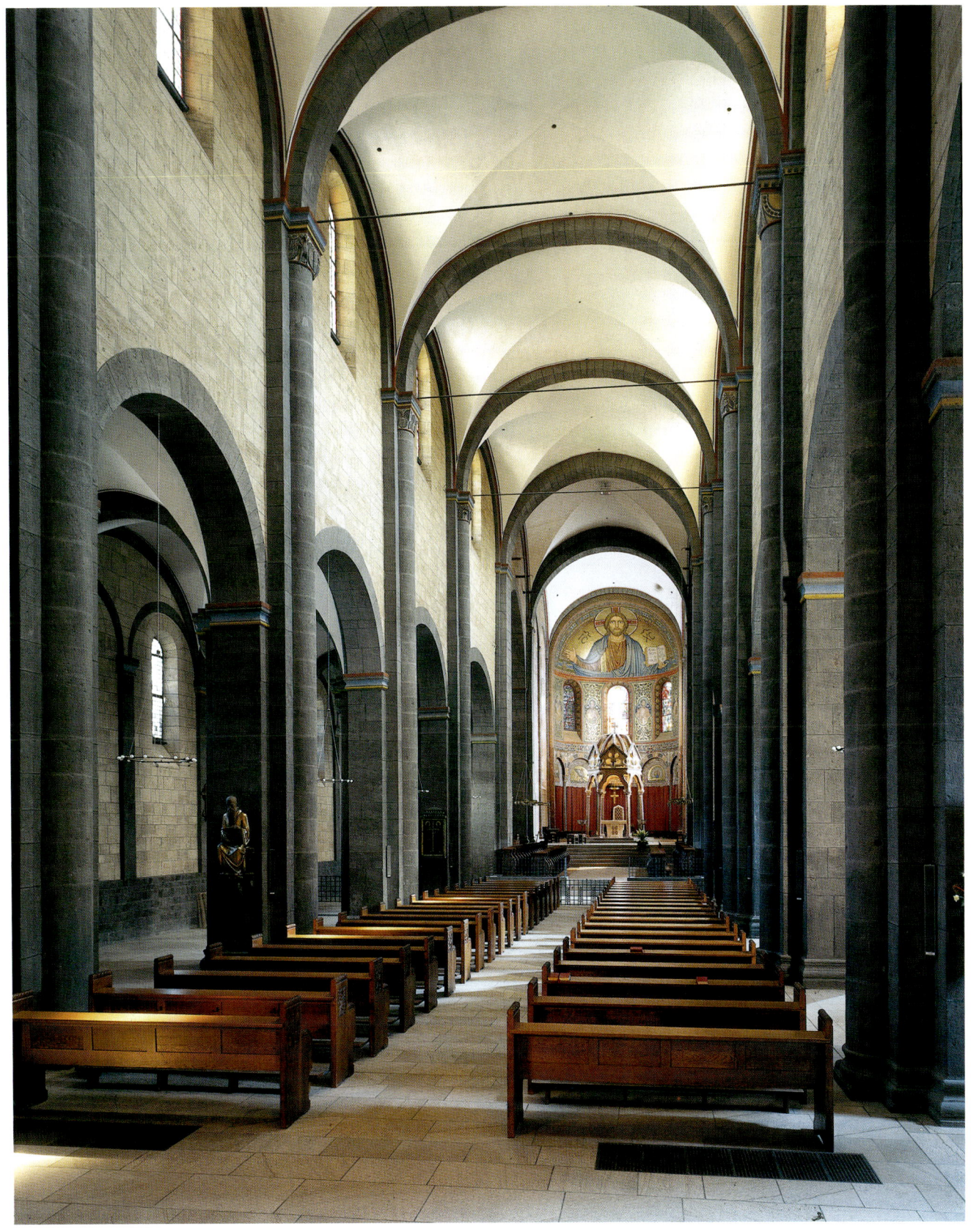

Nördliche Hochschiffwand nach Osten

breiterung nach 1100. Dem widerspricht die Unterteilung in zwei Geschosse mit großer Westempore. Im Untergeschoß erforderte dies die Unterteilung des mittleren Raumes in zwei Schiffe, so daß nunmehr zwei Säulen in der Achse stehen, die die Gewölbe unter der Empore tragen. Das Apsisgewölbe mußte in singulärer Weise in drei dreieckige Kreuzgratgewölbe unterteilt werden. Obwohl man sich eine Altarstelle vor einer Säule vorstellen kann, so ist dies doch ungewöhnlich, ebenso wie die Unterteilung in zwei Geschosse überhaupt. Man darf davon ausgehen, daß dies zunächst nicht beabsichtigt war.[42] Daraus ergibt sich die Frage, aus welchen Gründen die Unterteilung erfolgte, wobei außer Zweifel steht, daß diese bereits bei der Ausführung erfolgte und keineswegs nachträglich ist. Im Obergeschoß bildet der nicht unterteilte Mittelraum eine Einheit mit den beiden Seitenjochen, so

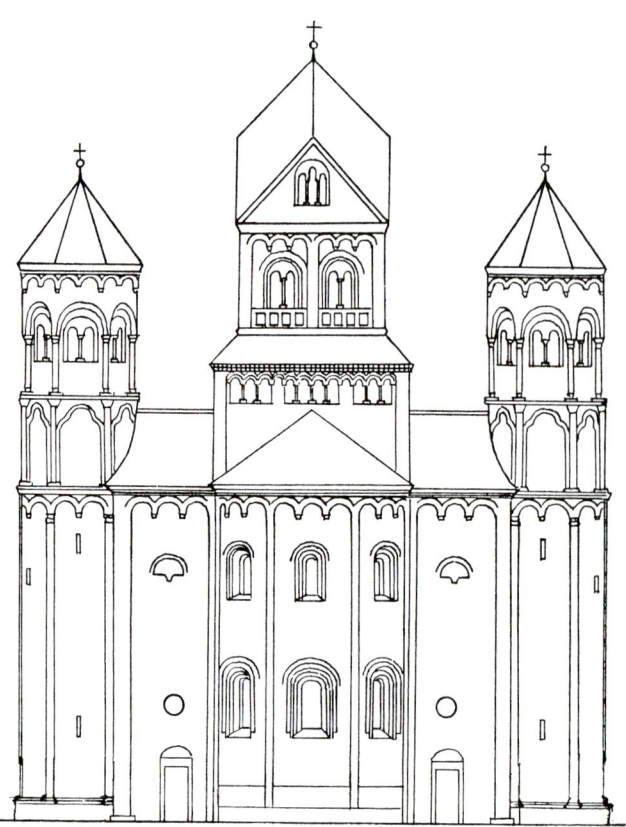

Maria Laach, Westansicht ohne Paradies um 1170 (nach Bogler)

daß ein großer querlaufender Raum entsteht, der heute leider durch den Orgeleinbau fast vollständig verstellt ist. Die Auszeichnung des Raumes mit Kapitellen verdeutlicht, daß man ihm eine besondere Bedeutung beimaß. Man darf ihn keineswegs als Herscherempore verstehen, weil die Entfernung zum Ort der Hauptliturgie am östlichen Hochaltar besonders groß ist. Der Vergleich mit anderen derartigen Quersälen am Westende legt nahe, daß es hier oben einen Altar gegeben hat, wie in den älteren karolingischen Westwerken. Quellen gibt es dazu leider nicht.

Die beiden gestuften Pfeilervorlagen der Empore an der Grenze zum Mittelschiff, die keinen Bogenunterzug tragen, deuten darauf hin, daß hier mindestens eine zusätzliche Stufe des Gurtbogens oder sogar eine Unterteilung durch zwei oder drei Arkadenstellungen geplant war, mit einem geschlossenen Bogenfeld darüber.[43] Es gibt jedoch keine

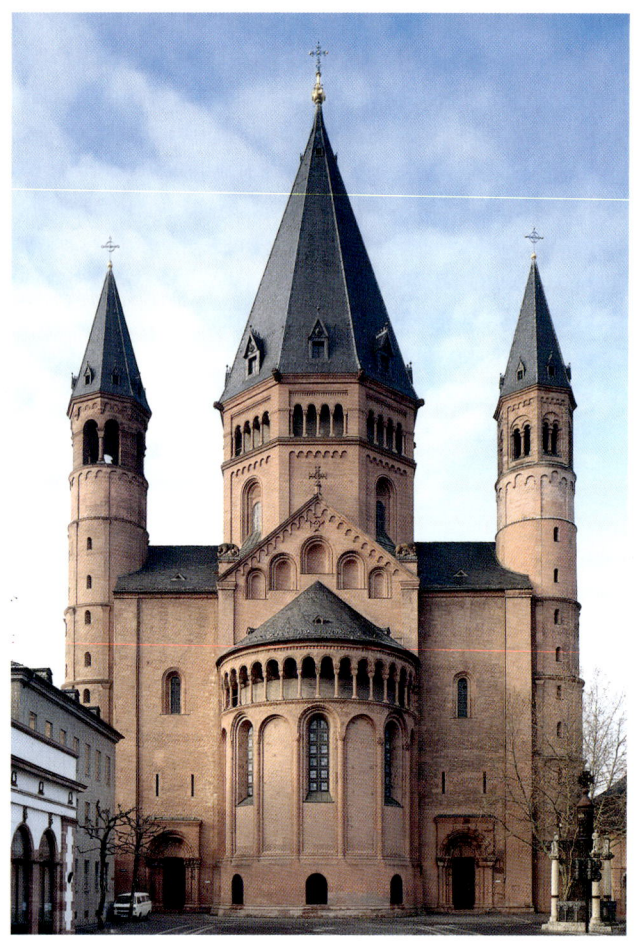

Dom zu Mainz, Ostansicht

Maria Laach, Westgruppe aus dem Kreuzgang von Süden ▶

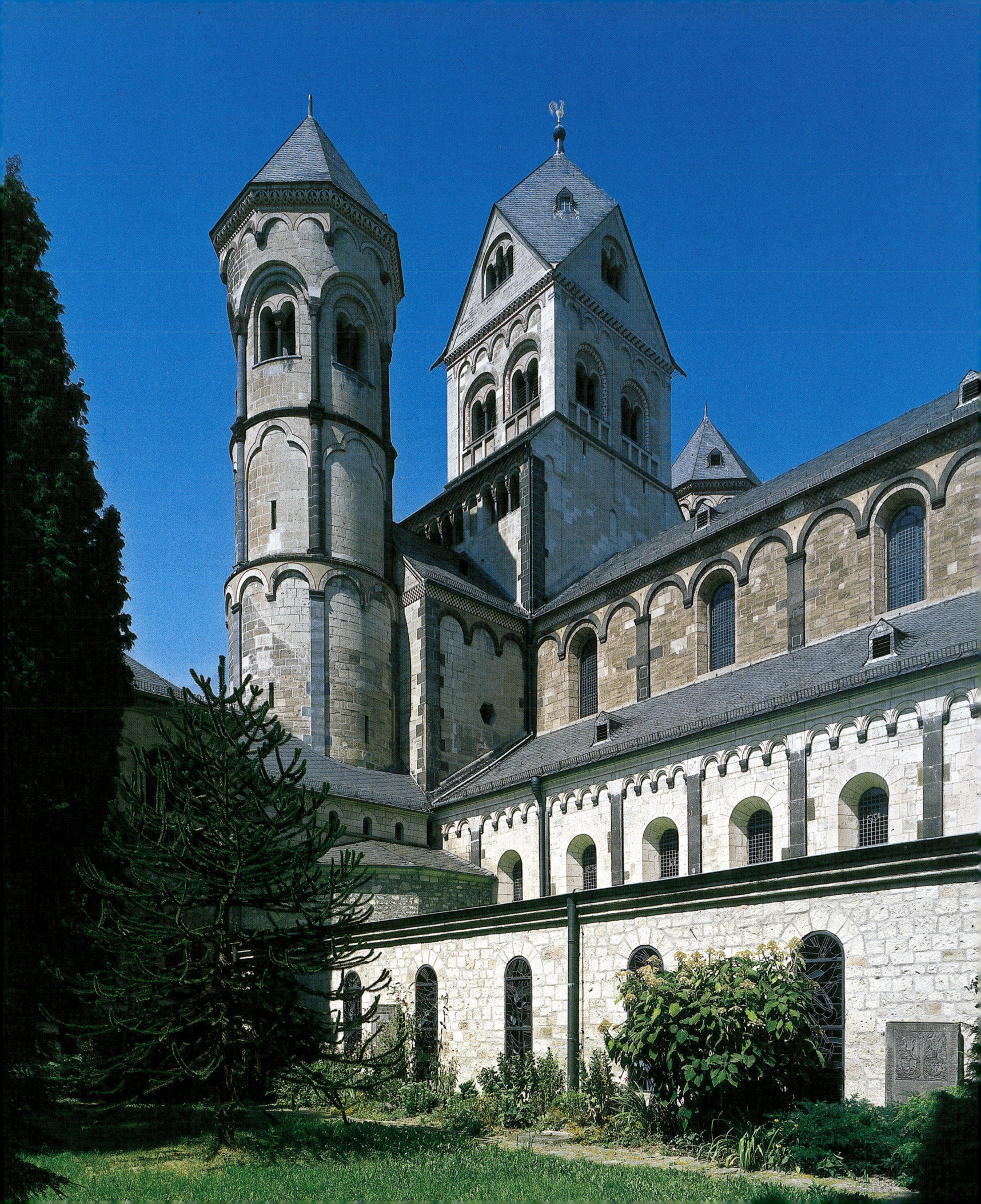

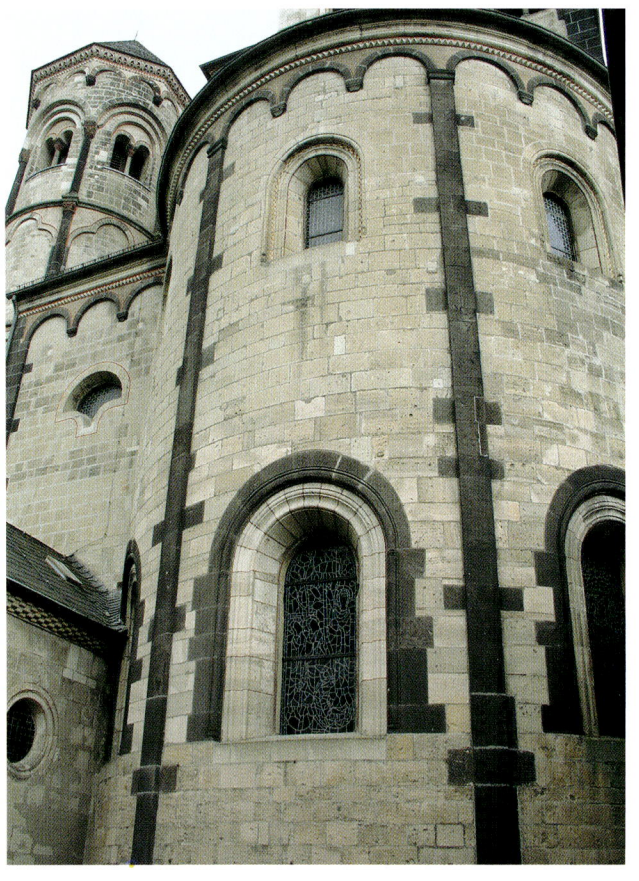

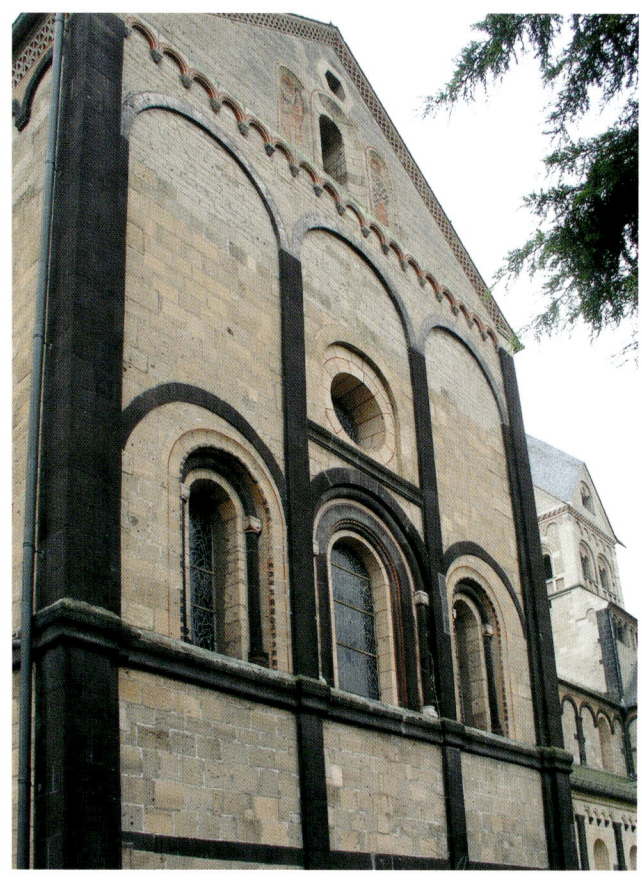

Links oben: Die Westapsis

Rechts oben: Nordquerarm, Fenstergruppe der Nordseite

Gewölbe des Westchors unter der Empore, Dreiecksgewölbe
mit gratigem Dreistrahl

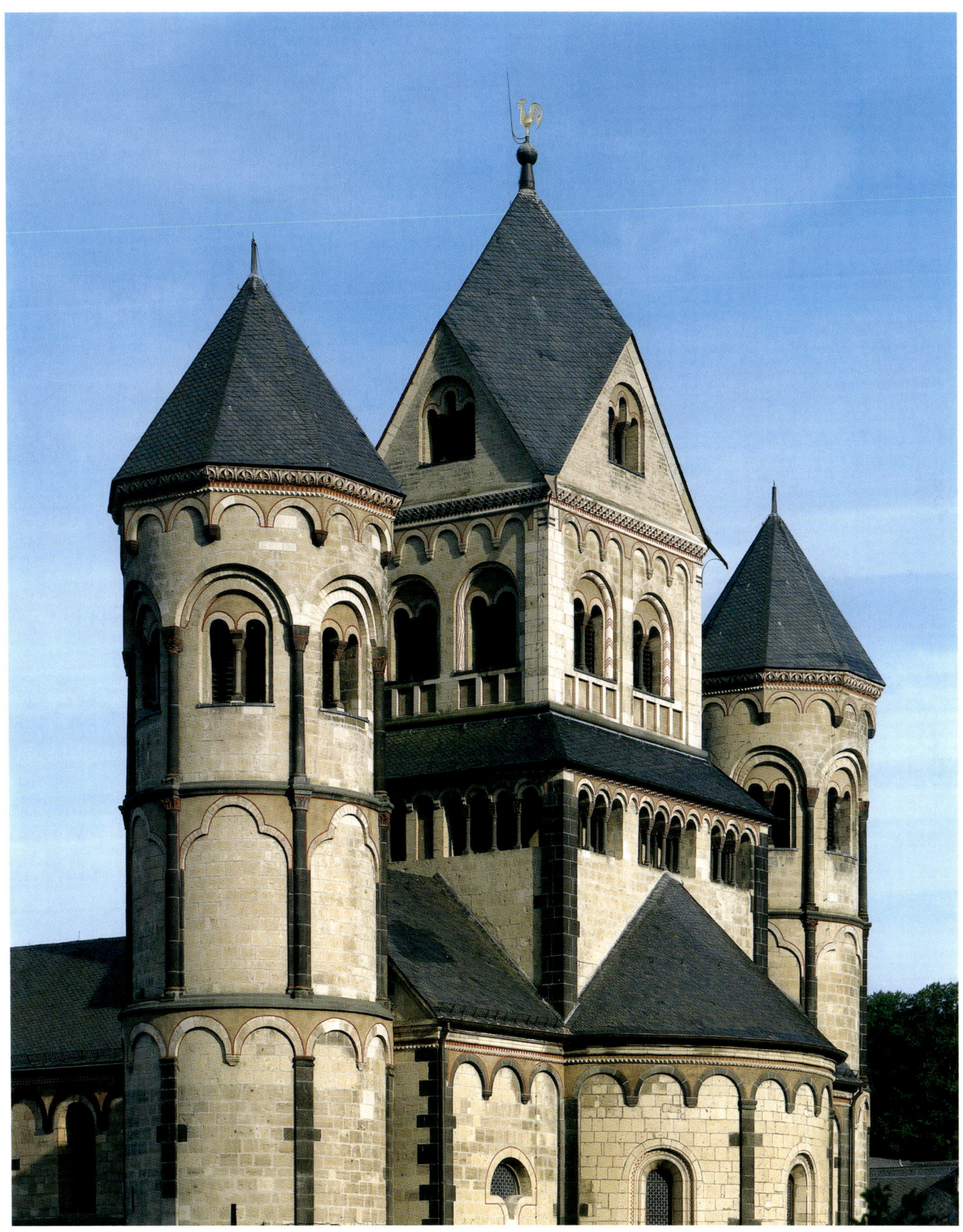

Die drei Westtürme

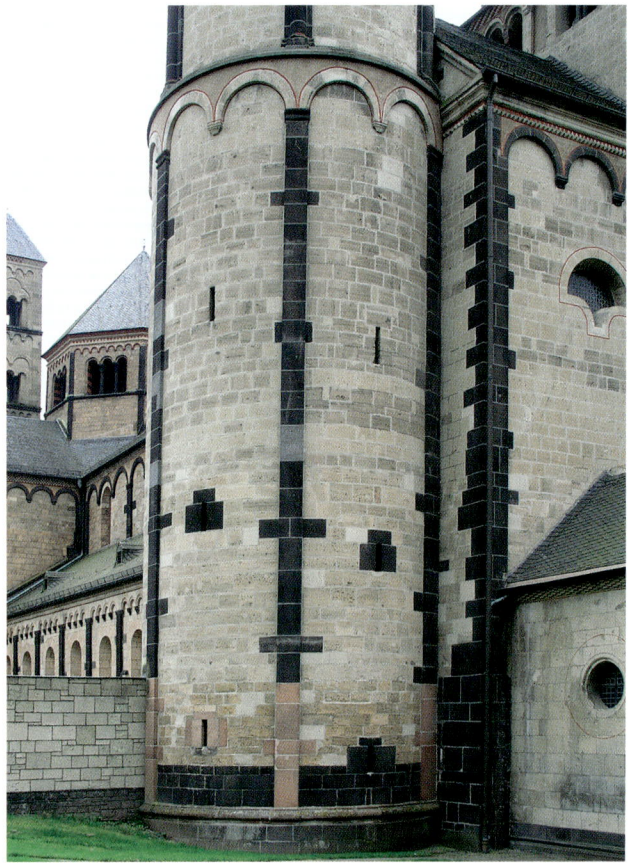

Nordwestturm mit horizontaler Baunaht

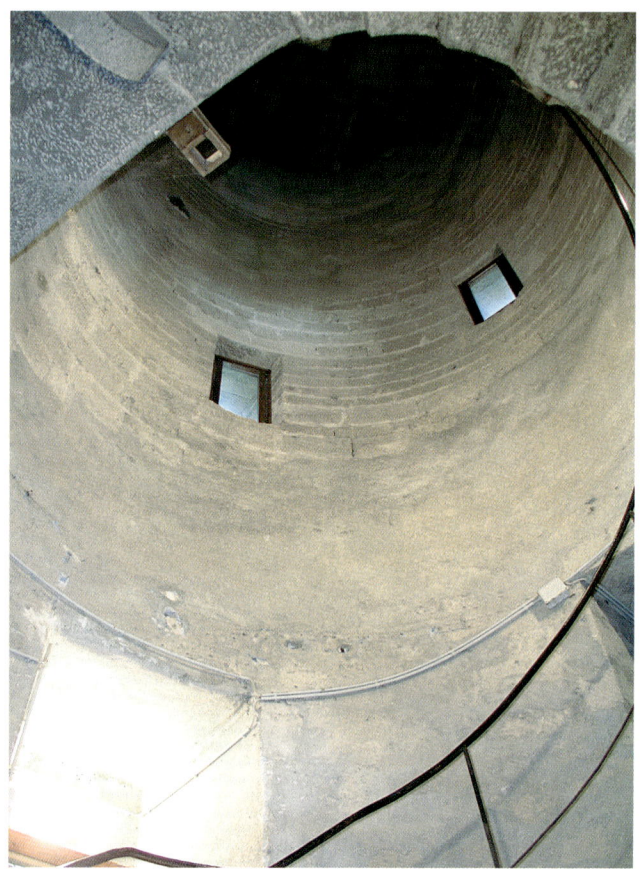

Südwestturm. Der hohle Schacht mit Spuren der (geplanten?) Wendeltonne

Spuren eines nachträglichen Ausbruchs, so daß weder die eine noch die andere Lösung zur Ausführung gelangte. Wegen der hoch liegenden Apsisfenster des Obergeschosses greifen die rahmenden Schildbögen, die wie im Untergeschoß auf vorgestellten Vollsäulen ruhen, mit Stichkappen in die Kalotte ein. Im Äußeren lehnt sich das Kegeldach der Apsis, das sich auf gleicher Höhe mit dem des Querbaus befindet, an den Mittelturm an, während es bei den vergleichbaren Lösungen deutlich tiefer angeordnet ist. Dies ist wiederum auf die Zweigeschossigkeit im Inneren zurückzuführen.

Im Untergeschoß liegt das Fußbodenniveau und damit auch die Schwellen der Westportale fünf Stufen über dem des Langhauses, so daß man in die Kirche hinabsteigt. Dies dürfte generell durch den Geländeanstieg im Äußeren bedingt sein. Der hohe ungegliederte Sockel im Untergeschoß der West-

apsis deutet darauf hin, daß hier das Niveau noch einmal um einige Stufen erhöht war und vielleicht erst im Zusammenhang mit der Aufstellung des Baldachins abgesenkt wurde.[44] Über den Westportalen zeichnen sich im Inneren zwei etwas unterschiedlich gestaltete Rundfenster ab, die später durch das vorgesetzte Paradies geblendet wurden.

Da die Osttürme keine Treppen besitzen, mußten die Westtürme die Funktion der Aufgänge zu den Dachräumen der Seitenschiffe und des Hochschiffs übernehmen. Wenn man davon ausgeht, daß die Westempore zunächst nicht geplant war, war es absolut notwendig, beide Rundtürme mit Treppen auszustatten, weil man sonst einen Teil nicht hätte erreichen können. Nachdem der Hauptraum aber durch eine Empore unterteilt wurde, entstand hier eine Brücke, die den südlichen Teil zugänglich machte. Insofern ist es konsequent, daß

64

nur der nördliche Treppenturm mit einem Aufgang ausgestattet wurde, dessen Stufen auf einer ansteigenden Wendeltonne ruhen und an deren Gewölbe man wie üblich den Abdruck der Schalungsbretter sehen kann. Der südliche Rundturm ist, wie die beiden Osttürme, vollständig hohl. An seinen Wänden kann man ablesen, daß jeweils über gequaderten Abschnitten, die sich spiralig hochziehen, verputzte Teile andeuten, daß hier das Tonnengewölbe und die Stufen darüber einbinden sollten. Die mittlere Spindel fehlt natürlich auch. Man könnte vermuten, daß die Wendeltreppe nachträglich ausgebrochen wurde, doch ist dafür kein Grund und kein Zeitpunkt erkennbar. Für den Glockentransport erbringt dies nichts, weil es unten keine Öffnungen gibt, die groß genug sind. Bei der Errichtung des Turmmantels dachte man offenbar noch an den Einbau der Treppe. Allein das Nacheinander von äußerem Zylinder und innerer Füllung ist merkwürdig, da in der Regel beides gemeinsam hochgezogen wird. Offenbar spielte hier die Ökonomie eine wichtige Rolle.

Das Herauswachsen des Mittelturmes und seine Rückstufung aufgrund der dreiseitig umlaufenden Zwerggalerie erscheinen sehr natürlich, doch bedurfte es umfangreicher konstruktiver Maßnahmen dafür. Die Gurte, auf denen der Turm unten steht, sind viel zu schwach. Ein großer Bogen auf der Ostseite verdeutlicht das Prinzip, den Turm im Bereich der angrenzenden Dächer auf große Bögen zu stellen, deren Laibung breit genug ist, die Gesamttiefe der Galerie mit ihrer Rückwand zu tragen und zugleich die Auflast auf die vier Eckpunkte abzuleiten. Der östliche Bogen war von Anfang an vermauert, nur in der Achse ist dort die rundbogige Öffnung zum Dachstuhl des Mittelschiffs angeordnet. Eine zweite kleine Öffnung darüber in Höhe der Galerie ist als Ausstieg auf das Äußere des Daches zu deuten. Im Inneren liegt vor dem westlichen Tragebogen eine Zweischalenkonstruktion, in deren Zwischenraum sich der Treppenaufgang zur Galerie befindet. Insgesamt zeigt sich, wie bei den nordfranzösischen Triforien, daß die generelle Definition, die Zwerggalerie befinde sich innerhalb der Mauerstärke und stelle die Aushöhlung derselben dar, nur die halbe Wahrheit ist, weil es einer komplizierten Konstruktion bedurfte, um überhaupt die Mauerstärke für die Galerie zu erzielen und diese Tragekonstruktion über den Gewölben und hinter den Dächern zu verstecken. Ähnliche Verfahren sind bei den Westchorhallen oder den Giebelaufsätzen des Trikonchos bei St. Aposteln in Köln zu beobachten.

Das Paradies und der "Samson-Meister"

Das sogenannte „Paradies" geht auf den antiken Bautyp des Atriums zurück, der in der mediterranen Welt im profanen wie im sakralen Bereich weit verbreitet war und ist. Die Atrien altchristlicher Basiliken haben letztlich die gleiche Wurzel wie die Vorhöfe bei Moscheen. Seit karolingischer Zeit ist das Atrium auch im Norden verbreitet (Aachen, Fulda), meist mit zentralem Eingang und dort angeordneter separater Kirche bzw. Kapelle, so bei den romanischen Atrien in Mainz, Köln und Essen. Das Besondere des Laacher Atriums besteht darin, daß es die Gestaltungsweise von Kreuzgängen mit zierlichen Bogenstellungen über Säulchen und einer Brüstung anstelle großer, weit geöffneter Arkaden aufnimmt und dies nicht nur zum Innenhof sondern auch nach außen, so daß sich der Gang nach beiden Seiten öffnet und man von außen hindurchschauen kann. Nur die Südseite ist ganz geschlossen, weil hier ein Vorbereich der Klausur lag, in den die Laien keinen Einblick erhalten sollten. An der Südwestkante hat sich ein Türpfosten vom ehemaligen Zugang erhalten.

Die hufeisenförmig dreiflügelige Anlage umgreift die Westapsis, die die vierte Seite bildet. Die Seitenflügel liegen in der Flucht der Westportale und damit auch der Seitenschiffe. Der verbindende Westflügel nimmt ein großes mittleres Portal auf und bietet damit einen idealen Ersatz für das wegen der Westapsis fehlende Mittelportal der Kirche. Die nach außen geöffnete Struktur der Anlage reagiert ebenso wie das mittlere Portal auf die Funktion als Vorhalle, wie sie sich bei Klosterkirchen der Hirsauer Reform, insbesondere aber bei den Kirchen des im 12. Jahrhundert aufblühenden Zisterzienserordens entwickelt hatte. Ob das Paradies wie anderen Ortes die Vorhallen für Bußriten, aber auch für kirchliche und gelegentlich sogar weltliche Gerichte genutzt wurde, ist nicht überliefert.

Die Längsflügel bestehen aus vier Jochen, die bis auf das quadratische Eckjoch leicht längsrechteckig sind, der Quertrakt aus fünf Jochen mit einem auf Kosten seiner kleineren, querrechteckigen Nachbarjoche stark gestreckten mittleren Eingangsjoch, das als einziges mit einem Kreuzrippengewölbe besonders ausgezeichnet ist. Alle übrigen werden von Kreuzgratgewölben zwischen halbkreisförmigen

Bögen überdeckt. Bei den schmalen Jochen zu Seiten des Eingangsjochs mußten die Schildbögen gestelzt werden und erhielten daher kleine gesonderte Kämpfer. Die beiden Joche vor den Portalen sind seitlich vollständig geschlossen, um möglicherweise als eine Art Windfang zu dienen. Trotz hochliegender Fenster zum Innenhof ist es hier relativ dunkel, so daß man die feine Ornamentik der Portale kaum erkennen kann. Die Folge der Arkadenöffnungen wird als Blendarkatur fortgesetzt, genauso wie entlang der ganzen Südmauer, so daß man zunächst kaum bemerkt, daß diese Seite geschlossen ist. Je nach Größe der Joche öffnen sich diese in Vierer-, Drillings- oder Zwillingsarkaden. Zum Innenhof stehen die Doppelsäulchen auf einer Brüstungsmauer, die keinen Durchlaß besitzt, so daß dieser im wörtlichen Sinne *hortus conclusus* nur dem Gärtner zugänglich ist, der über die Mauer klettern

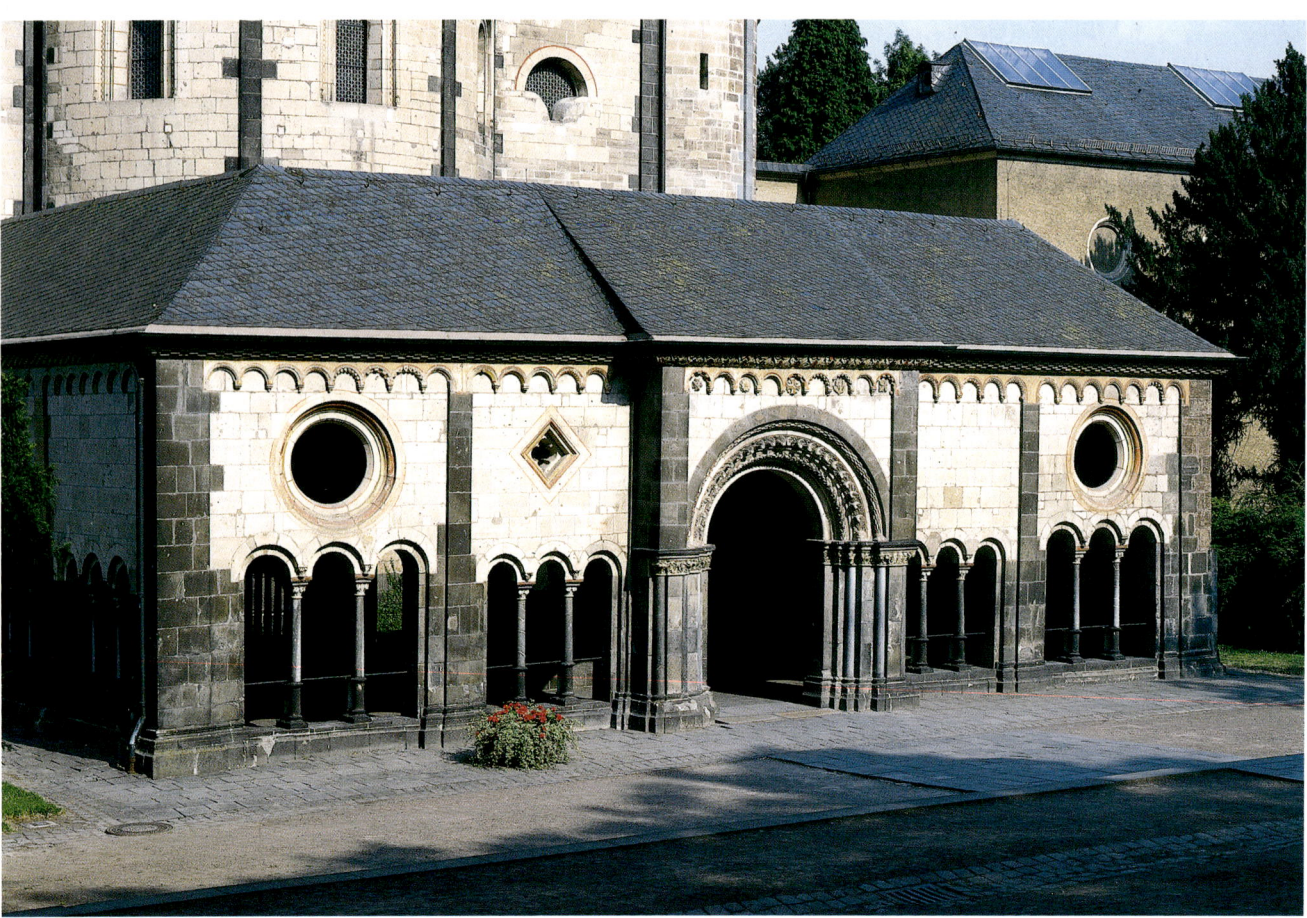

Das Atrium, „Paradies" genannt

66

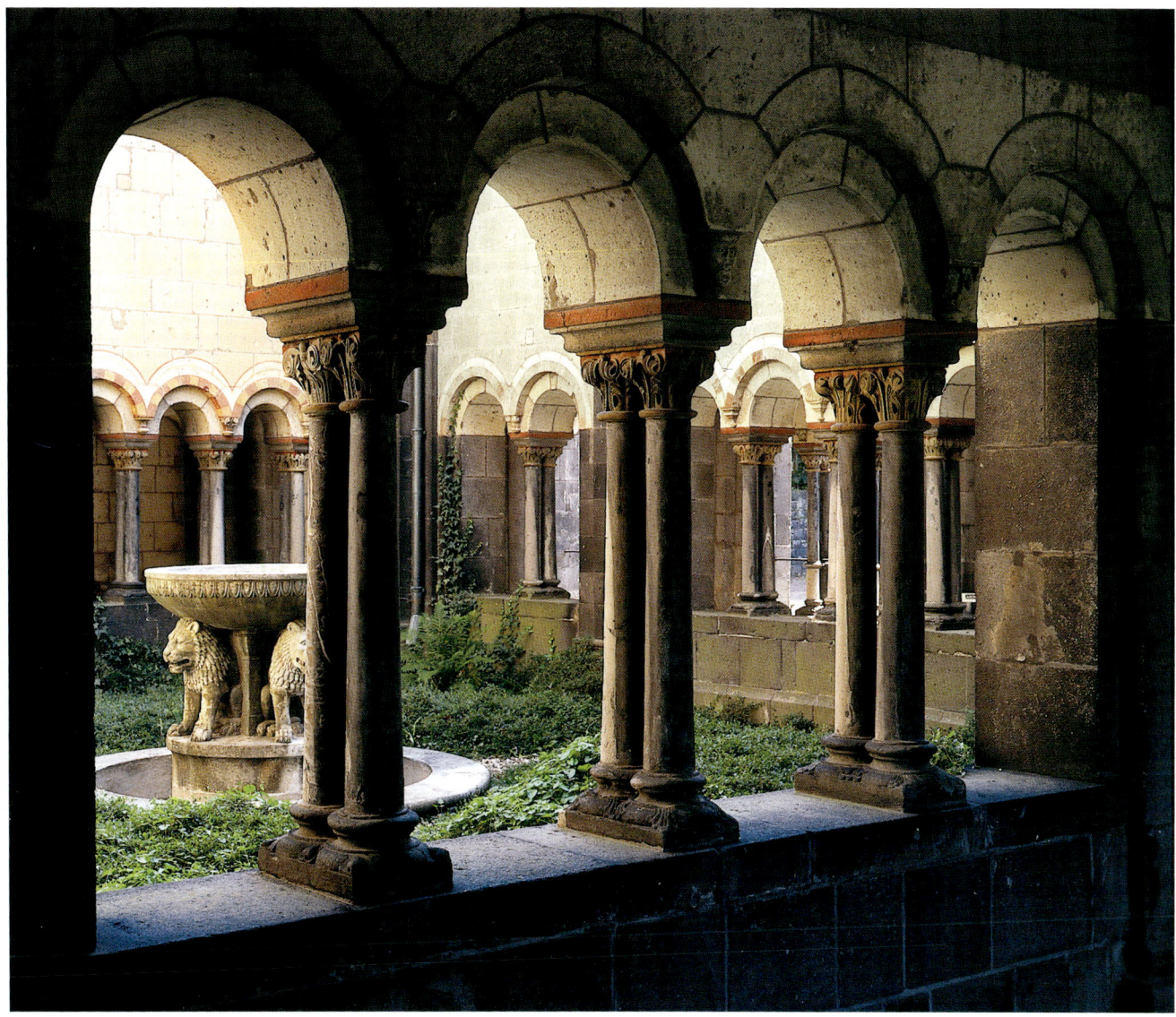

Paradiesinnenhof mit modernem Brunnen nach Südwesten

muß. Nach außen handelt es sich dagegen nur um eine niedrige Schwelle, auf der die um Schaftringe und Schäfte aus Basaltlava verlängerten Säulchen stehen. Sie selbst bestehen aus poliertem und geschwärztem Kalksinter oder Schiefer. Die Arkaden werden jeweils von einer zusätzlichen, vom Boden aufsteigenden rahmenden Stufe umgriffen, die über den Kämpfern auf zierlichen Kapitellkonsolen ruhten; einige davon sind als Köpfe ausgebildet. Die kombinierten Doppelsäulchen mit ihren zusammengewachsenen Basen und Kapitellen sind ein

Standardmotiv niederrheinischer Zwerggalerien und Kreuzgänge.

Das Gewölbesystem aus Pfeilervorlagen und Halbsäulen entspricht mit geringerem Querschnitt demjenigen des Mittelschiffs, seitlich bereichert um die Rahmen der Arkatur. Wie bei zahlreichen benachbarten Kirchen des Niederrheins setzt sich in den gestuften Gurten der Halbkreisquerschnitt der Halbsäulen im Unterzug fort, so wie in St. Kastor in Koblenz, St. Pantaleon und Knechtsteden. Die Schildwände sind glatt und verputzt, weil sie vermutlich wie in der Krypta aus Basaltschlacke bestehen. Nur auf der Westseite werden sie in den Eckjochen von großen, profilierten Rundöffnungen über den Drillingsarkaden durchbrochen, um mehr Licht nach Osten zu den Portalen hin zu spenden. Um das gleiche Verhältnis von Höhe zu Breite beizubehalten, sind die Arkaden in den schmalen Zwischenjochen neben dem Portal deutlich kleiner als in den Außenjochen. Asymmetrisch ist in dem Joch links neben dem Mittelportal eine kleine, dunkel ausgekleidete Rautenöffnung über den Arkaden in das Wandfeld eingelassen. Man kann sie als Variante der zahlreichen ornamentalen rheinischen Fensterformen verstehen. Allerdings ist sie dort vereinzelt (Turm der Nikolauskapelle), nur am Südgiebel des Naumburger Domes tritt eine mächtige ornamentgefüllte Raute auf. Im übrigen ist das auf die

Spitze gestellte Quadrat ein charakteristisches Standardmotiv der pisanisch-luccesischen Baukunst und ihrer Ausläufer im süditalienischen Apulien. Ein historischer Zusammenhang ist aber wohl nicht gegeben.

Für die Außenseiten griff man noch einmal auf das bewährte Farbenspiel heller Tuffflächen und dunkler Lisenen aus Basaltlava zurück, verbunden durch einen kleinteiligen, profilierten Bogenfries. Das mittlere Joch ist, wie bei romanischen Portalanlagen häufig, resalitartig vorgezogen, um dem Gewände mehr Tiefe geben zu können. Zwei Rücksprünge mit eingestellten Säulchen bereiten die reich ornamentierten Bogenläufe vor; der mittlere besticht durch seine eingerollten Akanthusblätter, die gestaffelt hintereinander hervorwachsen und die Kante ersetzen. Dieses Motiv findet sich nur we-

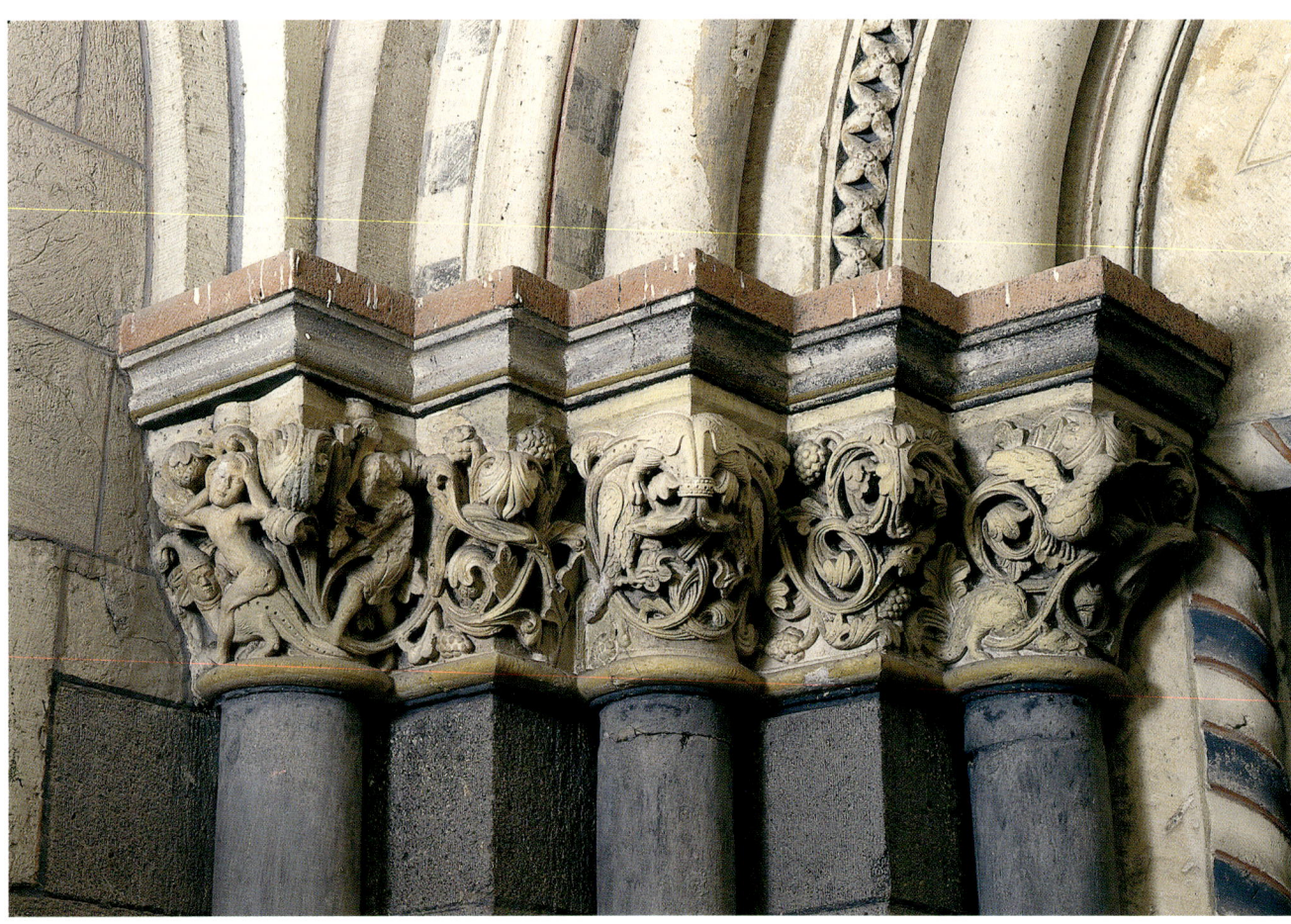

Südliches Westportal, linker Kapitelfries (vor 1220)

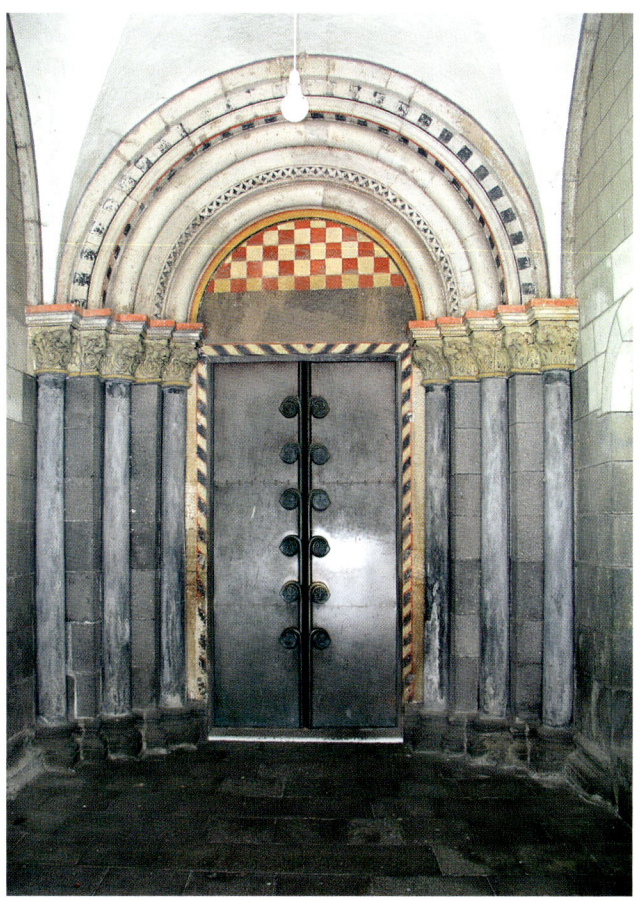

Nördliches Westportal

einbezogen, und zwar so, daß die Gewölbeauflager und Schildbögen der davor liegenden Joche in den Winkeln in die Gewändegestaltung miteinbezogen wurden. Die ursprünglich sehr schlichten Rundbogenportale mit Bogenfeld und geradem Sturz blieben mit ihren Türpfosten erhalten, die beiden Rücksprünge aus Basaltlava mit ihren drei Gewändesäulen wurden davorgelegt. Die glatten, polierten Schäfte nehmen von innen nach außen an Stärke zu, was gerne im Sinne einer Perspektive gedeutet wird, jedoch als Mittel einer bewußten Steigerung von innen nach außen zu verstehen ist. Die Bogenläufe bestehen aus glatten Wulsten, jedoch sind die Kanten dazwischen profiliert, die innere sogar mit den durchbrochen gearbeiteten, vierblättrigen Diamantblüten eines echten „Hundszahns", wie dieses Ornament in der Fachwelt, insbesondere in England genannt wird, wo es ein charakteristischer Dekor des späten 12. und 13. Jahrhunderts ist.

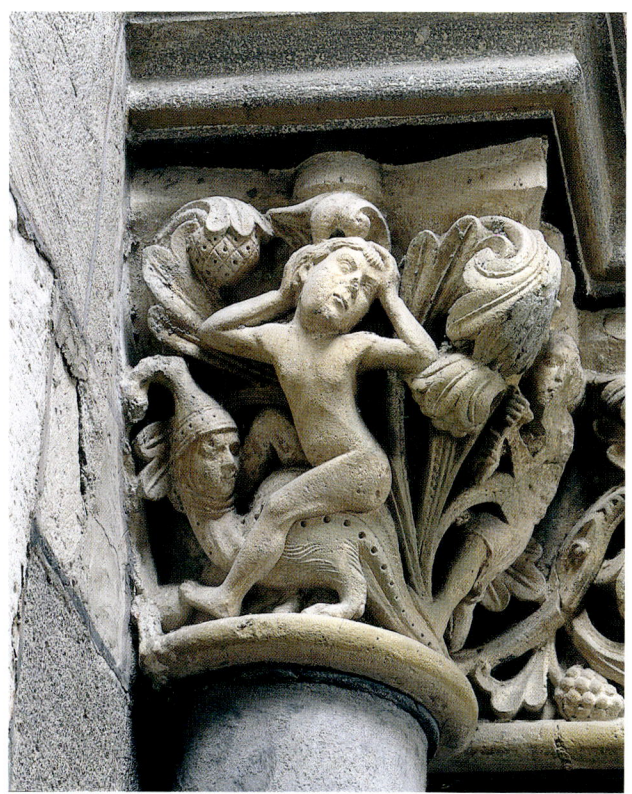

Aktfigur auf einem Vogeldrachen mit Narrenkapppe, auch als phrygische Mütze und insgesamt als Darstellung der „Unzucht" gedeutet

nig später bei den krabbenbesetzten Kanten gotischer Kathedralfassaden in Nordfrankreich. Über dem Hauptportal ist der Bogenfries mit wechselnden ornamentierten Profilen und Füllungen unter jedem zweiten Bogen ausgestattet. In der Mitte ist dies ein griechisches Kreuz mit Kugeln, bei den benachbarten sind es sandförmchenartig aufgesetzte Blattornamente. Ungewöhnlich reich ist auch das Kranzgesims aus einem wiegenblattförmig aufgebogenen Akanthus und Blattüberfällen. Hierbei handelt es sich um ein Motiv, das ursprünglich aus der Buchmalerei stammt, Ende des 12. Jahrhunderts in der Goldschmiedekunst zu finden ist und von da ab als besondere Auszeichnung in der großformigen Architektur angewandt wird.

Bei der Errichtung des Paradieses wurden auch die beiden Westportale in die neue Gestaltung mit

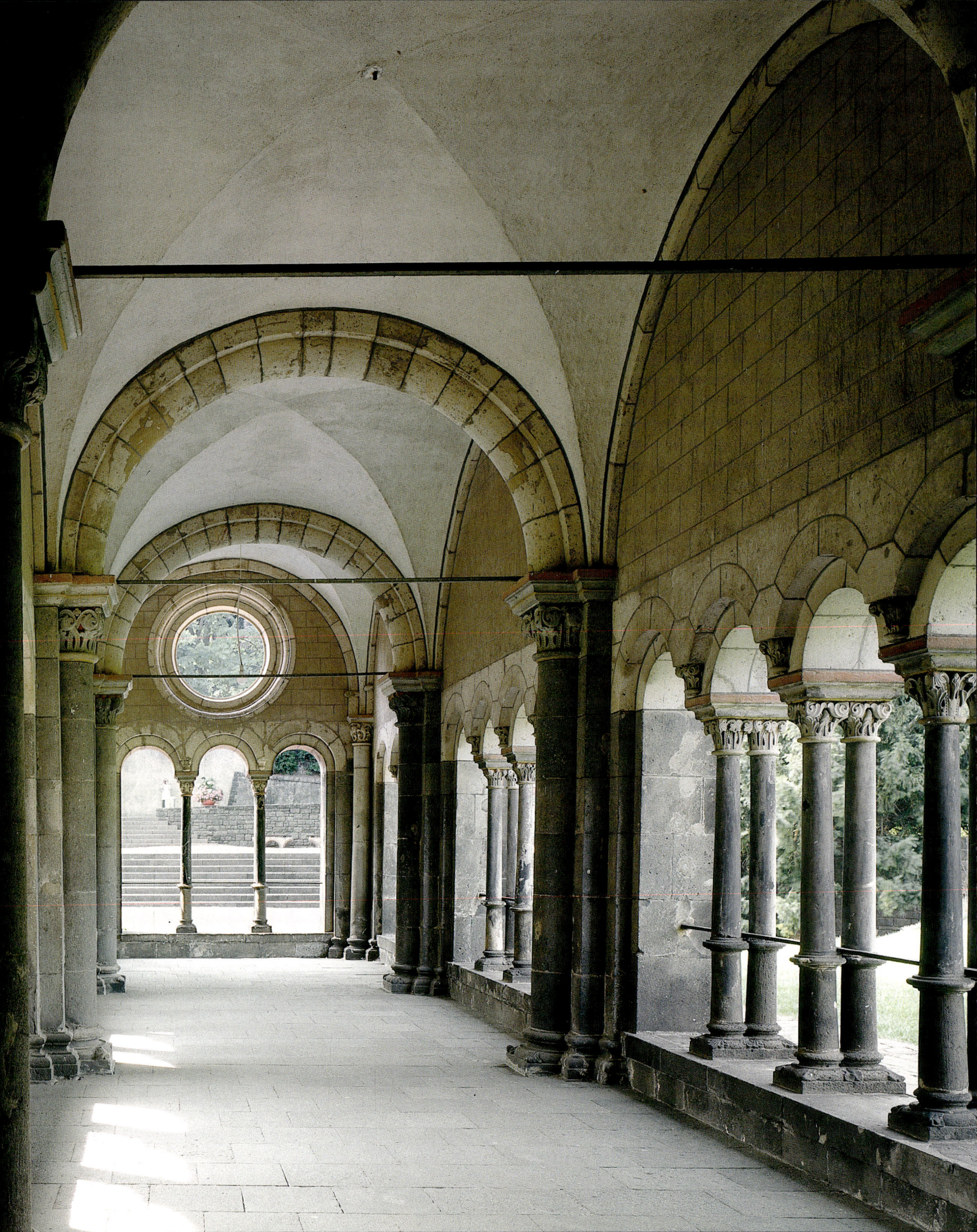

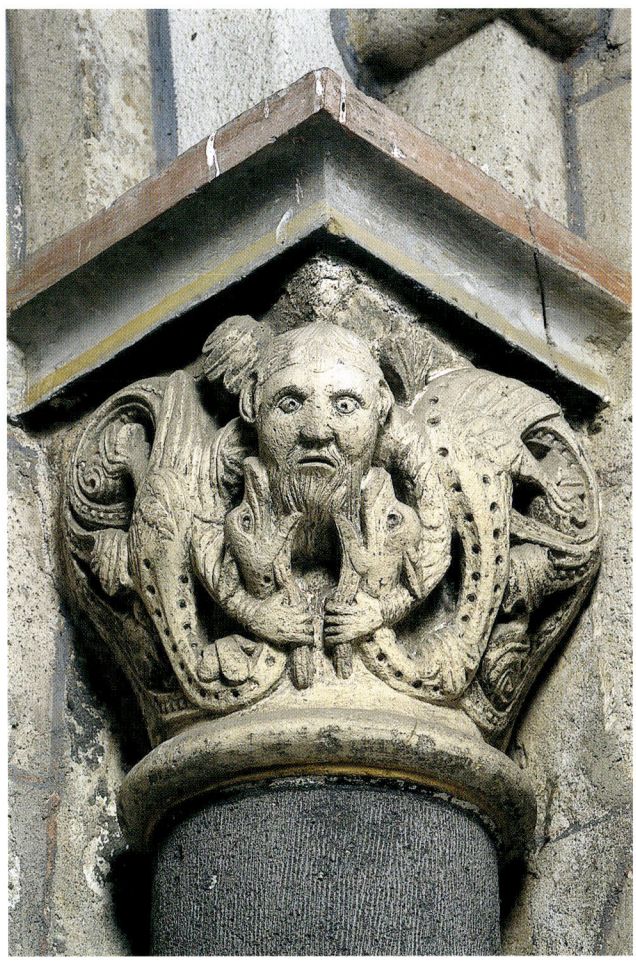

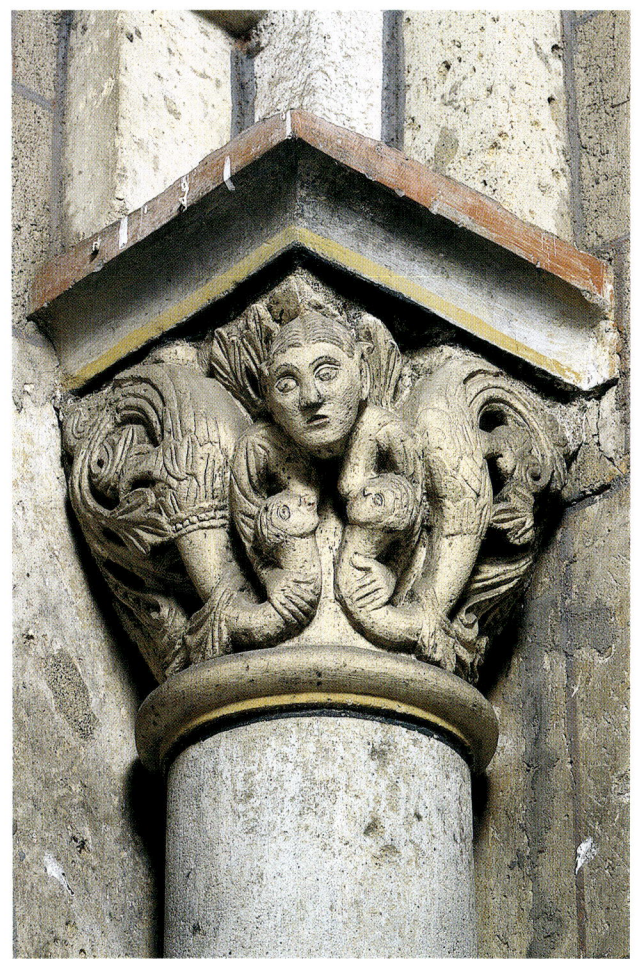

Südliches und nördliches Eckkapitell: alter Mann mit Drachen am geteilten Bart, u. a. als „Okeanos" gedeutet

Frau zwei Vogeldrachen mit Kinderköpfen säugend, u. a. als „terra" bzw. „gaia" gedeutet

Nach diesem Umbau gehören die Laacher Westportale zu den eindrucksvollsten Beiträgen des Rheinlands zur Geschichte des spätromanischen Portals in Deutschland.

Von erlesener Qualität ist die Bauzier des Laacher Paradieses.[45] Die Vielzahl der Kapitelle, Kapitellfriese und Konsolen übertrifft rein zahlenmäßig die Ausstattung der gesamten Kirche. Den Standard bildet das typische spätromanische Kelchblockkapitell mit seinen diamantierten Stengeln, weich schwingenden Blattüberfällen und gebuchteten Akanthus- und Palmettenblättern. Diese haben sich so weit vom Vorbild des antiken Akanthusblatts gelöst, daß sie eine eigene Gattung darstellen, die aber in keiner Weise botanisch be-

stimmbar ist. Gleichwohl zeigt sich in diesen Blättern auf unterschiedlichste Weise durch An- und Abschwellen und komplizierte Torsionen ein neues Empfinden für organisches Wachstum. Entscheidend wird dies ermöglicht durch vielfältige Schichtungen, die zunehmend durch Hinterarbeitungen Raum einschließen. Das Volumen wird durch gerundete Oberflächen erzeugt, die sich weit vom Untergrund lösen. Neben einzelnen Stücken, die sich noch über das ohnehin hohe Qualitätsniveau herausheben, fallen besonders die Kapitellfriese der beiden Kirchenportale und des Mittelportals auf. Das schwellend-organisch Wachsende, ineinander Verschlungene und sich Teilende der sich aufrollenden Ranken ist besonders eindrucksvoll. Zwei-

◄ Nordflügel des Paradieses nach Westen

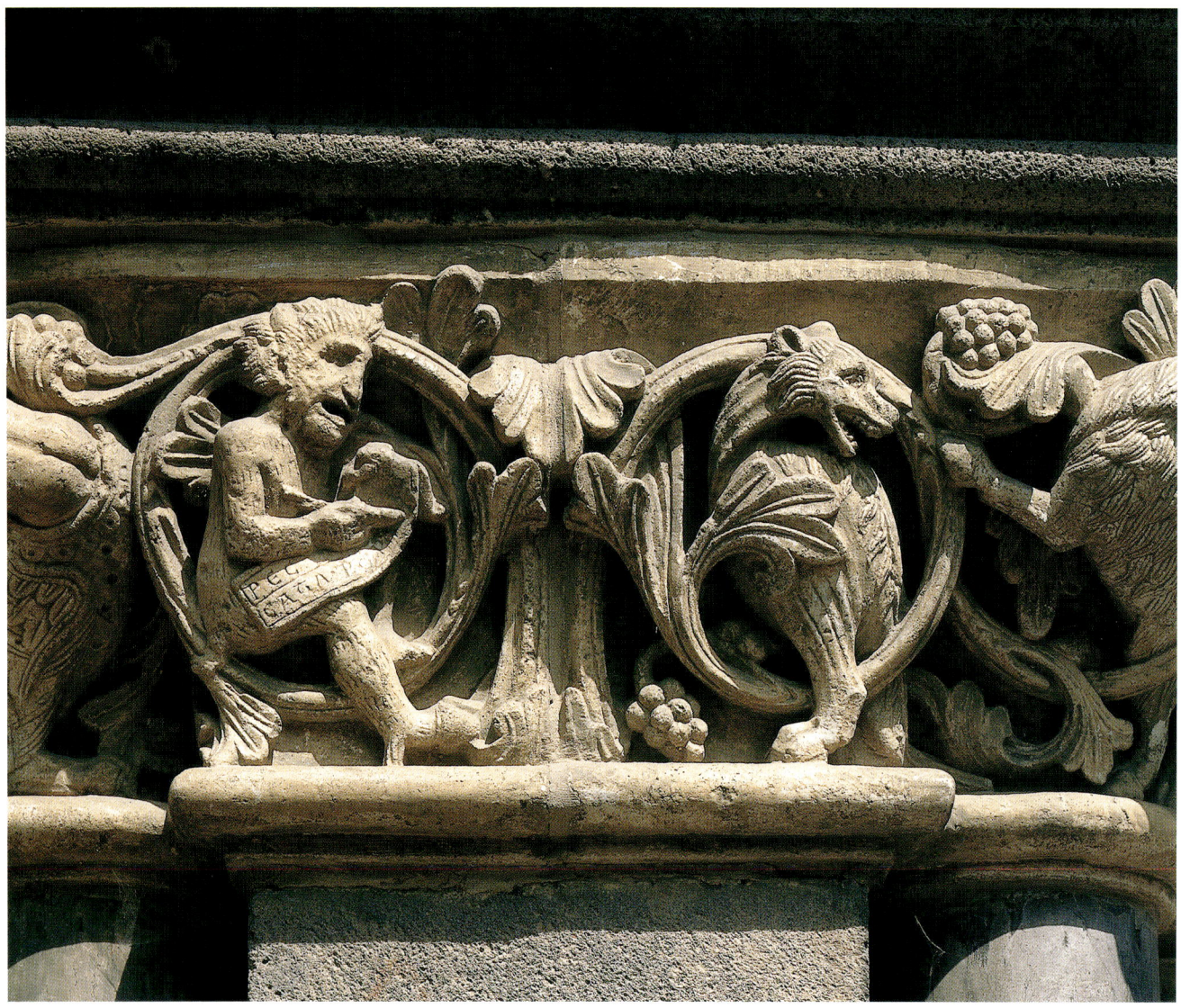

Paradies, Mittelportal, linker Kapitellfries außen mit Teufel, der die Sünden notiert

füßige, wie lebendig wirkende Drachen mit langen Schwänzen erscheinen dazwischen, an der Kante auch eine Taube. Am linken Gewände des Südportals ist angeblich eine „Vertreibung aus dem Paradies" dargestellt, wobei der austreibende, kurzgewandete Mann möglicherweise ein (abgebrochenes) Schwert in Händen hielt, aber keine Flügel besitzt und die ungewöhnliche Aktfigur in lebhafter Torsion auf einem zweibeinigen Drachen mit Menschenkopf und Narrenkappe reitet. Beide Figuren lassen Zweifel an einer biblischen Deutung aufkommen. Die Kopfbedeckung kann man auch als

„phrygische Mütze" ansehen und die Gesamtdarstellung vielleicht als „Unzucht" interpretieren. Die körperliche Durchbildung in Verbindung mit den Ranken ist aber einzigartig. Motivisch, nicht jedoch stilistisch gibt es Verbindungen zur Skulptur in Italien und Frankreich, aber auch zur Goldschmiedekunst.

Zwei weitere Kapitelle im südwestlichen und nordwestlichen Winkel des Paradieses sind motivisch gleichartig und daher aufeinander bezogen, ohne daß es bisher eine überzeugende inhaltliche Deutung gäbe: In beiden Fällen handelt es sich um

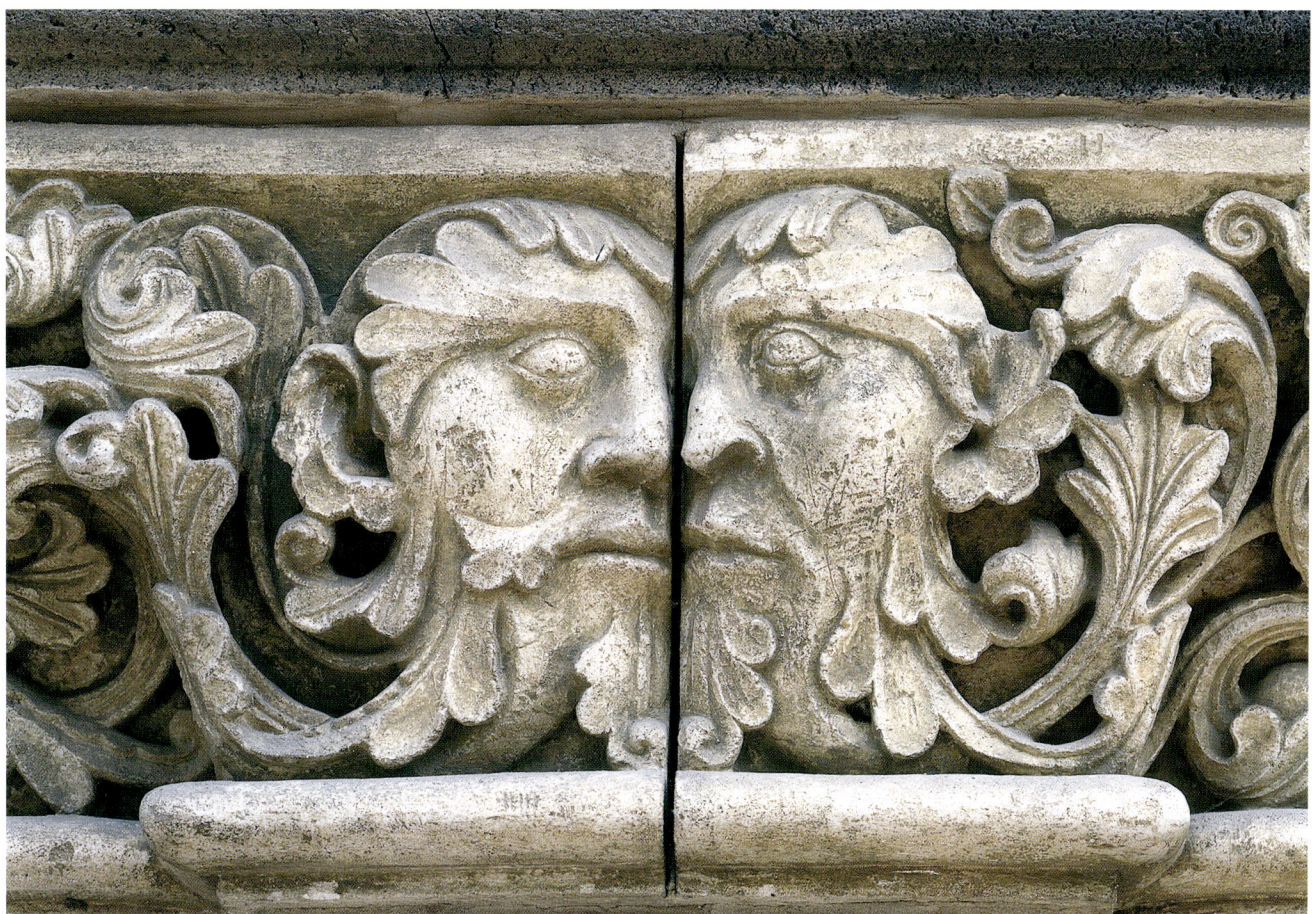

Paradies, Mittelportal, rechter Kapitellfries außen

die üblichen Drachen mit Vogelleibern und langen Schwänzen, die in Blattwerk übergehen und insgesamt rankenartig gewunden sind. Im Südwesten erscheint an der Kante ein bärtiger Kopf, dem Drachen in den Bart beißen, die aber von Armen gepackt und auseinandergehalten werden. Hierfür wird „okeanos" als Deutung vorgeschlagen, was im Hinblick auf die gegenüberliegend befindliche Darstellung sinnvoll erscheint, doch müßte „okeanos" eigentlich Amphoren mit Wasserströmen halten. Gegenüberliegend handelt es sich um eine weibliche Büste, an deren Brüsten die mit Kinderköpfen ausgestatteten Drachen saugen, aber ebenfalls von den Armen am Hals gepackt werden. Die Interpretation als „terra" oder „gaia", als "Mutter Erde" ist haheliegend, auch wenn die Drachenleiber dabei

keinen heute noch entschlüsselbaren Sinn ergeben. Stilistisch läßt sich hier ein weiterer begabter Bildhauer erkennen.

Besonders ausgezeichnet sind die Kapitellfriese des mittleren Portals. Der rechte zeigt Blattmasken sowohl an den Kanten als auch in der Mitte, wo sie einander heraldisch zugewandt sind und besondere Ausdruckskraft zwischen den aus ihnen hervorwachsenden Blättern entwickeln. Es handelt sich wieder um das gleiche Laubwerk, das auch die Kapitelle bestimmt, hier aber mit großer Freiheit verwendet wird. Am linken Kämpfer wird das äußere Eckkapitell von sogenannten Haarraufern gebildet, deren Köpfe als Betonung der Kante des Kelchblockkapitells verwendet werden. Bei dieser Kampfesszene handelt es sich wiederum um Drachen mit

73

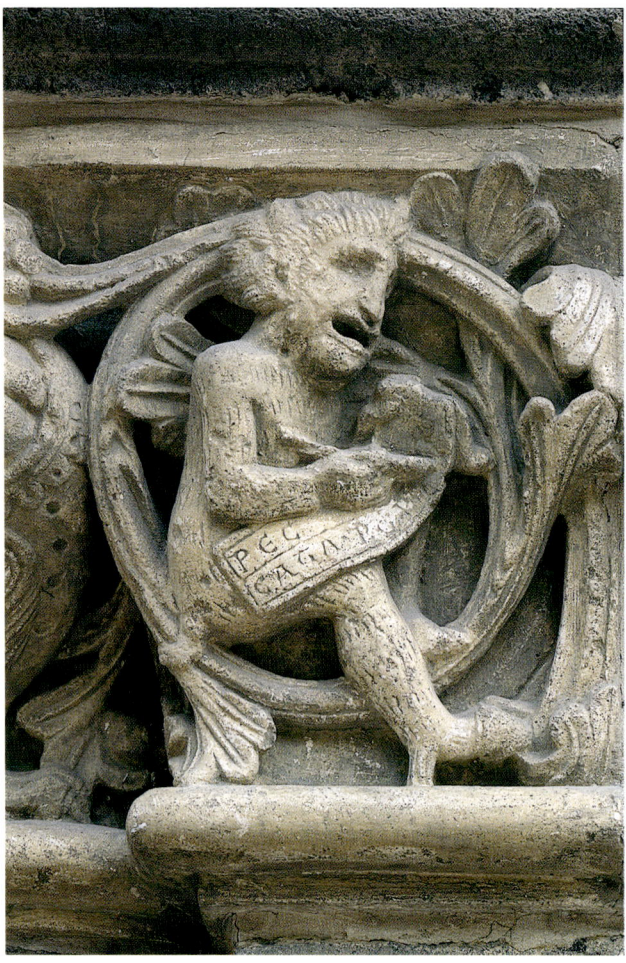

Paradies, Mittelportal außen, Teufel, die Sünden notierend

stücken zusammengesetzten Figurenfragment, das aus Maria Laach stammt, Anfang des 20. Jahrhunderts bekannt wurde und heute im Pfortenbau verwahrt wird und daher nicht öffentlich zugänglich ist. Es handelt sich um das in der Romanik sehr beliebte Motiv des Kampfes Samsons mit dem Löwen. Seither hat sich die Forschung intensiv mit dem „Samson-Meister" auseinandergesetzt und mit ihm Skulpturen und deren Fragmente sowie Kapitelle in Andernach, im Bonner Münster, in Köln (St. Pantaleon, St. Johann und Alter Dom) sowie in Brauweiler in Verbindung gebracht, um ein Künstlerœuvre zusammenzustellen und einen Entwicklungsprozeß nachzuzeichnen.[47] Wie üblich konnte dabei weder über die Entstehungszeit noch die Eigenhändigkeit Übereinstimmung erzielt werden. Die Zusammenhänge sind oft weniger eindeutig, als man in der ersten Euphorie der Entdeckung annahm, so daß man den Begriff des Samsonmeisters heute eher als Sammelbegriff für eine Gruppe von Werken nehmen muß, die sich aus der älteren Tradition lösen.

Der ursprüngliche Aufstellungsort und die Funktion des Samsonfragmentes sind unbekannt. Blattwerk am Hinterkopf und Abbruchspuren lassen erkennen, daß die Figur – wie grundsätzlich nicht anders zu erwarten – in einem architektonischen Zusammenhang stand. Es ist durchaus denkbar, daß dies der Lettner war. Die immer wieder geäußerte Hypothese, daß es sich dabei um die

Vogelleibern, jedoch menschlichen Oberkörpern, die als Akt gegeben sind. Grundsätzlich ist das Motiv der sich an den Haaren ziehenden Ringkämpfer weiter verbreitet und auch in Frankreich zu finden. In dieser spezifischen Form wird es von Kapitellen im Kölner Lapidarium vorbereitet. An einer weiteren Kante sitzt außen ein bocksfüßiger, behaarter Teufel, der auf einem Schriftband für den Betrachter lesbar (für ihn daher umgekehrt) Sünden verzeichnet: „PECCATA POPULI".[46] Der sündenverzeichnende Teufel erscheint in vergrößerter Form und völlig frei sitzend auf einer steinernen Chorstuhlwange im Bonner Münster, etwas später wohl von der Hand des gleichen Meisters geschaffen. In ihm dürfen wir den Leiter der Werkstatt erblicken.

Er erhielt seinen Namen nach einem aus Bruch-

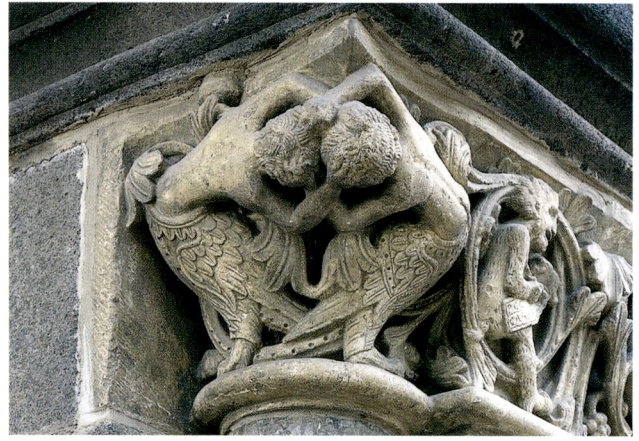

Paradies, Mittelportal außen, „Haaraufer" mit Vogelleibern

Fragment eines Samson im Kampf mit dem Löwen ▶

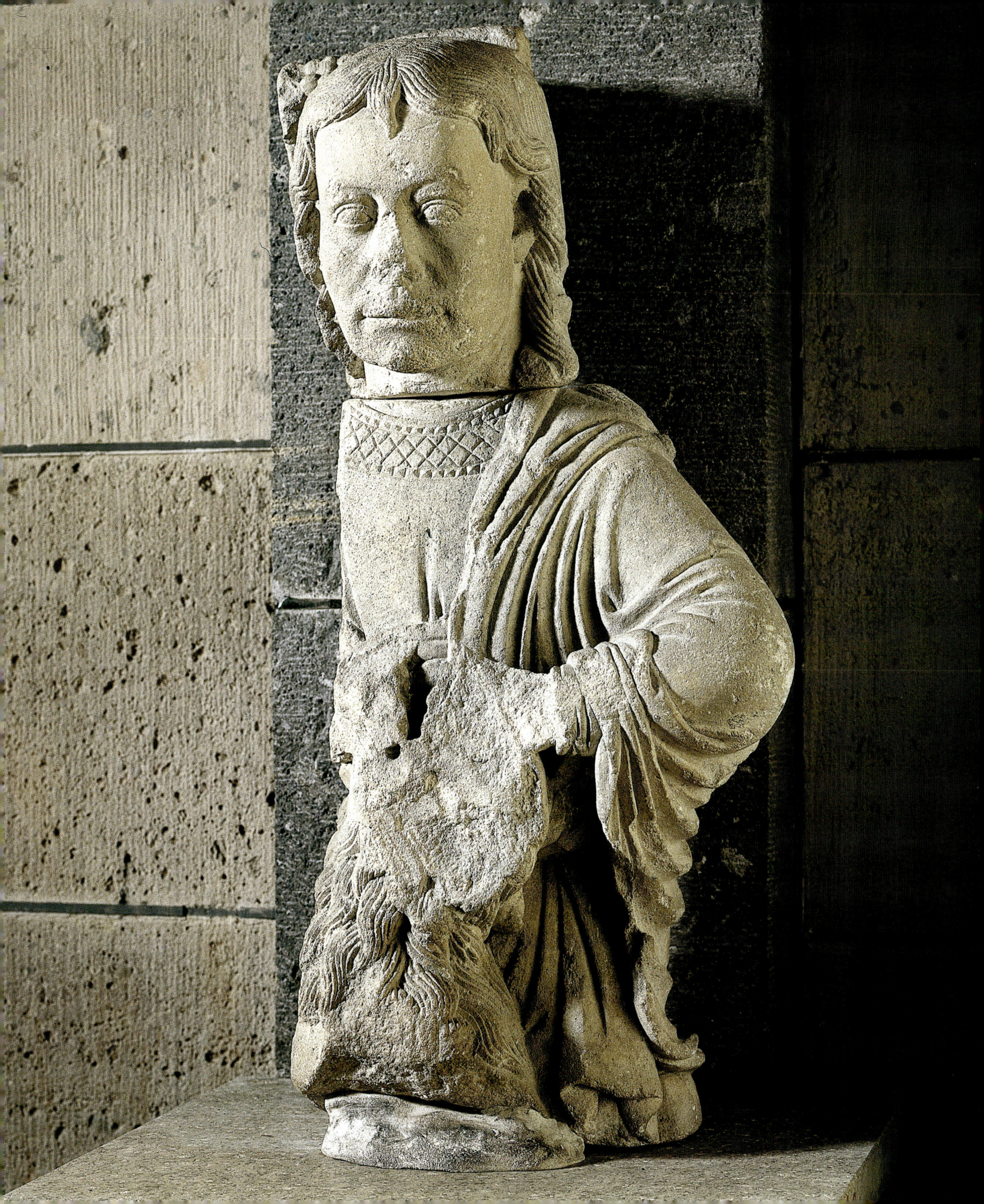

Stütze eines Lesepults gehandelt habe, ist aus ikonographischen Gründen unwahrscheinlich. Die gedrungene Gestalt mit kräftigen voluminösen Armen zeichnet sich in bisher ungewohnter Körperlichkeit unter dem fein gearbeiteten, weich und organisch behandelten Gewand ab. Der blockartige Kopf besticht nicht nur durch seine perfekte Oberflächenbearbeitung, sondern vor allem durch die Bewegung seiner atmenden Haut. In der Anlage der Haarsträhnen, aber auch der Augen bleibt die Bindung an die romanische Tradition gewahrt, während die Belebung der Oberfläche und des Ausdrucks eine Berührung mit dem neuen Menschenbild erkennen lassen, das durch die gotische Skulptur Nordfrankreichs geprägt wurde. Mit dieser Zwischenstellung kennzeichnet der Laacher Samson die Position der deutschen Skulptur am Anfang des 13. Jahrhunderts zwischen Tradition und Rezeption.

Während in Straßburg, Bamberg, Magdeburg und schließlich Naumburg die direkte Übernahme und Weiterentwicklung französischer Vorbilder eindeutig nachweisbar ist, gibt es eine Reihe von Skulpturen in Deutschland, die untereinander nicht in Verbindung stehen und trotzdem das gleiche Phänomen aufweisen, nämlich die Belebung der romanischen Skulptur, ohne daß französischer Einfluß nachweisbar wäre. Man hat sich, wenn auch ohne Erfolg, mit dem Stichwort „Byzanz" zu helfen versucht. Hier ist auf die Chorschranken von Liebfrauen in Halberstadt, die goldene Pforte von Freiberg oder den Lettner von Wechselburg, vielleicht auch auf die Bamberger Chorschranken zu verweisen. Der Laacher Samson und die ihm zugeordnete Skulpturengruppe markiert diese Situation für das Rheinland, die derjenigen der Architektur nicht ganz unähnlich ist. Dort haben wir es auch mit einer durchgehenden Tradition der Romanik zu tun, bei der aber eine Auseinandersetzung mit dem nordfranzösischen Stil der Gotik nicht zu übersehen ist. Das Laacher Antlitz des Samson ist das „schönste und kraftvollste Zeugnis einer rheinischen Bildhauerkunst,

die nicht mehr allein der lokalen Überlieferung verpflichtet ist, …" (Willibald Sauerländer).[48]

Ebenso wie bei der stilistischen Beurteilung gehen die Forschungsmeinungen bei der Datierung auseinander. Bei den letzten Publikationen klafft eine Lücke zwischen 1210 und 1225/30. Anhaltspunkte sind nur über ein kompliziertes Geflecht stilistisch verwandter, aber ebenso undatierter Bauwerke, Bauornamentik und Skulpturen zu gewinnen. Auf jeden Fall wird man den Laacher Samson nicht von dem Paradies trennen wollen. Ein Datum am Ende des zweiten Jahrzehnts im 13. Jahrhundert hat immer noch die größte Wahrscheinlichkeit für sich.

Die Bauzier

Es fällt auf, daß der gesamte Ostbau als ältester Bauteil vor dem Umbau der Apsis nahezu keine Ornamentik aufweist. Außer Basis- und Kämpferprofilen, die in der Regel steil sind und eine Häufung von Wulsten, Hohlkehlen, Karniesen und Plättchen aufweisen und sich dadurch von den späteren Teilen des Langhauses unterscheiden, erscheint nur das einfache Würfelkapitell in den Fenstergewänden, in der Krypta, aber auch in den Schallarkaden des Vierungsturmes und der Freigeschosse der Chorwinkeltürme. Dort sind allerdings die Kapitelle so stereotyp, daß man den Eindruck gewinnt, sie seien bei den tiefgreifenden Restaurierungsmaßnahmen ausgewechselt worden, wofür es aber keinen Beleg gibt. Es gibt nur zwei Ausnahmen vom Würfelkapitell.[49] Dies sind zum einen die beiden singulären Kapitelle mit Volutensternen und einer Kombination aus Blattbüscheln und mehrsträhnigen Ranken, die den Altarplatz in der Krypta auszeichnen, zum anderen jene etwas unordentlich mit dreisträhnigen Ranken, kleinen Blättern, Masken und Tieren besetzten Korbkapitelle im Gewände des „Baldachinfensters" in der Westmauer des Südquerarms. Dazu gehören auch die in ihrer Abstrakt-

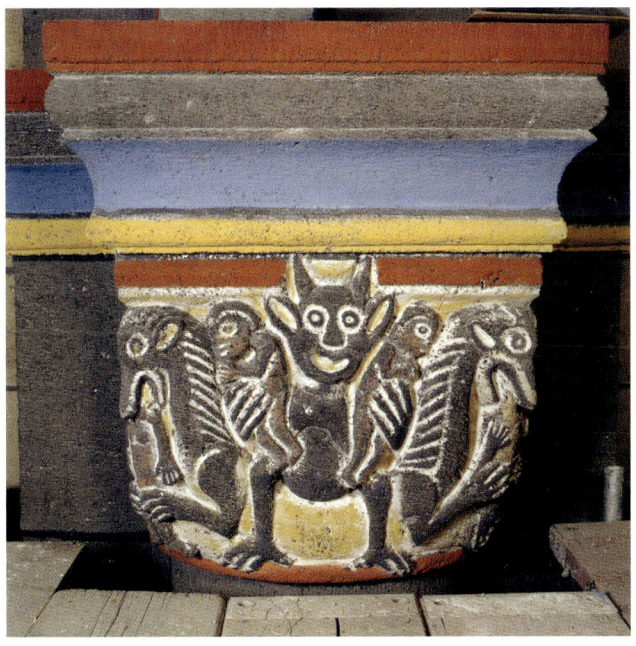

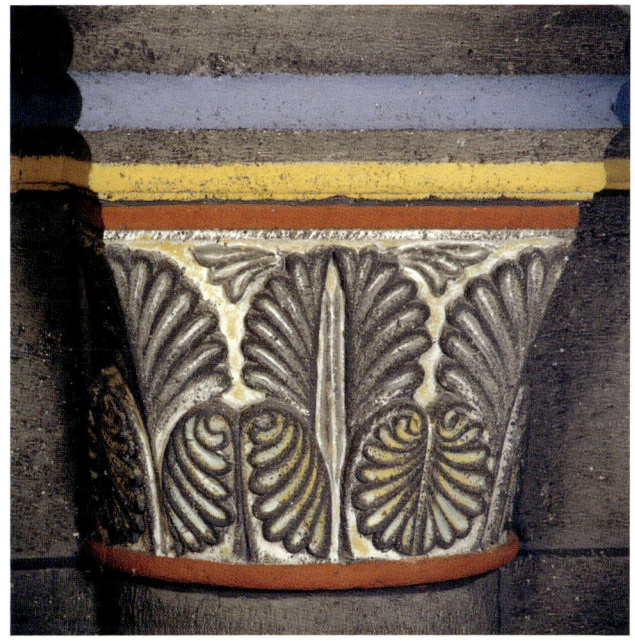

Mittelschiff, Obergadenkapitell des ersten südlichen Pfeilers von Osten (über dem liturgischen Mönchschor)

Mittelschiff, Obergadenkapitell

heit stark an das Querhaus in Speyer erinnernden Löwenkonsolen unter den Halbsäulen der Rechteckumrahmung dieses Fensters. Es ist nicht ausgeschlossen, daß bei der Zwerggalerie des westlichen Mittelturms einige Stücke verwendet wurden, die aus diesem etwas älteren Bestand stammen und verworfen oder gar nicht eingebaut worden waren. Der gesamte Innenraum der Ostteile verzichtet zunächst auf Kapitelle und damit auf die Möglichkeit von Bauzier.

Dies gilt auch unverändert für die Außenmauern der Seitenschiffe, die mit reich profilierten Kämpfern vorlieb nehmen. Selbst die Mittelschiffpfeiler verzichten in den Seitenschiffen auf jeglichen Dekor, indem sie nur undekorierte Würfelkapitelle besitzen. Dies ähnelt ein wenig der ursprünglichen Disposition im Langhaus des Mainzer Domes, ganz zu schweigen vom Dom in Speyer, wo im Seitenschiff nur die Würfelkapitelle der unveränderten Halbsäulen von Bau I zu sehen sind. Die Laacher Würfelkapitelle sind jedoch außerordentlich präzise gearbeitet, mit fein, meist doppelt abgesetzten Schilden und gelegentlich auch profilierten Rah-

mungen. Die Kapitellkörper erscheinen manchmal mit diagonalem Grat oder sogar einer Art geriefelter Eckzier. Dies bezeugt, daß das Würfelkapitell seit mehr als 130 Jahren so sehr zur Standardform geworden war, daß es langweilig zu werden drohte und man nach Auswegen suchte. Diese kleinen, sehr präzisen, streng innerhalb des Kanons verharrenden Variationen erinnern an Zisterzienserkirchen, die gerade in dieser Zeit, wenn auch in Deutschland meist etwas später, errichtet wurden. Insofern drückt sich hier vielleicht etwas von Benediktinischer Reform aus.

Die acht Hochschiffkapitelle des Langhauses – vier auf jeder Seite – sind somit das erste Zeugnis einer nunmehr reicheren und kontinuierlichen Laacher Bauzier. Sie beginnt auf der Südseite mit einer ungemein sprechenden, wenn auch ganz abstrakt gehaltenen figürlichen Darstellung. Ein auf zwei Drachen hockender Teufel mit Krallen hält in seinen Fängen zwei kleine Menschlein, die vermutlich Seelen darstellen. Die Drachen verschlingen an den Kanten des Kapitells ausgewachsene Menschen, eine Frau zuerst mit dem Kopf und einen kopfüber

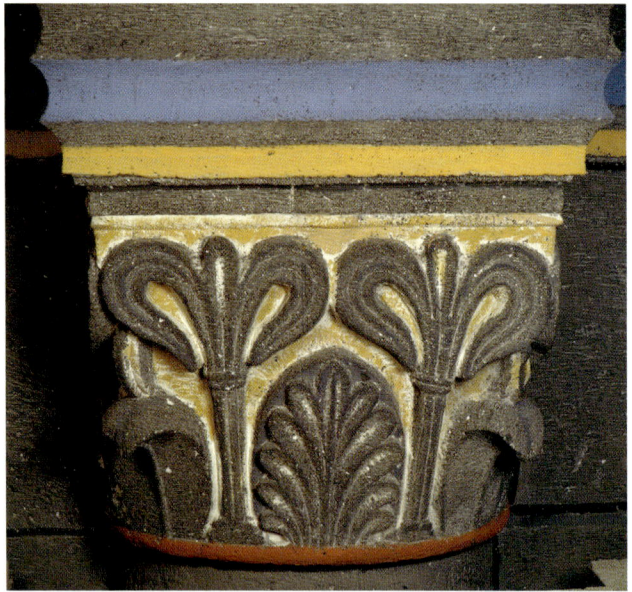

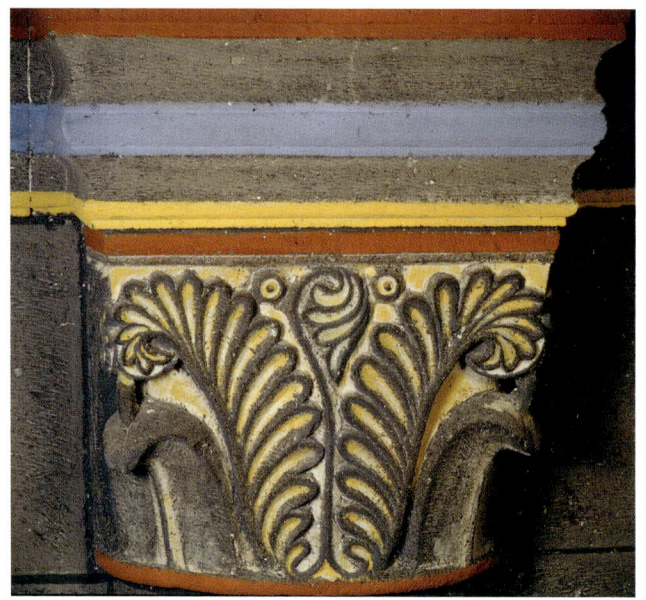

Mittelschiff, Obergadenkapitelle

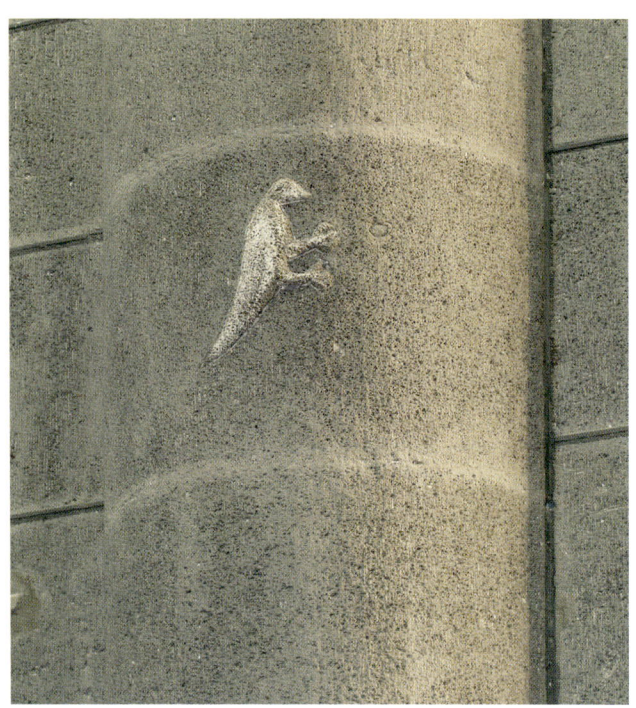

Mittelschiff, erster südlicher Pfeiler von Osten: Vögelchen

gehaltenen Mann mit den Beinen. Das flache Relief verzichtet auf alle Detailangaben, zeigt aber doch leichte Rundungen, die es etwa von den Löwenkonsolen unterscheidet. Auf der Nordseite ist das zweite Kapitell von Westen mit großen Adlern versehen, deren Leiber wiederum an den Kanten angeordnet sind und deren Schwingen die Fläche decken und dabei die Erinnerung an ein Würfelkapitell wahren. Trotz der Durchbrechungen an den Beinen ist die steinmetzmäßige Bearbeitung hart und linear. Gedrungener sind die Adler des zweiten östlichen Kapitells auf der Südseite, die restlichen beiden sind dort als Würfelkapitelle ausgebildet, nunmehr allerdings mit doppelt gerahmtem Schild und dazwischen Kugeln oder Blütensternen; das westliche besitzt einen zusätzlichen Flechtbandknoten im Schild und auf dem Rest des Kapitellkörpers. Alle übrigen Kapitelle zeigen hart und präzise gearbeitete, große wie kleine Palmetten und Halbpalmetten mit leichten Kehlungen zwischen den Blattstegen. Sie sind graphisch sehr schön, allerdings noch ganz flach. Die leichte, moderne Unterlegung mit Farbe erhöht ihre Lesbarkeit. Gelegentlich wird auch die Assoziation an Palmwedel erzeugt. Zu dieser Gruppe gehört auch das Kapitell unter der Westempore, bei dem dreisträhnige Ranken zu den Kanten wiederum als Blattbüschel auslaufen und damit motivisch eine Verbindung zu den Kryptakapitellen herstellen. Der Kämpfer darüber ist mit einer Brezelblattranke

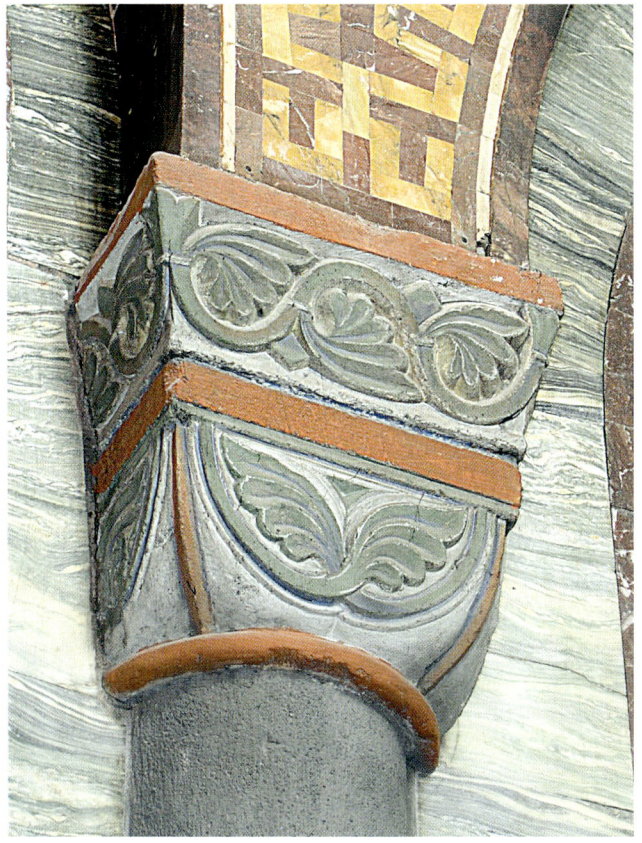

Ostapsis, Kapitell der inneren Blendarkade

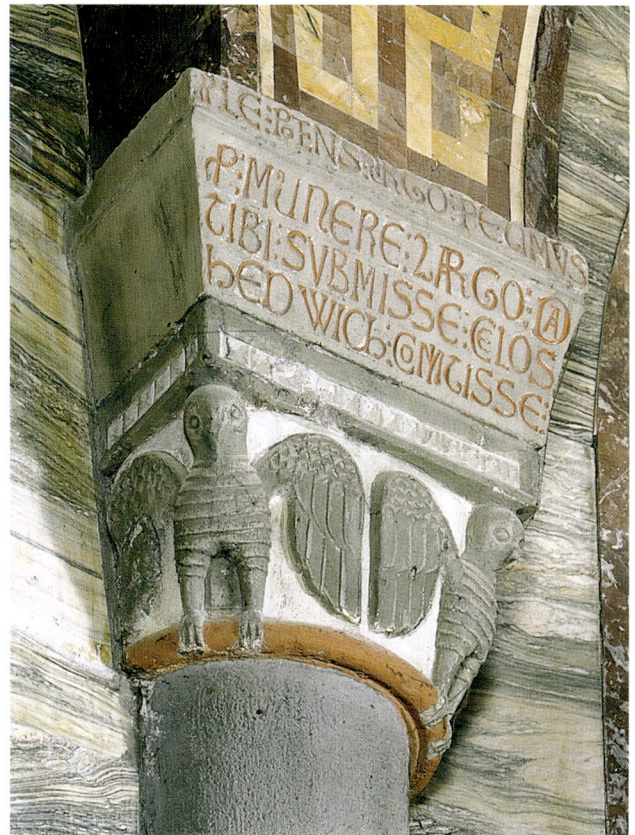

Ostapsis, innere Blendarkade, Adlerkapitell mit
Inschriftkämpfer (Hedwig, ca. 1156)

ausgestattet. Beides zusammen läßt erkennen, daß
hier der Standort des Westaltares war, denn die
zweite Säule östlich davon unter dem Emporen-
bogen, die man vom Langhaus her wahrnimmt,
zeigt ein relativ flaches, glattes Würfelkapitell mit
doppelt gerahmtem Schild. Der gleichmäßig gestufte Kämpfer über dem südwestlichen Hoch-
schiffkapitell kehrt am nördlichen Ansatz der
Ostapsis wider und belegt die relativ enge Verbindung beider Bauteile.

Dennoch bedeutet der Umbau der Ostapsis vor
1156 einen neuen Abschnitt in der Bauzier. Zwar
ist auch hier die Grundform des Würfelkapitells
häufiger vertreten, doch überwiegen am Außenbau
Blattkapitelle in einer Zwischenstellung zum
Kelchblocktyp. Mehrfach treten schuppenartig be-
legte Bossenblattkapitelle auf, bei den Würfelkapitellen sind in der Regel die Schilde ausgefüllt mit

symmetrisch angeordneten, kräftig durchgebilde-
ten Palmetten. Die Variationen des Würfelkapitells
sind eher im Untergeschoß zu finden, jedoch ist die
Trennung nicht so systematisch wie an der Bonner
Ostapsis. Verbindungen zur Bauzier des Bonner
Münsters und seines Kreuzgangs sowie zur Doppelkapelle in Schwarzrheindorf[50] lassen sich nachweisen, jedoch fehlen in Maria Laach die dort bereits
auftretenden frühen Formen des Stengelblattkapitells vollständig.

Besonders schön und klar gestaltet sind die vier
Kapitelle der fünf Blendarkaden im Inneren der
Ostapsis mit ihren steilen, ornamentierten Kämpfern. Zwei davon sind wiederum Adlerkapitelle
mit nunmehr gedrungenen Leibern, deren Köpfe
fast eulenartig erscheinen. Über dem nördlichen befindet sich die berühmte Inschrift für Hedwig von
Are, über dem südlichen eine wulstige Wellen-

79

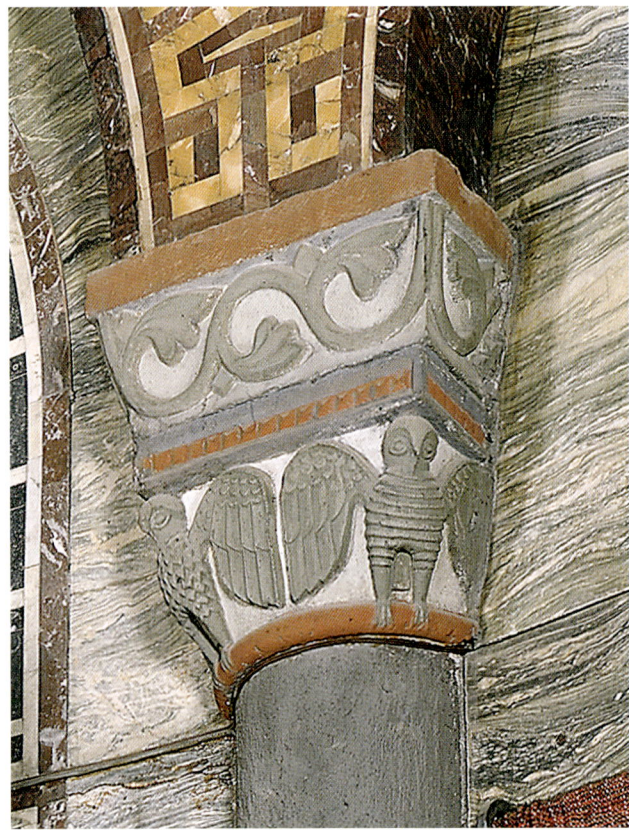

Ostapsis, innere Blendarkade, Adlerkapitell

ranke, die kleine Halbpalmetten entsendet. Ein Würfelkapitell ist im Schild gefüllt mit Halbpalmetten, während der Kapitellkörper mit einem nach unten hängenden Fächerblatt bedeckt ist – eine Weiterentwicklung des oben genannten Seitenschiffkapitells. Der Kämpfer besteht aus brezelförmig gerahmten Palmetten, unterlegt von Rauten. Das zweite Würfelkapitell ist leicht abgewandelt und zeigt auf dem Kapitellkörper kräftige, aber in den Körper eingesunkene Diagonalstege, so daß eine Tendenz zur Aufteilung des Kapitellkörpers wie bei einer Reihe von Bonner und Schwarzrheindorfer Stücken zu beobachten ist. Die Wellenranke am Kämpfer ist nur ein einfaches Band, das Halbpalmetten rahmt.

Die Kapitelle im Obergeschoß des Westbaus sind eindeutig jünger. Ein Teil ist durch Neubildungen des 19. Jahrhunderts ersetzt. Bei den er-

haltenen tritt zwar auch das geschuppte Bossenblattkapitell auf, aber ebenso Frühformen des Stengelblattkapitells. Insbesondere in den Raumwinkeln erscheint fein gegliedertes Laubwerk auf den korbförmig gedrungenen Kapitellen, dazu ein aus dem Laubwerk auffliegender Adler (Eule?). Auch im Profil gegebene Vögel mit Drachenköpfen, die Beute schlagen, sind dort zu finden. Daß dort eines der üblichen, relativ primitiven Köpfchen erscheint wie an einem der beiden Kapitelle in der Krypta, muß eher als Zufall gewertet werden. Auf jeden Fall deuten die Kapitelle darauf hin, daß man der Westempore doch eine gewisse Bedeutung zugestand.

Ein relativ breites Spektrum ist bei den Doppelsäulchen der Zwerggalerie des westlichen Mittelturmes zu verzeichnen. Innerhalb der Bauzier des Rheinlandes, insbesondere im Vergleich mit dem späteren Paradies, erscheinen sie – aus der harten Basaltlava gearbeitet – verhältnismäßig grob. Es handelt sich stets um getrennt gearbeitete Stücke, auch wenn jeweils zusammengehörige in der Regel ähnliche Motive aufweisen. Interessant sind vor allem die steilen, ornamentierten Kämpfer, die einerseits Motive der Kranzgesimse mit durchkreuzenden Bögen oder diamantförmigen Vertiefungen aufnehmen, andererseits aber auch solche von der Ostapsis. Sie zeigen vor allem in großem Umfang unvollendete Zustände in verschiedenen Fertigungsstufen, so daß man die einzelnen Schritte von den ersten Vorritzungen bis zur vollendeten Ausarbeitung gut verfolgen kann. In einigen Fällen wurden, wie schon angedeutet, möglicherweise ältere Stücke verwendet, so die ungleiche Kombination eines einfachen Würfelkapitells mit einem völlig singulären, ionischen Kapitell, dessen Voluten in Flechtband eingewickelt sind. Ein anderes zeigt wiederum Adler, deren Flügel von abstrakten Masken verschlungen werden. Variationen von Bossenblättern treten auf, ebenso wie Weiterentwicklungen der inneren Apsiskapitelle mit noch weitergehend zerlegten Würfelkörpern. Am weitesten entwickelt sind vereinfachte Stengelblätter mit ku-

Wiederverwendete Kapitelle des Ostbaus in der
Zwerggalerie des Westbaus

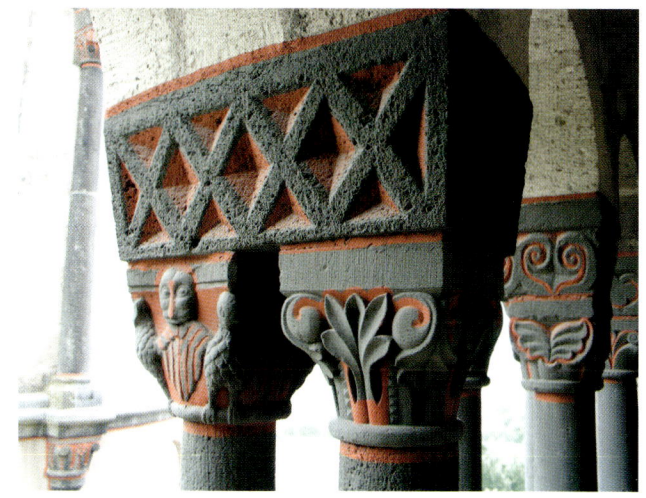

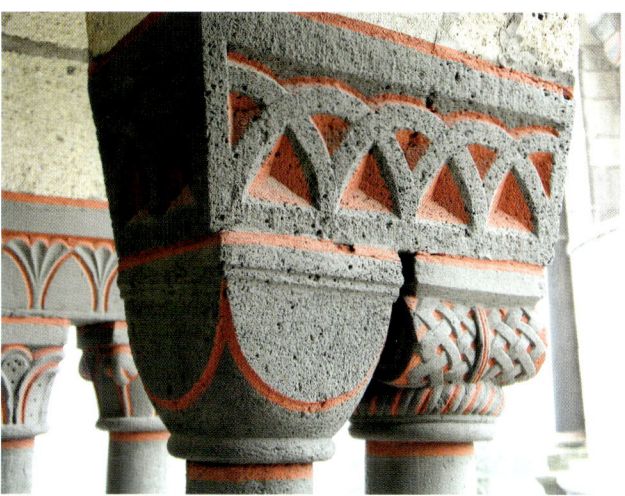

Zwerggalerie des westlichen Mittelturms, Kapitelle
(unten links und rechts)

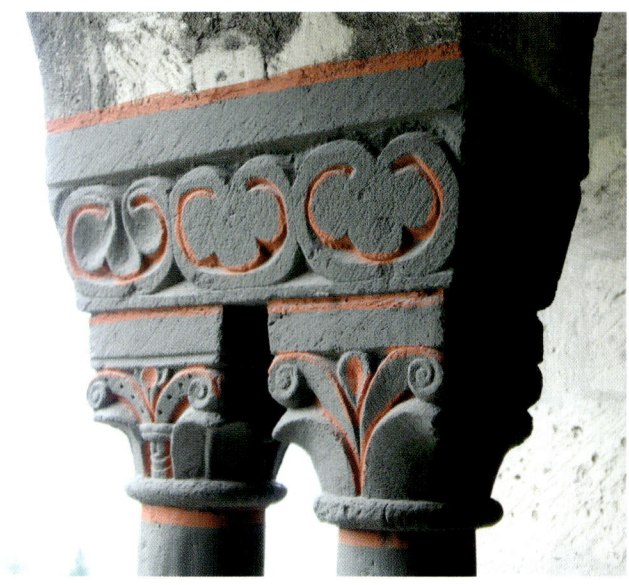

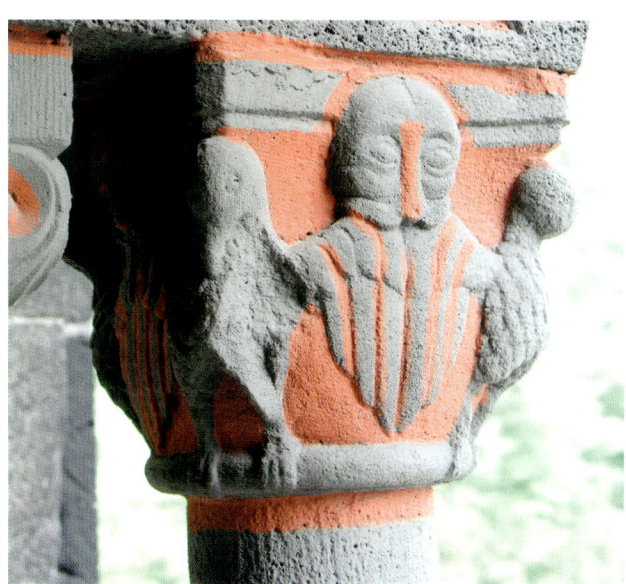

geligen Blattüberfällen. Die gleichen vereinfachten
Formen sind auch bei den Kapitellen der seitlichen
Westtürme zu verzeichnen, wobei die Vergröbe-
rung insgesamt einerseits auf die Fernwirkung, andererseits auf den Wunsch zurückzuführen sein
dürfte, den Bau möglichst rasch zu vollenden. Das
erlesenste, was Maria Laach an Dekorationsformen
zu bieten hat, findet sich zweifelsfrei im Paradies,
während der vermutlich jüngere Baldachin wiederum vereinfachte Formen mit Tendenz zur Knospen-
bildung aufweist.

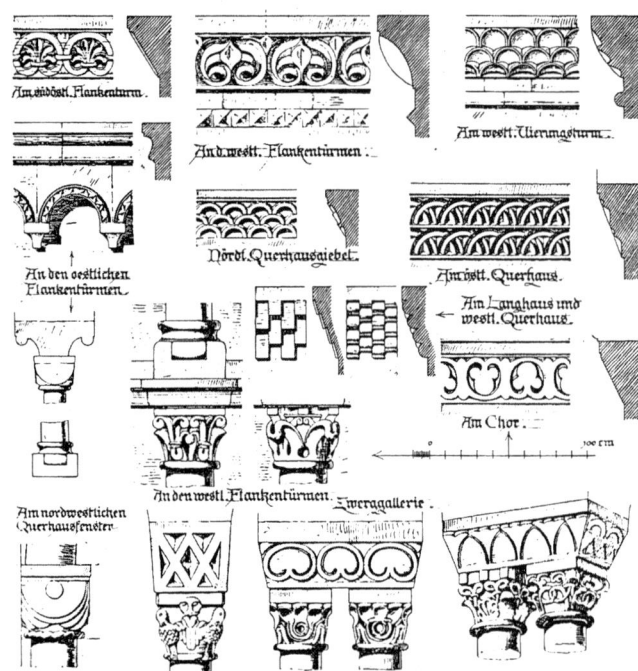

Kapitelle und Gesimse (nach Kunstdenkmäler)

Die Bau- und Planungsgeschichte der Kirche

Seit Schippers geht die Forschung davon aus, daß
unmittelbar nach der Gründung des Klosters 1093
mit dem Bau der Kirche begonnen wurde. Entgegen den üblichen Gewohnheiten seien die Fundamente in ganzer Länge gelegt und darüber der
Bau bis zu 3,5 m Höhe errichtet worden, beim
Querhaus sogar bis zu 10 m. Dann sei eine längere
Bauunterbrechung eingetreten, die an einer rund-
umlaufenden Verwitterungsschicht und an Verwit-
terungsspuren in der Krypta abzulesen sei.[51] Als
Ursache der Bauunterbrechung nannte man den
frühen Tod des Stifters 1095 bzw. seiner Gemahlin
im Jahre 1100. Dazu paßt die Aussage der ältesten,
im Original erhaltenen Urkunde des Stiefsohnes
Pfalzgraf Siegfried vom Jahre 1112, in der aus-
drücklich davon die Rede ist, daß ihm aufgetragen
sei, das Werk seines Stiefvaters fortzuführen, weil
dieser nur das Fundament habe legen können. Die
oft zitierte Verwitterungsschicht ist heute am Bau
nicht mehr abzulesen, wobei sich ohnehin die Frage
stellt, ob Material in einem Vierteljahrhundert so
stark verwittern kann, während es an anderen Stellen unbeschadet 800 Jahre übersteht. Entsprechende Auswechselungen in der Horizontalen, die die
Spuren verwischt haben könnten, sind nicht zu erkennen. Vielleicht handelte es sich auch nur um

aufsteigende Feuchtigkeit, die zu diesem Irrtum
führte. Der ehemals verwitterte Säulenschaft in der
Krypta ist ebenfalls kein Hinweis, weil ebensolche
Erscheinungen auch in der Krypta des Speyerer Domes zu beobachten sind, offensichtlich verursacht
durch vom Fundament her aufsteigende Feuchtigkeit. Der sich abzeichnende horizontale Materialwechsel in der Krypta kann gleichfalls nicht als
Hinweis dienen, weil die Schildwände über dem
rauheren Untergrund ehemals vermutlich verputzt
waren, so wie es heute noch im Paradies der Fall ist.

Ausgelöst wurde die Hypothese einer horizontalen Fuge vermutlich durch die an den beiden Westtürmen eindeutig ablesbare Materialgrenze oberhalb des Sockels, an der sich nicht nur die Farbe
des Tuffs ändert, sondern vor allem die der Lisenen,
die unterhalb der Grenze aus dem fremden, sonst
nicht wieder verwendeten roten Sandstein (von der
Kyll oder vom Oberrhein) und oberhalb aus der üblichen grauen Basaltlava bestehen. Auch bei der
Westapsis gibt es in Höhe der unteren Fenstersohl-

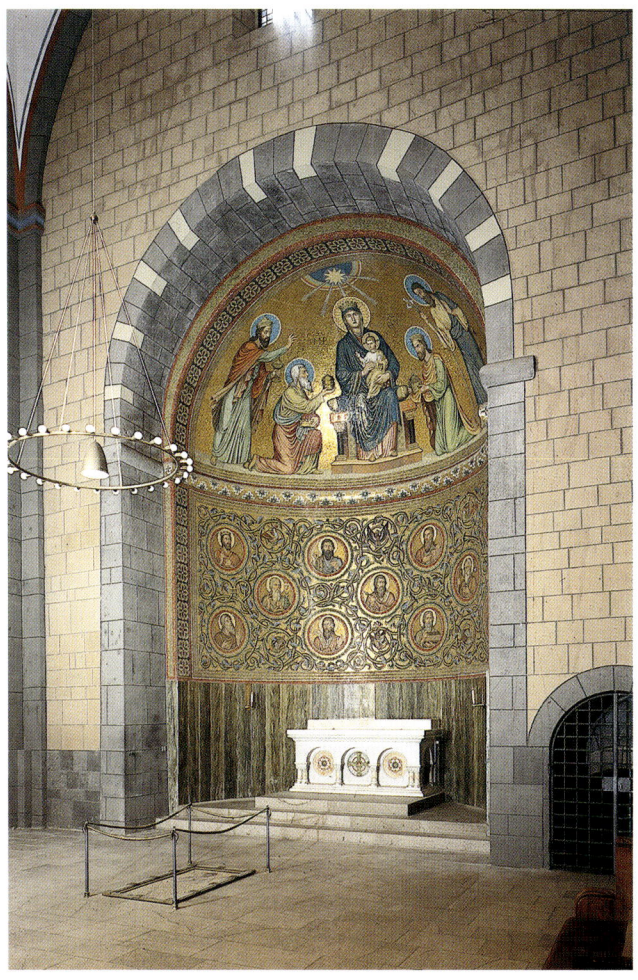

Nordquerarm, Nebenapsis mit Mosaikschmuck

möglich gewesen wäre, sondern im Kreuzgang vor dem Kapitelsaal. Noch im 17. Jahrhundert zeigte man den Grabstein, der aber keine Inschrift trug. Man kann den Bestattungsort als besonderen Demutsgestus und als Zeichen der Verbundenheit mit den Mönchen deuten. Da die Klostergebäude in Maria Laach eine besonders sorgfältige Planung im Zusammenhang mit der Kirche aufweisen, ist es auch bei ihnen fraglich, was in den zwei Jahren tatsächlich errichtet werden konnte. Mit Sicherheit waren die Klostergebäude für das Funktionieren des Konvents wichtiger als die Kirche. Wie so häufig, dürfte man sich zunächst mit Provisorien begnügt haben. Darüber hinaus ist es nicht ausgeschlossen, daß man mit den Bauarbeiten schon vor der offiziellen Gründung des Klosters begonnen hatte, da der Gründungsakt mit den zugehörigen Urkunden vor allem ein juristischer Vorgang mit der Regelung von Besitzverhältnissen war. In St. Michael in Hildesheim begann man sicher mit dem Bau schon vor 1000, und auch in Bamberg war der neue Dom schon im Bau vor der Gründung des Bistums im Jahre 1007.

Die frühzeitige Festlegung mit dem Westbau betraf auch die Jocheinteilung des Langhauses. Überlegungen, man habe hier zunächst an drei Doppel-

bänke – also oberhalb der Grenze in den Türmen – eine Materialgrenze als Anzeichen für eine horizontale Baunaht. Der rote Sandstein bei den Turmlisenen, der bei Bauten am Mittelrhein im 11. Jahrhundert gelegentlich anzutreffen ist, deutet darauf hin, daß man frühzeitig an dem Westbau arbeitete, so daß man daraus wohl auf eine Fundamentierung in ganzer Länge schließen kann.

Damit ist noch nichts gesagt über den Fortschritt der Bauarbeiten zwischen 1093 und 1095. Der Stifter wurde nach seinem frühen Tod nicht auf der Baustelle der Kirche begraben, was ihm zukam und im Hinblick auf die ebenfalls auf der Baustelle gelegenen Kaisergräber in Speyer durchaus

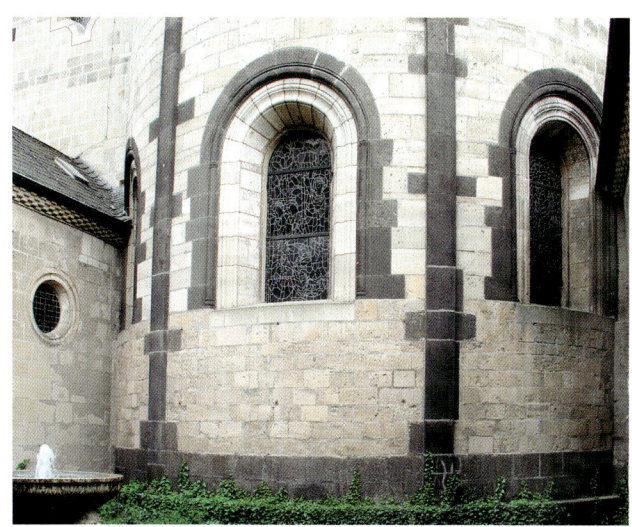

Westapsis, Untergeschoß von außen

83

joche des gebundenen Systems gedacht, sind rein theoretisch.[52] Das vergrößerte östliche Joch des Mittelschiffs muß dagegen von Anfang an so geplant worden sein, weil eine Fortsetzung der großen Jochschritte nach Westen im Pfeilerabstand nicht aufgegangen wäre, im Gegensatz zur ausgeführten Aufteilung in ein tieferes und vier kürzere Joche. Der hohe ungegliederte Sockel in der Westapsis, der nicht zu den tiefer liegenden Basisprofilen der Apsispfeiler paßt, spricht für einen früheren Planungszustand mit erhöhtem Bodenniveau. Wir wissen also wenig über den Umfang der frühesten Arbeiten an der Klosterkirche. Sie kann vor 1093 begonnen worden sein, ebenso aber auch später, nachdem zumindest Teile der Klausur vollendet waren.

Der deutlich sichtbare Planwechsel im Äußeren der Ostapsis hat wie die Fuge in den Westtürmen weitreichende Schlußfolgerungen für die Baugeschichte ausgelöst. Die Konzentration der aus Speyer abgeleiteten Formen im Querhaus gab zu der Vermutung Anlaß, man habe zunächst die Querarme als Notkirche provisorisch mit Dächern errichtet, einschließlich sogar des Vierungsturmes, und bis zur Weihe 1156 oder sogar noch danach mit der Vollendung der Ostapsis gleichsam als letzter Maßnahme gewartet. Die beiden halben Entlastungsbögen in den seitlichen Mauern des Altarhauses hätten als Widerlagerung des bereits ausgeführten Vierungsturmes gedient.[53] Wenn man sich einen derartigen Bauvorgang in der Realität vorstellt, erscheint er nicht nur unlogisch und entgegen aller Erfahrung, sondern auch unpraktisch hinsichtlich der Nutzung. Er ist nicht durch bautechnische Befunde begründet, sondern fußt einerseits auf stilistischen Kriterien, andererseits auf der Verwendung von unterschiedlichen Materialien. Derartige Materialgrenzen lassen sich außer am Westbau nur an wenigen Stellen ausmachen. Sie entstehen immer dann, wenn in einem Bereich die Arbeit ruht, weil sie an anderen Teilen vorangetrieben wird.

Am auffälligsten ist die horizontale Grenze im oberen Teil des nördlichen Querarms unmittelbar über den Fensterbögen der Ost- und Westseite. Der intensiv ockerfarbige Laacher Tuff unten wird von grauem Weiberner Tuff oben abgelöst, was in der Stirnseite darüber hinaus einen Übergang zu unregelmäßigeren kleineren Formaten bedeutet. Diese Grenze liegt etwa da, wo sich im Inneren der Scheitel der tiefer angeordneten Querhausgewölbe befindet. Der Raum darüber ist ungenutzter Dachraum, dessen Sinn nur darin besteht, die beiden Querarme im Äußeren der Höhe von Mittelschiff und Chor anzugleichen. Man hat daraus geschlossen, daß die Querarme auch außen ursprünglich niedriger ausfallen sollten, ja möglicherweise sogar die Gesamtanlage nicht die spätere Höhe erhalten sollte. Beides ist unbegründet. Die steinernen Deckgesimse für die Pultdächer der Seitenschiffe, die sich an der Westseite der Querarme befinden, bezeugen den von Anfang an geplanten Querschnitt des Langhauses, aus dem anderenfalls bei gekürztem Obergaden eine Art Hallenkirche geworden wäre. Bei dem Nordquerarm ist außerdem die zweischichtige Gliederung der Stirnseite durch große Blendarkaden und einen Rundbogenfries darüber von unten her angelegt, so daß ein andersartiger Abschluß an der Materialgrenze – etwa nur mit einem Bogenfries – so gut wie ausgeschlossen ist. Beim Südquerarm fehlt diese Materialgrenze. Dort mischen sich lediglich zunehmend graue Quader unter die ockerfarbigen. Das gleiche gilt für die beiden Turmschäfte im Anschluß an die Querarme.

Die Schlußfolgerung aus dem Befund besagt also nur, daß entweder kurzfristig eine Lieferung des neuen Materials eingeschoben wurde oder daß die Arbeiten am Nordquerarm so lange ruhten, bis der grundsätzliche Materialwechsel im Bau vollzogen war; letzteres halten wir für wahrscheinlich.

Die Verwendung von Kalkstein bei den Bögen der Krypta und grauem Sandstein für deren Säulen ist insofern von Bedeutung, als diese Materialien später nicht mehr anzutreffen sind. Eine Ausnahme bilden die Türpfosten der beiden Westportale, die vermutlich mit dem gesamten unteren Teil des

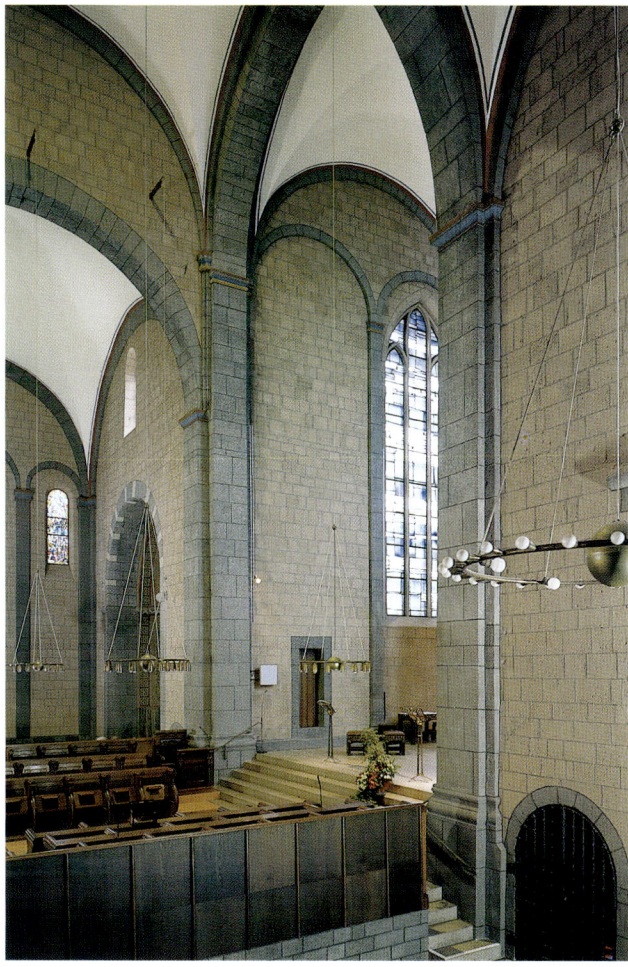

Querhaus und Chor nach Nordosten

samten Bereiches bestätigt, der offenbar zum ältesten Bestand gehört.

Der enge Zusammenhang der Nebenapsiden mit dem unteren Teil der Querarme wird auch dadurch dokumentiert, daß ihr Traufgesims als horizontales Gesims um den Baukörper herum bis auf die Westseite fortgeführt wird, wo es mit dem Seitenschiff zusammentrifft. An der Fassade bedeutet dies Verkröpfungen an den Lisenen. Dort dient es der Gruppe aus drei Fenstern als Auflager und Sohlbank. Derartige Horizontalgliederungen, die insbesondere auf der Westseite der Querarme ohne Funktion sind, fehlen sowohl am Chor als auch beim Westbau. Sie gehören wohl zu einem Experimentierstadium.

In der Stirnwand des Nordquerarms verläuft einige Schichten unter dem Gesims bündig in der Wandebene eine weitere Schicht von ungleicher Höhe aus Basaltlava, deren Funktion ebenso unklar ist wie die Frage, ob sie ehemals von einer Schlemme überdeckt wurde. Die beiden Nebenapsiden sind erstaunlicherweise verputzt, so daß man nicht beurteilen kann, welche Art von Mauerwerk sich dahinter verbirgt. Außerdem besitzen sie keine Fenster, was eigentlich für Nebenapsiden liturgisch undenkbar ist, spenden die Fenster doch von Osten das Licht auch im übertragenen Sinne für die innen aufgestellten Altäre. Ob die Fenster wegen der Mosaizierung im Inneren erst im späten 19. Jahrhundert geschlossen wurden und darauf der Putz der Außenseite zurückzuführen ist, ist zur Zeit nicht zu entscheiden.

Die Zusammengehörigkeit der Ostteile wird auch dadurch unterstrichen, daß nur hier ein, wenn auch bescheidenes, Sockelprofil um Apsis, Chortürme und Nebenapsiden herumgeführt ist. Es endet jeweils an den östlichen Kanten der Querarme und liegt sehr tief, zumal das Gelände vor der Ostapsis in Art eines Dammes aufgeschüttet ist. Weder die Stirnseiten der Querarme noch die Seitenschiffe besitzen einen profilierten Sockel, wie er in dieser Zeit längst üblich ist, sondern nur einen vorspringenden ungegliederten Streifen aus Basaltlava. Sockel treten erst wieder auf deutlich höherem Niveau bei den Westtürmen auf. Vermutlich verzichtete man

Westbaus zum ältesten Bestand gehören. Aus Kalkstein bestehen offenbar auch die unteren Teile der Pfeiler im Westbau und der östlichen Vierungspfeiler, die heute farblich der Basaltlava angepaßt sind.[54] Der enge bauliche Zusammenhang mit der Krypta, deren Eingang unmittelbar daneben liegt, ebenso deren Westabschluß ist hier mit Händen zu greifen und widerlegt zugleich abermals die Theorie einer vorzeitigen Vollendung der Querarme. Dies war einerseits ohne Vierungsbögen nicht möglich, andererseits bestehen die angeblich später ausgeführten Kryptagewölbe aus demselben Material. Der wohl teilweise etwas retuschierte Farbwechsel in den Bögen der beiden Nebenapsiden wurde ebenfalls durch die Verwendung von Kalkstein hergestellt, was die Zusammengehörigkeit dieses ge-

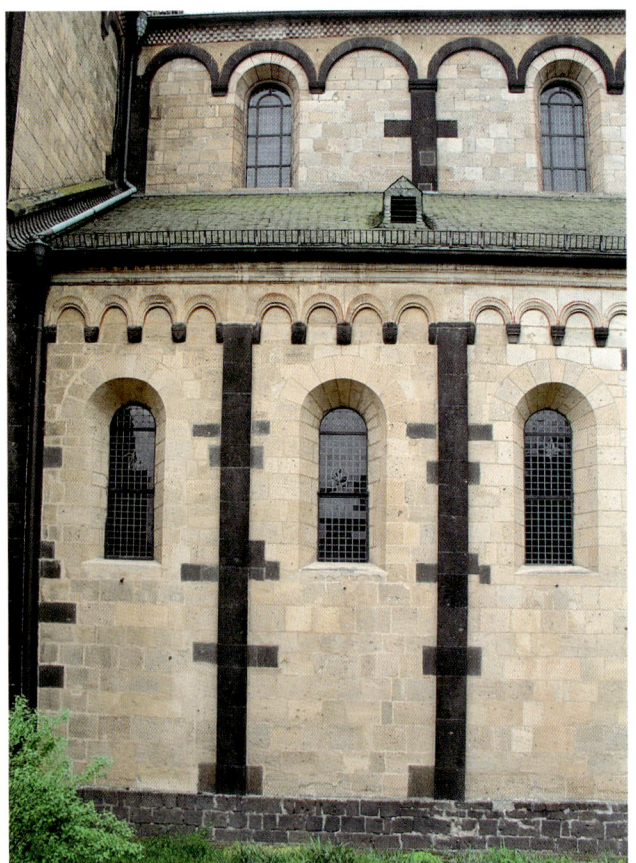

Langhaus des nördlichen Seitenschiffs, Ostjoche

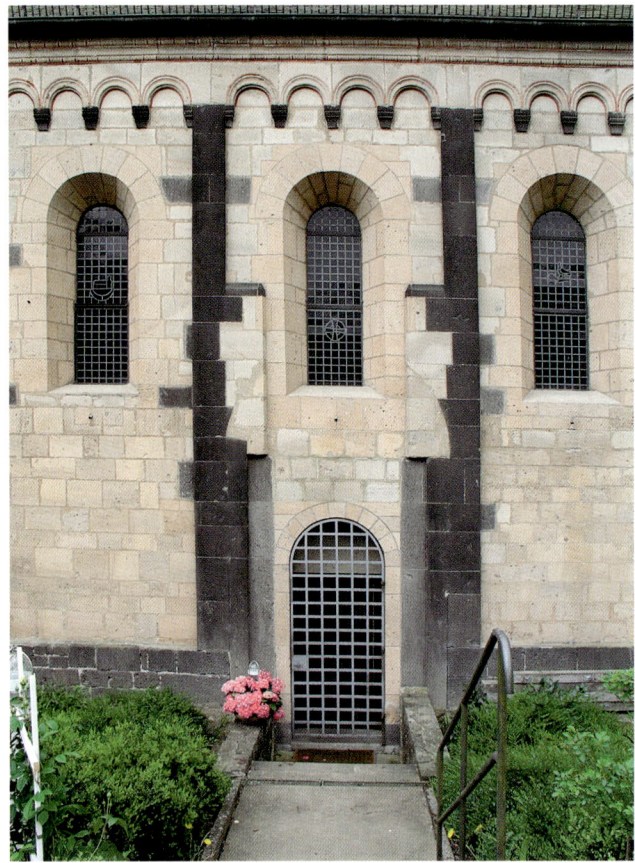

Nördliches Seitenschiff, Westjoch mit teilweise zerstörter Friedhofspforte

im Norden und Süden einerseits wegen des anschließenden Kreuzgangs, andererseits wegen des wohl auf der Nordseite gelegenen Mönchsfriedhofs darauf. Das kleine, leider weitgehend umgestaltete Portal im vorletzten Joch des Nordseitenschiffs deutet auf diese Nutzung des Geländes hin. Die Ostseite wie die Westseite waren offensichtlich als repräsentative Ansichtsseiten gedacht.

Eine weitere vertikale, aber eher schräg verlaufende Naht durchzieht das östliche Joch des Langhauses. Im Äußeren des Nordseitenschiffs unterscheiden sich das Profil des perspektivischen Bogenfrieses und dessen ornamentierten Konsolen in den beiden östlichen Wandfeldern, die zusammen das Ostjoch bilden, von den westlich anschließenden Jochen. Auch hier ist das Material einheitlich ockerfarben, während es sich nach Westen zu mit grauem mischt. Eine vertikale Abschnittsfuge ist

allerdings nicht erkennbar. Diese erscheint jedoch am Obergaden, wo das östliche Gewände des östlichen Fensters und das zugehörige Wandfeld bis zum Querhauswinkel einheitlich kräftig ockerfarben sind, während beim westlichen Gewände wie beim übrigen Obergaden graue Quader zwischen den ockerfarbigen eine Veränderung des Farbklangs bewirken. Diese Mischung bleibt wie beim Seitenschiff bis zum Westende des Langhauses bestehen und belegt, daß es keinesfalls eine eindeutige Ablösung des einen durch das andere Material gibt, wie wir dies beim Nordquerarm und beim Westbau verzeichnen können. Beide Materialien wurden offenbar parallel benutzt, vermutlich weil die Laacher Brüche nicht genug liefern konnten.[55]

Zu diesem Befund paßt eine Materialgrenze in der Sargwand über den Arkaden des östlichen Mittelschiffjochs. Im Anschluß an die Vierungspfeiler

86

und in den Arkadenzwickeln wurde offenbar zunächst Basaltlava verwendet, die heute gelb übertüncht ist. Die Grenze steigt mit einer Treppenfuge von dem Arkadenscheitel bis zum Kämpfer des Vierungspfeilers an. Westlich davon erscheint der übliche Tuff. Innerhalb des Tuffs gibt es aber eine zweite, von der Gewölbevorlage im Westen zur Fenstersohlbank im Osten ansteigende Fuge, die damit der äußeren, im Fenster beobachteten entspricht. Beide Fugen bezeugen, daß innerhalb des Wandfeldes von Osten nach Westen gebaut wurde, jeweils bis zu einer schräg ansteigenden Linie. Die dadurch entstehende Mauer wirkte zugleich als Strebepfeiler für die Übermauerung der Längsbögen der Vierung und vermutlich sogar des Vierungsturmes.[56] Sie ruht auf dem östlichen Arkadenbogen und dem ersten Pfeiler des Mittelschiffs, der damit in seiner endgültigen Form ausgeführt wurde. Genau dazu paßt der entsprechende Abschnitt des Seitenschiffs im Äußeren. Derartige Baufugen, die im übrigen Langhaus fehlen, bestätigen einen Bauablauf, wie er bei den meisten romanischen Großbauten zu verzeichnen ist. Wahrscheinlich wurden also die Ostteile einschließlich des Vierungsturms, der noch ganz aus ockerfarbigem Tuff besteht, aber ohne den oberen Abschluß des Nordquerarms und die oberen Geschosse der Osttürme vor dem Langhaus ausgeführt, wie dies üblich und daher nicht anders zu erwarten ist.

Einen genaueren Ablauf der Arbeiten innerhalb der Ostteile kann man kaum rekonstruieren, obwohl eine Reihe von Planänderungen zu verzeichnen ist. Am deutlichsten zeichnet sich ein solcher im Äußeren der Ostapsis ab. Bei dem ungewöhnlich hohen Sockelgeschoß, dessen Höhe nichts mit einer inneren Gliederung zu tun hat, bezeugen die einfachen Lisenen, daß hier eine schlichte Vertikalgliederung wie bei der Westapsis vorgesehen war und an den Seitenwänden des Altarhauses auch ausgeführt wurde. Diese Horizontalgrenze ist die markanteste am ganzen Bau, hat aber nichts mit einer Bauunterbrechung zu tun, weil sonst über lange Zeit der Kirchenraum unbenutzbar gewesen wäre.

Im Inneren befindet sich die Grenze genau auf halber Höhe der Blendarkatur des Sockelgeschosses, die ihrerseits wegen ihrer Bauzier zum oberen, jüngeren Teil des Apsisäußeren gehört, so daß sich hier die vermeintlichen Bauabschnitte innen wie außen überlappen.

Die jüngeren Teile der Apsis lassen sich stilkritisch wie historisch gut datieren und mit der bezeugten Weihe 1156 in Verbindung bringen. An einem Kämpfer der inneren Blendgliederung befindet sich jene berühmte Stifterinschrift für Gräfin Hedwig aus dem Geschlecht der Are, das im 12. Jahrhundert die Vogteirechte besaß und ausübte. Das Geschlecht ist durch Quellen und Legenden eng mit der Abtei verbunden, auch wenn diese die Herrschaft im 13. Jahrhundert abzuschütteln versuchte. Hedwig war eine enge Verwandte des bedeutenden Propstes Gerhard des Bonner Münsterstiftes, unter dem die berühmte Apsis – die älteste dieses Typs am Niederrhein – und der neue Kreuzgang entstanden. Die dortige Weihe ist für 1153 überliefert. Die Datierung wird durch dendrochronologische Daten von einem Ringanker der Apsis unterstützt. 1166 erfolgte die Erhebung der Gebeine der Märtyrer durch den Kölner Erzbischof. Schon 1151 wurde die Doppelkapelle von Schwarzrheindorf geweiht, die ihrerseits eng mit der Bonner Apsis verwandt ist. Gerhard von Are war zugleich Probst in Maastricht (1154–1160) und ließ dort eine Apsis gleichen Typs errichten, während diejenige von St. Kastor in Koblenz etwas abweicht und wohl vor 1158 ausgeführt wurde.[57] Dieses dichte Netz formverwandter und relativ sicher datierter Bauten umgibt die jüngeren Teile der Laacher Apsis, die damit wohl unmittelbar vor der Weihe 1156 entstanden sein müssen. Außer der architektonischen Gliederung bestätigt dies die Bauzier der Kapitelle. Dieses Datum ist der einzig sichere Anker in der frühen Baugeschichte der Abteikirche. Da man sicher nicht 50 Jahre mit der Errichtung einer Apsis gewartet hat, kann es sich nur um den Umbau der ersten Apsis handeln, deren formale Gestaltung wohl nicht mehr den Ansprü-

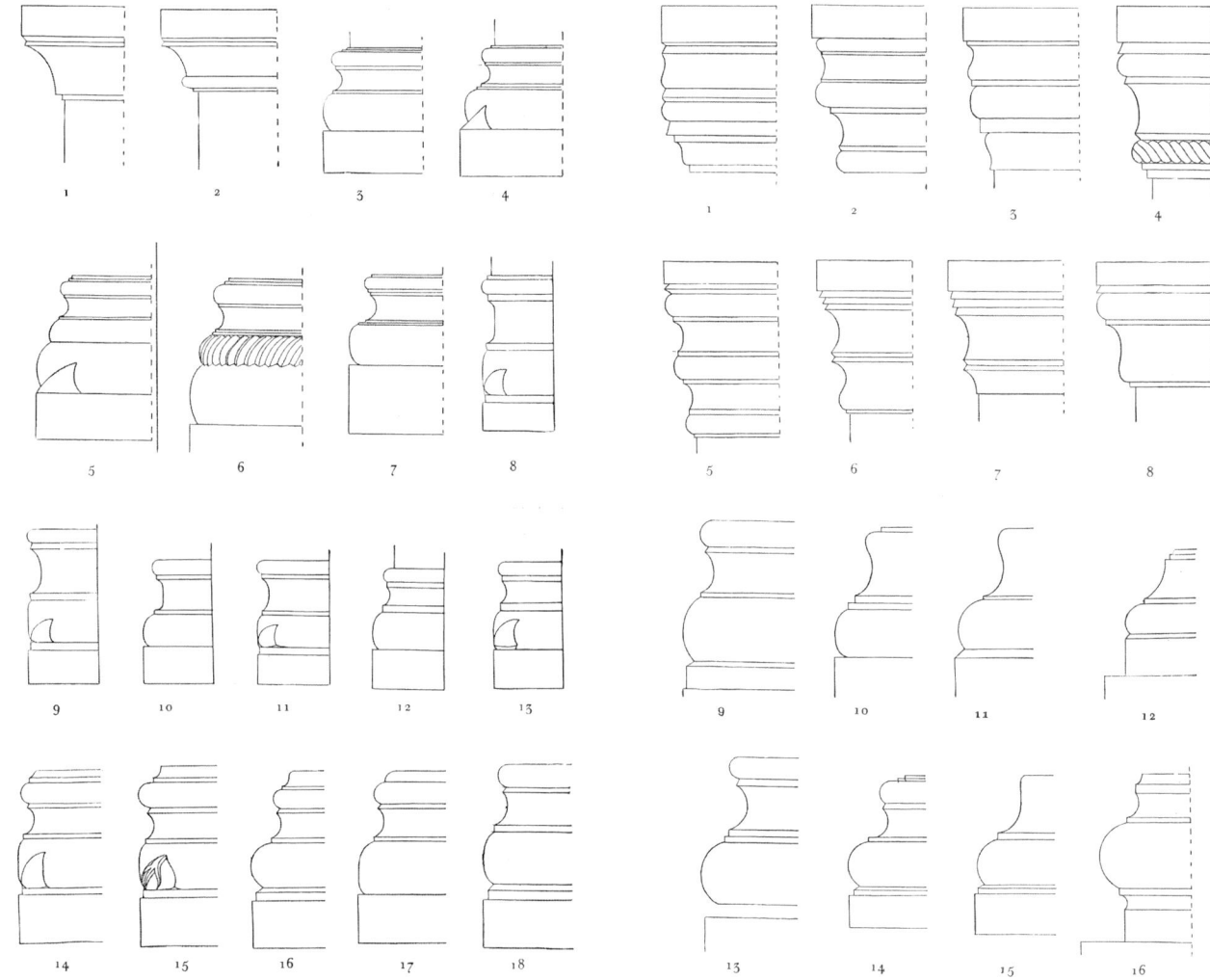

1–6 Krypta, 7 Ostapsis, 8–13 Fenster des Querhauses, 14–15 Halbsäulen des Mittelschiffs, 16–18 Pfeiler des Mittelschiffs

1–4 untere Kämpfer im ersten Joch vor der Vierung, 5–8 untere Kämpfer am Westchor, 9 Vierung, 10–11 Abseiten vor der Vierung, 12 äußeres Profil der südlichen Nebenapsis, 13–15 Westchor, 16 Sockel des nördlichen Rundturms

chen einer Schauseite zum Laacher See hin genügte. Ob man dabei die Apsis vollständig abbrach und über dem Sockel neu errichtete oder nur die äußere Schale auswechselte, ist nicht mehr zu entscheiden. Daß man den hohen Sockel stehen ließ, deutet darauf hin, daß man von vornherein auf eine Zwerggalerie verzichtete. Für sie war die Mauerstärke zu gering, und außerdem fehlten die Zugänge. Die Traufhöhe der Apsis wurde nicht verändert, so daß in der Höhe kein Platz für eine Galerie blieb.

Die spornförmigen Strebepfeiler an den Kanten

des bereits vollendeten Altarhauses blieben bei dem Umbau der Apsis unberührt. Lediglich bei deren Obergeschoß ist hinter den freistehenden Säulchen am Anschluß an die Strebepfeiler die Spur grob abgearbeiteter Quader zu erkennen, leider teilweise verdeckt durch ein Regenfallrohr. Bei gleichzeitiger Ausführung hätte man die Oberfläche ebenso sauber bearbeitet wie bei den übrigen Teilen. Hier hat sich also auf einem kurzen Stück der Anschluß des oberen Teils der alten Apsis erhalten, was noch einmal auf den nachträglichen Umbau

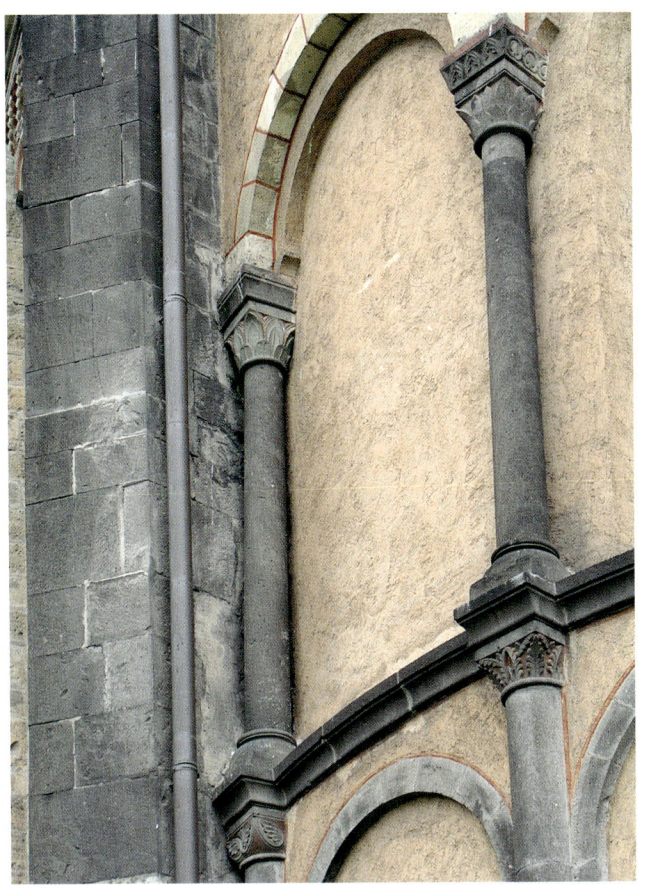

blieb. Am Apsisansatz wurde vermutlich der hier zur Aufnahme eines Apsisbogens angeordnete Pfeiler in die Blendarkatur einbezogen. Seine hohe Basis hat die gleiche Form wie die der Vierungspfeiler und entspricht damit weder den Lisenen des Altarhauses noch den Basen der Blendarkatur. Die Lisenen für die großen Bogenblenden des Altarhauses sind möglicherweise auch nicht von Anfang an konzipiert gewesen, denn ihre kleinen Basisprofile verschneiden sich unharmonisch mit den Basen der Vierungspfeiler bzw. des Apsisbogens.

Der Ostgiebel des Altarhauses ist vollständig ungegliedert. Es spricht nichts dafür, daß dies ursprünglich anders war, weil die Giebelschräge ziemlich dicht über dem Kegel des Apsisdaches verläuft und wenig Raum für eine Gliederung läßt. Auch in diesem Punkt ist auf die Vergleichsbauten zu verweisen. In Bonn verlief die Schräge des alten Chorgiebels, der auf der Rückseite im Dachstuhl noch erhalten ist, relativ dicht über dem Apsisdach, das in St. Kastor den Giebel bis auf dessen Schrägen-

Ostapsis, obere Blenden mit Anschluß an den südlichen Strebepfeiler, abgearbeitete Quader neben der Säule

verweist. Die Form der Strebepfeiler wird zu Recht mit oberitalienischen Einflüssen in Verbindung gebracht (Verona, Parma, Mailand, Cremona usw.).[58]

Im Inneren stattete man nur die untere Zone mit einer Blendarkatur aus, während das Fenstergeschoß glatt und schmucklos blieb, im Gegensatz zu St. Gereon in Köln. Die Blendarkatur legte man vor die glatte Wand der alten Apsis, soweit diese erhalten

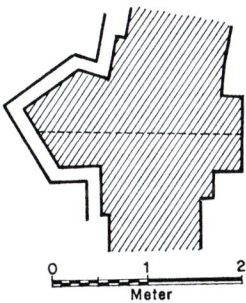

Strebepfeiler vom Ostchor (nach Schippers)

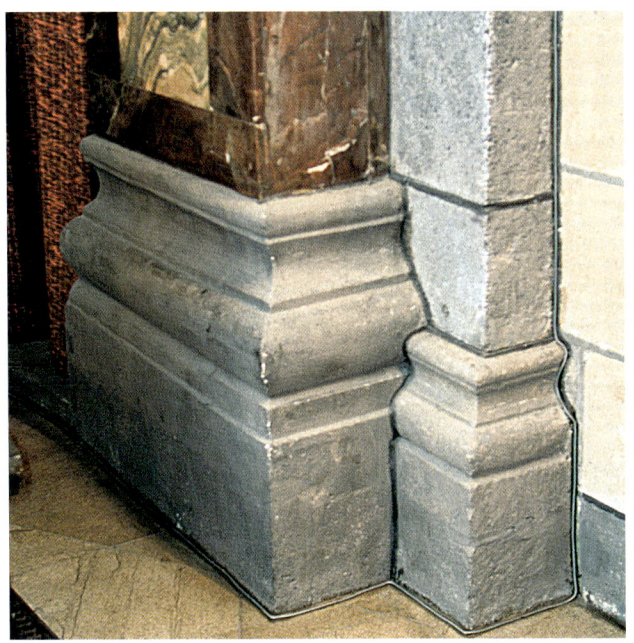

Altarhaus, Südseite, Basen des Apsisbogens und der Blendarkade des Altarhauses

gesims vollständig verdeckt. Da es sich bei allen Vergleichsbauten um Flankentürme unmittelbar neben der Apsis handelt, wurden diese in Bonn, St. Gereon in Köln, Maastricht und St. Kastor in Koblenz in die Gliederung mit einbezogen, so daß die Blendarkaden der Apsis sich auf den Schäften der Türme fortsetzten. Da die Laacher Türme bereits ausgeführt waren und im Winkel zum Querhaus stehen, gab es zu einer nachträglichen Einbeziehung keine Möglichkeiten.

Auch vor dem Umbau der Apsis, die ursprünglich der Westapsis ähnlich gewesen sein dürfte, gab es bei der Ausführung der Ostteile vermutlich Änderungen der Konzeption. Es fällt auf, daß die gewinkelten Zugänge zur Krypta im Untergeschoß der Türme genauso angeordnet sind wie bei der mindestens 70, vermutlich sogar 80 bis 90 Jahre älteren Klosterkirche Limburg an der Haardt. Dort befinden sich über den Zugängen gewölbte Räume, die vom Altarhaus her zugänglich sind und offenbar als Schatzkammer und Sakristei dienten, jedoch keine Türme trugen. Wie auf der Limburg besaß der nördliche der beiden Räume in Maria Laach dicht neben dem Vierungspfeiler eine Öffnung in das Querhaus. Wie die Grundrisse lehren, greifen in Maria Laach die kleinen Räume, die mit Altären ausgestattet sind, ganz erheblich in das sehr viel stärkere Mauerwerk der Nebenapsiden ein.[59] Am Ansatz der Nebenapsiden entsteht so eine bemerkenswerte Schwächung der Mauer, so daß die Türme zum Teil auf den Bögen und Wölbungen der Nebenapsiden stehen. Auch nach Osten sind die Mauern dieser Kammern spürbar schwächer als die der Nebenapsiden bzw. des Altarhauses. Sie greifen sogar in die Mauerstärke des Altarhauses ein, die hier erheblich geringer ist als bei den anschließenden Längswänden nach Osten. Das heißt, die Laacher Winkeltürme besitzen zumindest im unteren Teil erheblich geringere Mauerstärken als die umgebenden Baukörper. Das widerspricht der Logik der gesamten mittelalterlichen Architektur, wo Türme wegen der größeren Höhe stets größere Mauerstärken aufweisen. Wo Türme nicht erhalten sind, gel-

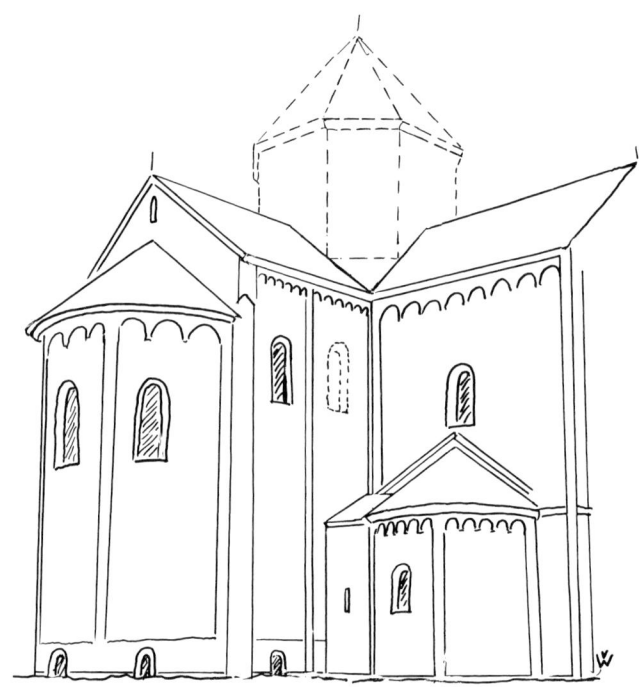

Rekonstruktion der ersten Planung für die Ostanlage

ten größere Mauerstärken häufig als Indiz dafür, diese zu rekonstruieren. Ein Vergleich mit der etwas jüngeren Ostanlage von Knechtsteden offenbart den Unterschied, der als Korrektur an dem Laacher Vorbild zu verstehen ist. Dort sind die Nebenapsiden kleiner und die Mauerstärken der Türme größer.

Daraus darf man mit großer Sicherheit schließen, daß in Maria Laach zunächst keine Chorwinkeltürme, sondern wie auf der Limburg nur Winkelräume mit den Kryptazugängen darunter geplant waren. Diese wurde als Hauskloster der Salier 1025 gegründet. Etwas Ähnliches war zunächst sogar bei Bau I in Speyer geplant. Nach dem Vorbild der Limburg finden wir diese Kryptazugänge auch auf dem Heiligenberg bei Heidelberg, aber auch in St. Aposteln in Köln u.a. Daß das Hauskloster der Salier nach einem dreiviertel Jahrhundert für einen Parteigänger Kaiser Heinrichs IV. noch immer Vorbild sein konnte, liegt auf der Hand. Die beiden zunächst niedrig geplanten Baukörper im Zwischenraum zwischen Chor und Nebenapsiden sollten außen nicht weiter gegliedert werden. Dies änderte sich

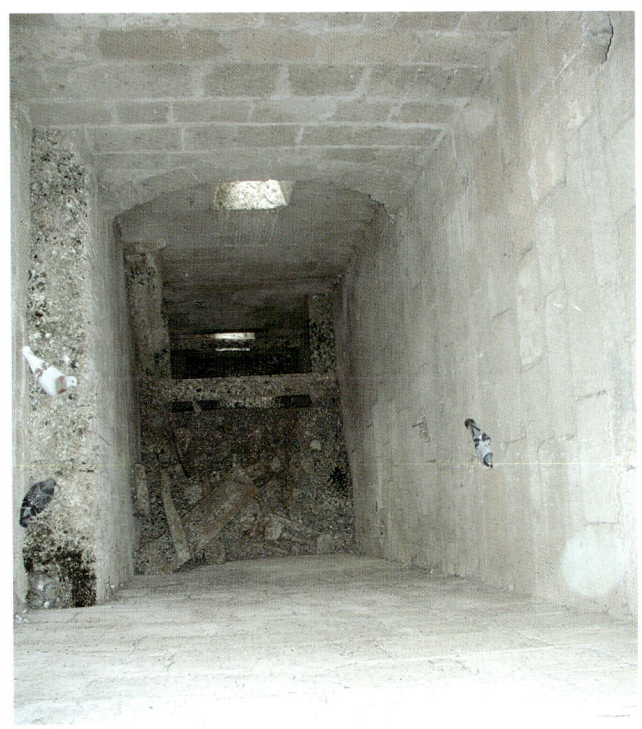

Nordostturm, leerer Turmschaft von oben

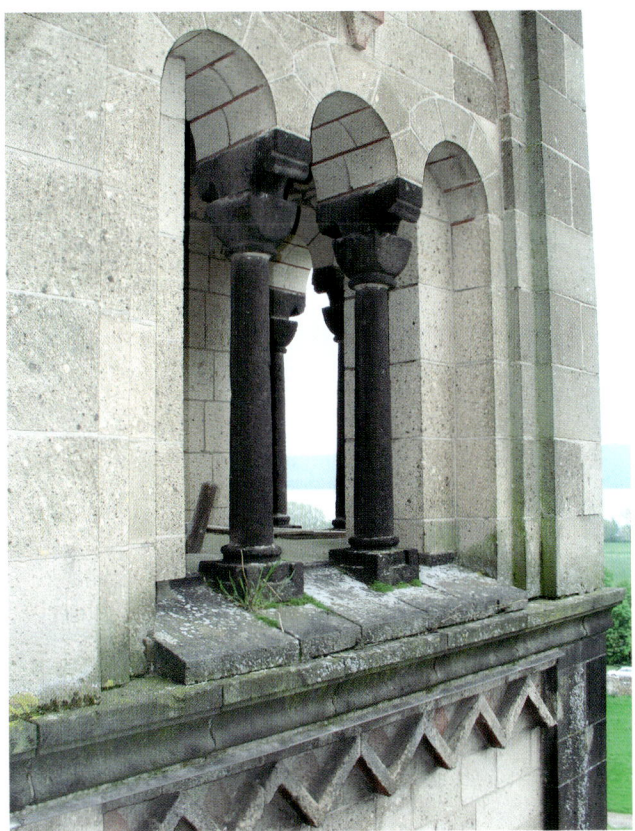

Nordostturm, zweites Freigeschoß mit Drillingsarkaden von Südwesten

während der Ausführung, bei der man die Eckbauten nahtlos nach oben in den Turmschäften weiterführte. Wo diese außen frei sichtbar sind, zeigen sie die gleichen Schichthöhen wie beim angrenzenden Altarhaus und den Querarmen. Allerdings stehen die Turmmauern auf der Nord- und der Südseite mit einem bedeutenden Teil ihrer Mauerstärke auf den Kalotten und Bögen der Nebenapsiden. Bei den Mauern des Altarhauses schlug relativ weit oben doch das schlechte statische Gewissen durch, insbesondere als man an die Freigeschosse der Türme dachte. Es wurden nämlich wegen der schwächeren Wände der Kammer unten zwei halbe Entlastungsbögen eingezogen, die die Last an die stärkeren Außenmauern des Altarhauses weiterleiten sollten. Dies ist ihre Funktion, nicht die Absicherung des vermeintlich zuvor errichteten Vierungsturmes.

Auch außen hat der Planwechsel zu den Türmen seine Spuren hinterlassen. Die Lisenen des Altarhauses verlaufen nicht, wie man es erwarten sollte, im Winkel anschließend an die Türme, sondern in einem gewissen Abstand davor. Auf der Nordseite paßt dieser Abstand so wenig zum Achsmaß des Bogenfrieses, daß außer einem einzelnen Bogen auch noch ein grader Quader eingeschoben werden mußte. Lisenen so dicht vor einem Turmschaft sind zwar in der Frühromanik, nicht aber in der reifen Hochromanik denkbar. Wenn man an die perfekte

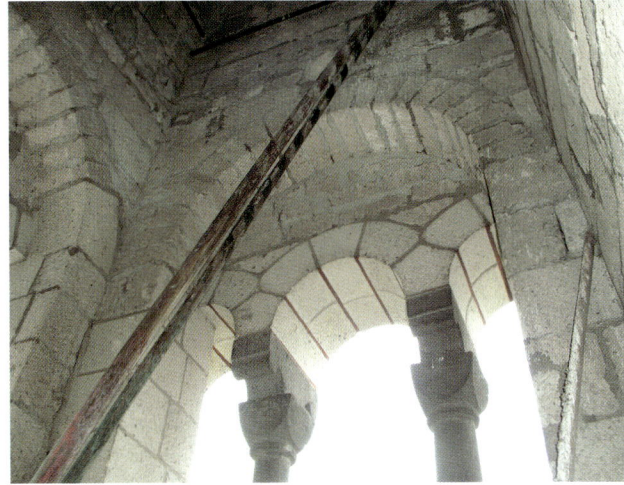

Nordostturm, erstes Freigeschoß mit verstärkenden Blendnischen vor den Drillingsarkaden

Anordnung von Lisenen und Bogenfriesen bei den Winkeltürmen des Westwerks von St. Pantaleon in Köln (~ 1000) denkt, wird diese Unstimmigkeit ebenso wie die ungegliederten Turmschäfte besonders spürbar. Außer dem Zitat der glatten Speyerer Turmschäfte bilden die Winkelräume, denen in der Gliederung keinerlei Aufmerksamkeit geschenkt werden sollte, eine zweite Erklärung für die ungewöhnliche Situation. Ergänzt man den Bogenfries ohne die Türme bis zum Querhauswinkel, so befinden sich die Lisenen genau in der Mitte der Chorwände. Die Turmschäfte wurden denn auch als leere Baukörper ohne Treppenzugänge und Geschoßteilung hochgeführt, ausschließlich wegen der äußeren Wirkung. Um die Freigeschosse besteigen zu können, gibt es Zugänge in Höhe der Traufe oberhalb der Gewölbe. Die geringere Höhe der beiden Querarme im Inneren war offenbar von Anfang an so vorgesehen. Es gibt keinerlei Hinweis für einen Planwechsel, ebensowenig wie für die eigentlich zu erwartende geringere Höhe der Querarme im Äußeren. Offenbar wollte man mit dieser Disposition verdeutlichen, daß die Vierung und das Joch davor den eigentlichen Mönchschor bilden, dessen Raumhöhe dominant gegenüber den beiden Querarmen erscheinen sollte. Diese bildeten somit kapellenartige, isolierte Räume. Zugleich handelt es sich um eine Umwertung der klassischen ausgeschiedenen Vierung, die bei vielen Domen und Klosterkirchen in gleicher Weise den liturgischen Chor bildet. Dies wollte man in Laach durch die Herabstufung der Querarme offenbar deutlich zum Ausdruck bringen, ähnlich wie dies später bei den Zisterziensern ebenfalls durch niedrigere Querarme geschah. Zugleich wird darin auch eine Erinnerung an eine im 11. Jahrhundert durchaus noch lebendige rheinisch-maasländische Tradition niedriger Querarme verdeutlicht.[60] Bedeutsam ist dies, weil man diese Höhendifferenz im Äußeren nicht zeigen wollte und die Gesamtanlage einschließlich Vierungsturm vom Konzept der ausgeschiedenen Vierung ausgeht.

Die Vierungsbögen sind erheblich stärker als die Gurte des Mittelschiffs und wegen der nur wenig

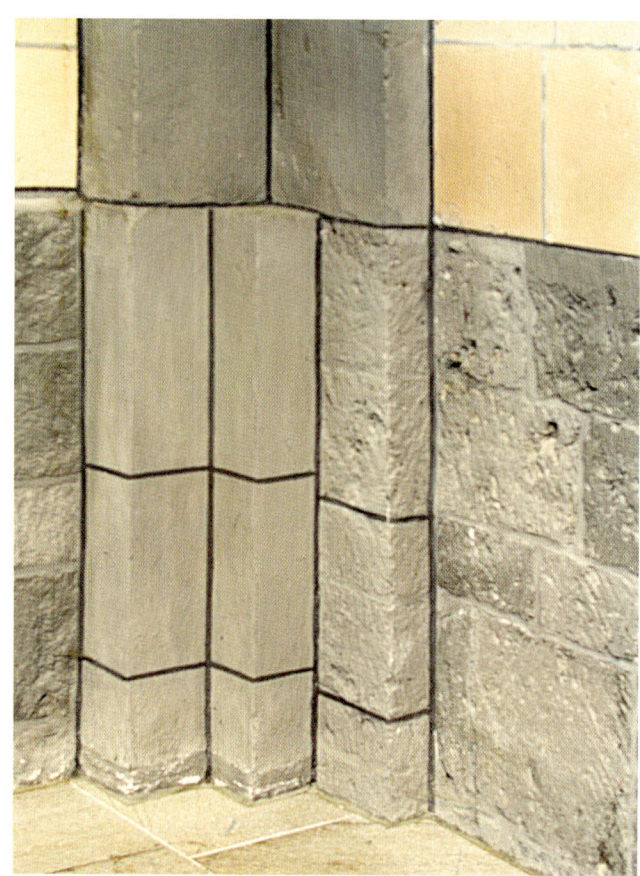

Nördliches Querhaus, Nordostwinkel mit gestuften Eckvorlagen

vorspringenden Vierungspfeiler stark sichelförmig. Zudem weist der östliche nach Westen zu eine Stufe auf, die ihn verstärkt. Dies ist wegen des flacheren, höher ansetzenden Gewölbes der Vierung möglich. Eine deutliche Spur am Bogen zeigt an, daß hier zunächst ein tieferer Anschluß der Kappe wie auf der Chorseite vorgesehen war. In den Querarmen gibt es keine Hinweise für eine ehemals geplante Flachdecke, das Gegenteil ist der Fall. Im nordöstlichen Winkel des Nordquerarms ist der Sockel mit drei Rücksprüngen ausgebildet, als verkleinerte Form der entsprechenden Gliederung in Speyer und ganz zweifellos auf zwei Schildbögen und einen diagonalen Gewölbegrat bezogen. In den übrigen Winkeln und oberhalb des Sockels verzichtete man darauf, weil die flachen Schildbogenvorlagen in den Winkeln für den vollständig auslaufenden Gewölbegrat optisch als ausreichend erschienen.

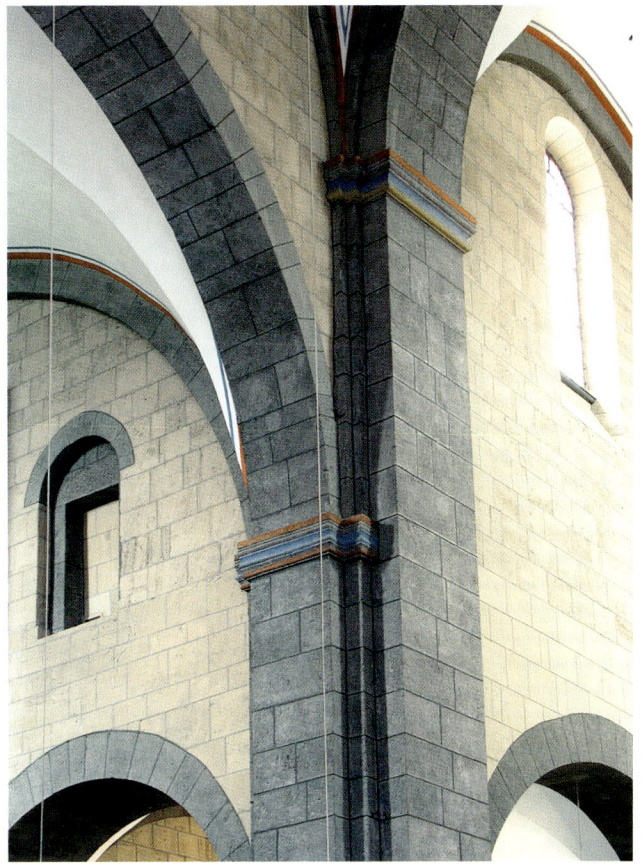

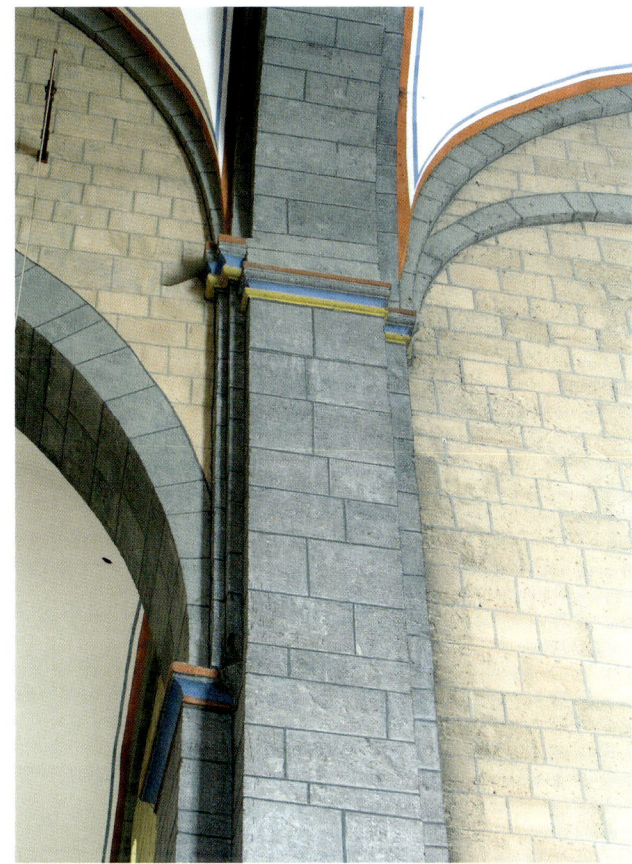

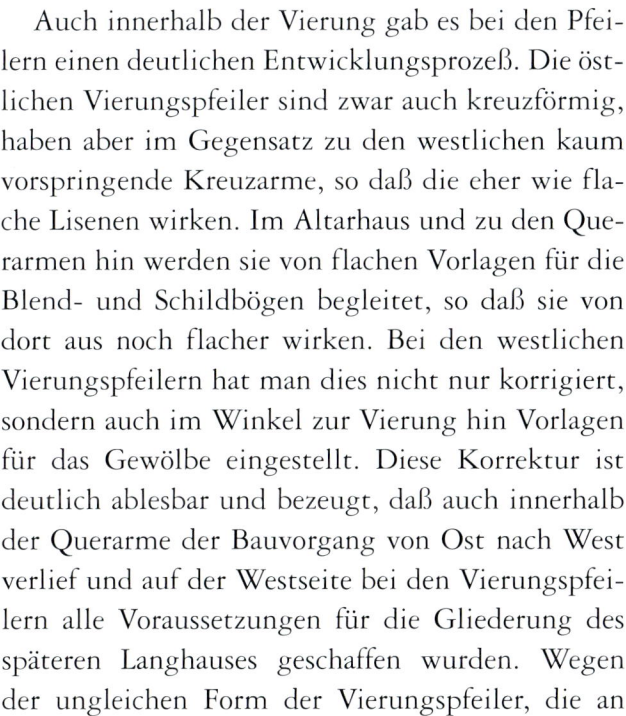

Südwestlicher Vierungspfeiler mit „Orgelöffnung" zum Dachstuhl des südlichen Seitenschiffs

Nordöstlicher Vierungspfeiler mit verspringendem Kämpfer

Auch innerhalb der Vierung gab es bei den Pfeilern einen deutlichen Entwicklungsprozeß. Die östlichen Vierungspfeiler sind zwar auch kreuzförmig,
haben aber im Gegensatz zu den westlichen kaum
vorspringende Kreuzarme, so daß die eher wie flache Lisenen wirken. Im Altarhaus und zu den Querarmen hin werden sie von flachen Vorlagen für die
Blend- und Schildbögen begleitet, so daß sie von
dort aus noch flacher wirken. Bei den westlichen
Vierungspfeilern hat man dies nicht nur korrigiert,
sondern auch im Winkel zur Vierung hin Vorlagen
für das Gewölbe eingestellt. Diese Korrektur ist
deutlich ablesbar und bezeugt, daß auch innerhalb
der Querarme der Bauvorgang von Ost nach West
verlief und auf der Westseite bei den Vierungspfeilern alle Voraussetzungen für die Gliederung des
späteren Langhauses geschaffen wurden. Wegen
der ungleichen Form der Vierungspfeiler, die an

Speyer erinnert, mußten die Längsbögen der Vierung auf einer Seite stark sichelförmig ausgeführt
werden, was bei dem Bau sonst nicht üblich ist,
wenn man einmal von der Krypta absieht.

Wegen der östlichen Vierungspfeiler ist vermutet worden, daß die Vierung ursprünglich nicht
gewölbt werden sollte, was angesichts der Gewölbe
in den Querarmen eher unwahrscheinlich ist. Denkbar ist jedoch, daß man zunächst wie in Speyer an
einen offenen, belichteten Vierungsturm mit hoch-
liegendem Klostergewölbe dachte. Die östlichen
Vierungspfeiler besitzen nämlich zur Vierung hin
keine Vorlage zur Aufnahme der Schildbögen bzw.
des Gewölbegrates. Diese wurden erst von der
Kämpferhöhe der niedrigeren Längsbögen ab eingeführt und mit dem Pfeiler zugleich hochgezogen.
Ihr Querschnitt ist minimal und trotzdem wirken
sie wie in die Ecke gequetscht. Man sieht deutlich,

daß dies als Problem erkannt und bei den westlichen Pfeilern sofort korrigiert wurde. Besonders auffällig ist die Lösung des Kämpfers unter dem östlichen Bogen. Dieser verkröpft sich nämlich nicht, sondern ist für die kleine Winkelvorlage um eine Schicht höher versetzt. Das wirkt ungelenk und verfolgt sicher keine ästhetische Absicht. Vermutlich war das Werkstück des Hauptkämpfers bereits vollendet, und man wollte den Winkel nicht einfach anstücken, sondern hat dafür separat einen Kämpfer gearbeitet und oberhalb versetzt, zumal die Schildbögen höher ansetzen. Außerdem muß man daran erinnern, daß dies der Anfang des Gewölbebaus ist und man noch keinesfalls mit einer Logik von Systemen rechnen kann, wie wir sie später gewöhnt sind. In diesem Bereich wird jedoch die Problematik der schwachen östlichen Vierungspfeiler insgesamt besonders deutlich, ebenso wie die Versuche, dies zu korrigieren.

Fassen wir die Überlegungen zur Baugeschichte der Ostteile zusammen: Vermutlich legte man tatsächlich die Fundamente der ganzen Kirche bereits nach der Gründung 1093. Ob dies in den zwei Jahren bis zum Tod des Stifters 1095 zu erreichen war, ist ungewiß. Möglicherweise bedeutete der Tod seiner Gemahlin im Jahr 1100 einen gewissen Einschnitt, der aber am Bau nicht oder bestenfalls am Westbau abzulesen ist. Ab 1112 flossen die Mittel durch den Stiefsohn wieder reichlich. Damit könnte man vielleicht den Planwechsel zu den östlichen Chorwinkeltürmen in Verbindung bringen. Die Ausführung begann zweifellos mit Chor, Krypta und den Ostmauern der Querarme bis um deren östliche Kanten herum. Die Nebenapsiden und die Kalksteingrenze in den östlichen Vierungspfeilern sowie der Planwechsel bei den Türmen deuten einen ersten Bauabschnitt an. Im Anschluß wurde das Programm um die Türme, aber auch um die großen Blenden im Inneren des Altarhauses und die Speyerzitate in den Querarmen bereichert. Daß der Chor, der außen noch keine speyerischen Formen aufweist, was man auf seiner Südseite trotz der gotischen Fenstereinbrüche noch nachvollzie-

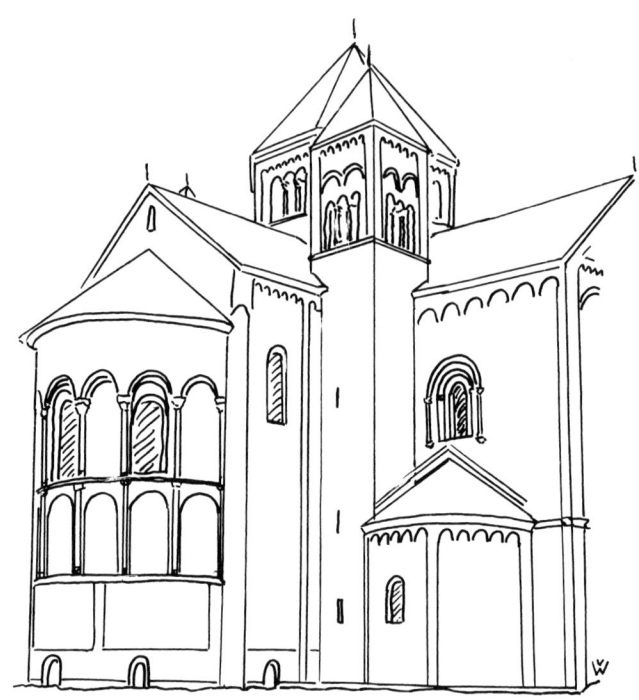

Rekonstruktion des Zustands bei der Weihe 1156 vor Aufstockung der Osttürme

hen kann, zusammen mit der Apsis den Querarmen vorauseilte, kann nur vermutet werden. Jedenfalls wurden nun die Stirnseiten und die Westseiten der Querarme und die westlichen Vierungspfeiler zusammen mit den oberen Ostteilen ausgeführt, weil man sonst die Vierungsbögen – sowohl die unteren Längs-, wie die oberen Querbögen – nicht einziehen konnte. Mit ihrer ersten Ostapsis und möglicherweise dem Vierungsturm, aber ohne die Freigeschosse der Osttürme und wohl noch ohne den obersten Teil des Nordquerarms müssen die Ostteile in den späten dreißiger Jahren des 12. Jahrhunderts vollendet gewesen sein. Dazu gehörte auch die Sockelzone des Westbaus. Nach dem Langhaus dürfte um 1150 mit dem Umbau der Ostapsis und den Freigeschossen der Osttürme sowie den obersten Schichten des Nordquerarms begonnen worden sein. Zur Weihe 1156 waren diese Teile fertig. Nachdem das endgültige Konzept für den Abschluß des Westbaus feststand, wurden die beiden Osttürme noch einmal um je zwei Geschosse aufgestockt. Die ausschließliche Verwendung von Tuff deutet dabei auf ein relativ spätes Entstehungsdatum hin.

Das erste Joch des Langhauses wurde bis zu der außen wie innen sichtbaren, schräg nach Osten ansteigenden Baunaht im Zusammenhang mit der Vierung errichtet – das heißt, die beiden Seitenschiffjoche wohl vollständig, das erste Pfeilerpaar bis zu dreiviertel der Höhe, die erste Arkade und das erste Fenster zur Hälfte. Dies war zur Absicherung des Vierungsturmes notwendig. Von diesem Augenblick an war der Ostbau für die Mönche zu benutzen, sofern man eine provisorische, möglicherweise sogar hölzerne Abschlußwand errichtete. Ein genaues Datum kennen wir nicht. Ob die Erhebung vom Priorat zur selbständigen Abtei damit in Verbindung zu bringen ist, wissen wir nicht.

Angesichts der durch Holzproben gesicherten Vollendung des Westbaus 1167/69 muß man davon ausgehen, daß das Langhaus vor der Weihe von 1156 – wenn auch ohne Wölbung – vollendet war. Die späten Daten für die erhaltenen Dachbalken bis 1185 sind darauf zurückzuführen, daß es bereits einen zweiten Dachstuhl erhielt, und zwar im Zusammenhang mit der späten Einwölbung. In Verbindung mit dem niedrigeren Dachanschlag des ersten Daches am östlichen Vierungsturm kann man ausschließen, daß das Langhaus als Ganzes erst spät zwischen dem fertigen Westbau und die Ostgruppe gesetzt wurde. In die Überlegungen zur Datierung des Langhauses ist ferner mit einzubeziehen, daß die Ostapsis noch vor der Weihe 1156 umgebaut oder sogar neu errichtet wurde. Da dies kaum gleichzeitig mit den Bauarbeiten am Langhaus geschehen konnte, muß dies deutlich vorher – spätestens um 1150 – sein Dach und die flache Decke erhalten haben.

Baunähte oder gravierende Formwechsel innerhalb der vier Joche des Langhauses sind nicht auszumachen. Lediglich an dem Basaltsockel des nördlichen Seitenschiffs ist zu erkennen, daß der westliche Abschnitt aus größeren Werkstücken besteht. Dieser Wechsel kann aber bereits in die früheste Phase der Fundamentierung zurückreichen.

Der Bogenfries mit seinen Konsolen ist auf ganzer Länge einheitlich, dies gilt auch für den Obergaden, in dem der ockerfarbige Tuff fast in ganzer Länge vermischt mit dem grauen auszumachen ist. Die Fenster der Seitenschiffe, die vermutlich im 17. Jahrhundert vergrößert worden waren, erhielten im Laufe der Restaurierungen des 19. und 20. Jahrhunderts ihre ursprüngliche Größe zurück, wobei nicht ganz sicher ist, ob sie nicht ursprünglich etwas kleiner waren. Daher ist in der Umgebung der Fenster die Bausubstanz vollständig erneuert, so daß sich über die Farbe des ursprünglichen Baumaterials keine Aussagen mehr treffen lassen.

Um das Langhaus im Westen abschließen zu können, mußte auch das Innere des Westbaus in Angriff genommen werden. Spätestens zu diesem Zeitpunkt fiel die Entscheidung der zweigeschossigen Unterteilung, auf die dann auch die Anordnung der Fenster im Außenbau reagierte. Im baulichen Zusammenhang mit den westlichen Seitenschiffjochen mußte die Verbindung zu den bereits angelegten Portalen hergestellt werden, und davon ist wiederum die Einfügung der Empore im Mittelschiff nicht zu trennen. Die außen sichtbare horizontale Fuge im Westbau kam dadurch zustande, daß man den unteren Teil wohl zugleich mit dem Beginn der Ostteile errichtete, dann aber diesen Baukörper zurückstellte und erst nach 1130 die Arbeiten fortsetzte. Nur derartige längere Unterbrechungen machen eine Baunaht sichtbar, es sei denn, es treten Unregelmäßigkeiten im Steinschnitt auf. Man darf jedenfalls davon ausgehen, daß um 1150 das Langhaus und der untere Teil des Westbaus vollendet waren. Es folgte dann zunächst der Umbau der Ostapsis. Deren Kapitelle sind stilistisch nicht weit von denen des Langhauses entfernt. Der gestufte Kämpfer über der letzten südlichen Halbsäulenvorlage des Langhauses und der gestufte Kämpfer über dem Blendarkadenkapitell am nördlichen Ansatz der Ostapsis belegen dies eindeutig. Bei der Weihe 1156 fehlten der Kirche die Gewölbe des Mittelschiffs, die Freigeschosse der westlichen Türme und wohl auch noch die oberen

Teile des Westbaus insgesamt. Mit nur geringen provisorischen Abdichtungen konnte das Kircheninnere für den Gottesdienst genutzt werden.

Über die Vollendung des Westbaus und seiner Türme läßt sich nur stilistisch, aber kaum hinsichtlich des Bauprozesses etwas sagen. Daß der ganze Baukörper aus dem grauen Tuff besteht, kennzeichnet ihn als jüngsten Teil. Der teilweise erhaltene Dachstuhl über dem Querbau und einzelne Balken oben im Nordwestturm und im Mittelturm ergeben die Ausführung sämtlicher Dachstühle zwischen 1167 und 1169. Damit war die Kirche benutzbar. Erst 1185 wurde das Dach abgebrochen und die Balken mit der flachen Notdecke herausgesägt. Die neuen Dachbalken wurden 58 cm höher verlegt mit entsprechend höherem First. Unter dem Dach wurden die Mittelschiffgewölbe, die im Gegensatz zu Chor und Querarmen nicht gebust sind und fast horizontale Scheitel in der Längsrichtung besitzen, als letzte Baumaßnahme der Kirche ausgeführt, die damit vollendet war. Ob damals auch der Vierungsturm seine Aufhöhung mit vierpaßförmigen Öffnungen erhielt oder zusammen mit seinem Helm 1355, ist unbekannt.

Mit dem prachtvollen Paradies rechnete man damals noch nicht, es läßt sich nur ebenso wie der Baldachin stilistisch in die Zeit zwischen 1210 und 1220 datieren. Offenbar gab es ein knappes halbes Jahrhundert nach der Vollendung noch einmal reichlicher fließende Zuwendungen, die diesem einzigartigen Bauteil und der Ausstattung zugute kamen. Wie uns der nur bruchstückhaft erhaltene Samson lehrt, waren darunter auch Skulpturen, die man am ehesten am Lettner vermuten darf. Sie bedeuteten eine gewisse Abkehr von der im Detail sehr strengen Architektur der gesamten Kirche.

In die mittleren fünf Felder der unteren Blendarkatur der Ostapsis wurden vermutlich damals große Fächerfenster eingebrochen, die auf älteren Ansichten und den Rekonstruktionszeichnungen zum Baldachin von Schippers zu sehen sind und offenbar bei der byzantinisierenden Neugestaltung der Apsis geschlossen wurden. Damit wurde eine wichtige hi-

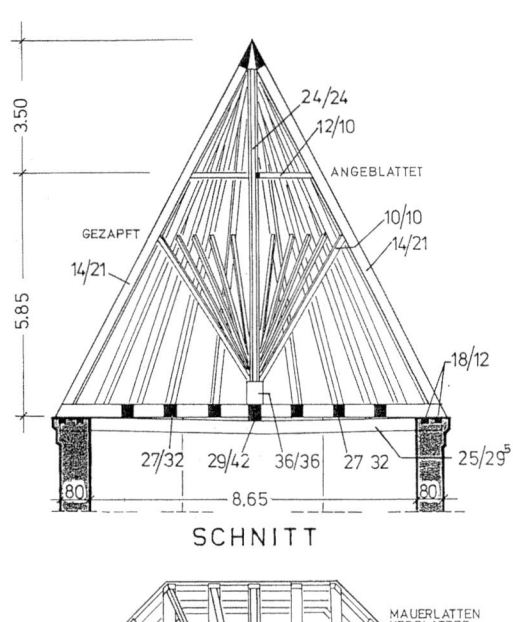

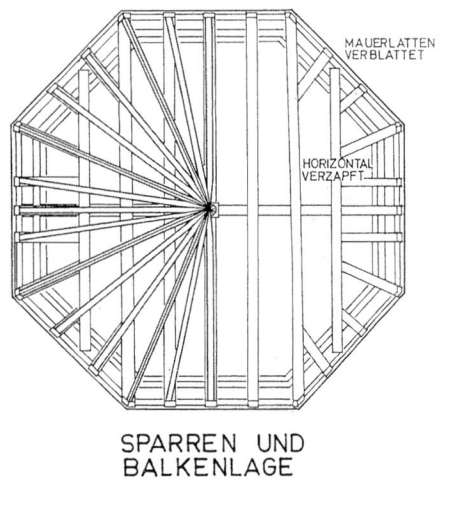

Gotischer Helm des Vierungsturmes, ca. 1355 bis 1936
(nach Backes 1993)

storische Spur verwischt, die vielleicht tatsächlich im Zusammenhang mit der ursprünglichen Verwendung des Baldachins stand. Diese „Modernisierung" leitete einen Prozeß zur stärkeren Belichtung des Chorhauptes ein, der dann mit den beiden riesigen gotischen Fenstereinbrüchen im Altarhaus in der zweiten Hälfte des 13. Jahrhunderts seinen Höhe- und Endpunkt erreichte.

Insgesamt darf es fast als ein Wunder angesehen werden, daß uns der fast 800 Jahre alte Bau beinahe unversehrt überliefert wurde.

96

Ausstattung

Der Baldachin

Der einzigartige sechseckige Baldachin mit seiner offenen Rippenkuppel steht über dem Hochaltar seit 1947. Ob er für diesen Platz geschaffen wurde, ist unbekannt, denn bis zu seiner Versetzung befand er sich unter der Westempore über der Tumba des Stiftergrabes. Eine etwa einen Meter hohe Arkatur auf Säulchen, die sich zwischen seinen Kleeblattbögen und den Giebeln befand, ließ ihn kaum Platz unter dem Emporengewölbe finden. Sie wurde damals fälschlicherweise entfernt, weil man sie für eine spätere Zutat hielt.[61] Es ist denkbar, daß 1695 bei der Versetzung der Stiftertumba in den Westchor dessen Niveau abgesenkt wurde, um genügend Höhe für den Baldachin zu schaffen. Dies erzeugt den Eindruck, Tumba und Baldachin hätten schon zuvor eine Einheit gebildet, jedoch ist in den Quellen davon nichts überliefert. Die Tumba fand zwar knapp Platz unter dem Baldachin, jedoch nur ohne den Altar, mit dem sie von Anfang an bis 1659 verbunden war. Dies bestätigt den stilistischen Befund, der den spätromanischen Baldachin, der um 1230 entstanden sein dürfte, vom gotischen Grabmal vom Ende des 13. Jahrhunderts trennt.[62] Für sechseckige Baldachine über längsrechteckigen Tumbengräbern gibt es zudem keine Parallele. Über die genaue Entstehungszeit, die ursprüngliche Funktion und den Aufstellungsort gibt es keine schriftlichen Zeugnisse. Die Deutung als Ziborium über dem Hochaltar ist naheliegend, die Vereinigung mit dem Grabmal wäre dann erst 1695 gleichsam als „Entsorgung" zweier unmodern und unbequem gewordener Ausstattungsstücke zu verstehen.[63]

Die Wahl des Sechsecks ist für Ziborien zwar ungewöhnlich aber keinesfalls ausgeschlossen. Gegenüber dem Viereck wird der Zentralbaugedanke betont, gegenüber dem Achteck ergibt sich der Vorteil größerer Seitenlängen und damit größerer Öffnungen. Die sechs Säulen, von denen vier aus Basalt und zwei aus Kalksinter als Marmorersatz bestehen, sind aus statischen Gründen leicht nach innen geneigt. Unter den östlichen befinden sich nach italienischem Vorbild Löwen und Widder, die allerdings sichtbar auf der Westseite vor dem Altar angeordnet sein müßten, während sie sich nach der heutigen Aufstellung im Osten befinden. Die Kleeblattbögen sind ungewöhnlich reich und vielteilig profiliert mit tiefen Hinterschneidungen und kräftigen Hornausläufen. Die Zwickel zwischen den Bögen sind vollständig als herzförmige, ebenso reich profilierte Öffnungen gestaltet. Unmittelbar darüber war ursprünglich die Arkatur angeordnet, mit jeweils vier Öffnungen auf jeder Seite und einem Bündel aus drei Säulchen an den Kanten. Die Assoziation einer kleinen Zwerggalerie ist naheliegend. Restauratorische Untersuchungen haben zweifelsfrei ergeben, daß sie zum ursprünglichen Bestand gehörte.[64] Voreilige kunsthistorische Theorien und Rekonstruktionszeichnungen haben hier großen Schaden gestiftet,[65] zumal die statische Sicherung den jetzigen reduzierten Zustand so fixiert haben, daß ein Umbau nicht nur große Kosten verursachen, sondern auch den Bestand gefährden würde. Ästhetisch bedeutete die Arkatur nicht nur eine Streckung des Gebildes, sondern auch eine optische Beruhigung zwischen den wild bewegten Umrissen der unteren Bogen- und der oberen Giebelzone.

Über jeder Seite ist ein Giebel angeordnet, wie dies bei den spätromanischen Apsiden in Sinzig, Münstermaifeld und Werden der Fall ist. Die Giebeldreiecke sind wiederum vollständig von kleinen

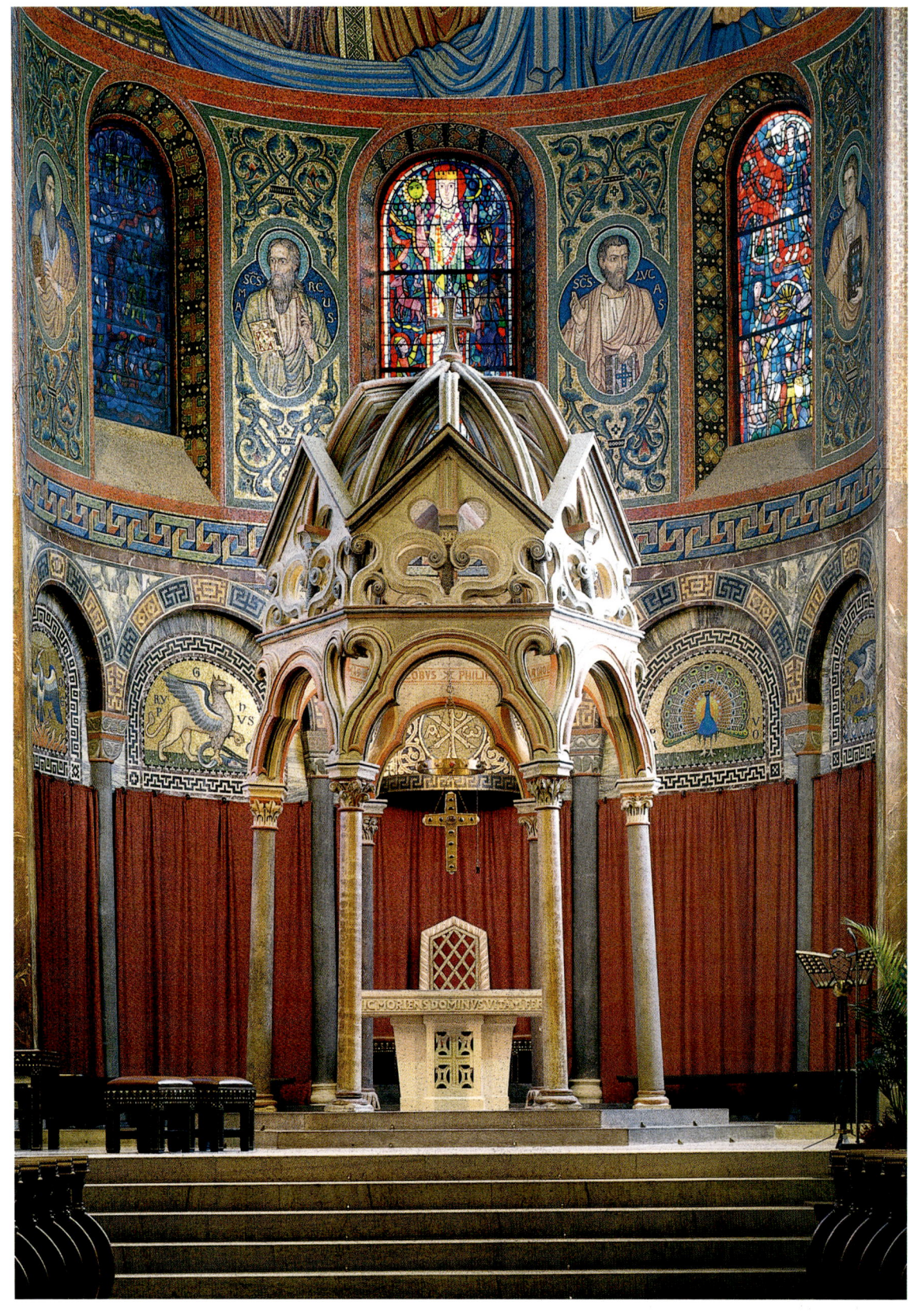

Der Baldachin, heutiger Zustand ohne Galerie (seit 1947) als Ziborium des Hochaltars

und großen herzförmigen sowie dreiviertelkreisförmigen Öffnungen durchbrochen, deren Rahmungen die Gestalt von Ranken mit Voluten annehmen. Die rheinische Freude an ornamental gestalteten Öffnungen ist hier auf die Spitze getrieben. Das Umschlagen von architektonischen in vegetabile Ornamentformen sucht in dieser Epoche seinesgleichen und nimmt Erscheinungen der spätesten Gotik vorweg.

Das „Gewölbe" besteht aus frei stehenden Rippen ohne Gewölbekappen. Zu den sechs Ästen in den Winkeln gesellen sich weitere sechs in der Mitte der Giebel. Dort ist jeweils in der Achse der herzförmigen Öffnungen ein Säulchen angeordnet, das die durch die Spitze des Giebeldreiecks durchgesteckte Rippe aufnimmt. Da der Kämpferpunkt dieser Rippenäste so viel höher liegt, mußten sie oben geknickt werden, um sich mit den übrigen an der Spitze zu treffen. Da eigentlich alles an dem Baldachin ungewöhnlich ist, wird man auch diese eher problematische Form akzeptieren, die möglicherweise die Freiheit im Umgang mit normalen architektonischen Formen signalisieren soll. Es liegen Untersuchungen darüber vor, daß der geknickte Verlauf der Rippen nicht auf Veränderungen zurückgeht, die aus Platzgründen unter dem Gewölbe der Westempore 1695 vorgenommen wurden. Die Knicke bestehen jeweils aus einem Werkstück. Das Versetzen des Baldachins wurde 1947 nicht restauratorisch begleitet.

Kunsthistorische Vergleiche sind bei einem derart einzigartigen Objekt schwierig. Miniaturhaft kleine Säulengalerien sind von italienischen Ziborien bekannt. Die vollständige Durchbrechung der geschlossenen Flächen erinnert an das zeitlich parallel in Nordfrankreich entstehende Maßwerk, das bei seiner Übernahme in Deutschland gelegentlich, wenn auch nicht so bewegt, ins Ornamentale umgedeutet wurde. Dies geschah manchmal auch in England. Manches erinnert an die ornamentale Umgestaltung architektonischer Formen bei der Burgkapelle von Kobern oder dem Obergaden von St. Severus in Boppard. Am konventionellsten erschei-

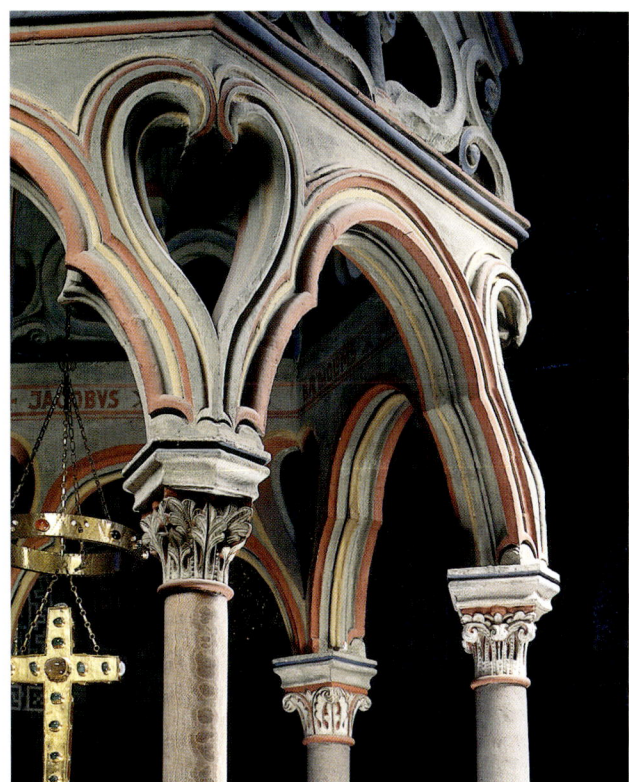

Arkaden des Baldachins

nen die Kapitelle, die in die rheinische Tradition gehören und mit denen des Paradieses verwandt sind. Wer orientalische Architektur genauer betrachtet, wird kaum Verbindungen erkennen; auch der Vergleich mit dem vom Ornament bestimmten Spätstil des Barock in Süddeutschland drückt eher unsere Unbeholfenheit gegenüber dem Einzigartigen aus, als daß er die Sache trifft.

Das Stiftergrab

Das Hochgrab mit der Liegefigur des Stifters, das sich angelehnt an die westliche Mittelsäule im Westchor, gehört mit seiner monumentalen Liegefigur neben dem spätromanischen Ziborium zu den weit über Maria Laach hinaus bedeutenden Kunstwerken, die sich von der ursprünglichen Ausstattung erhalten haben. Die weitgehend bewahrte ur-

99

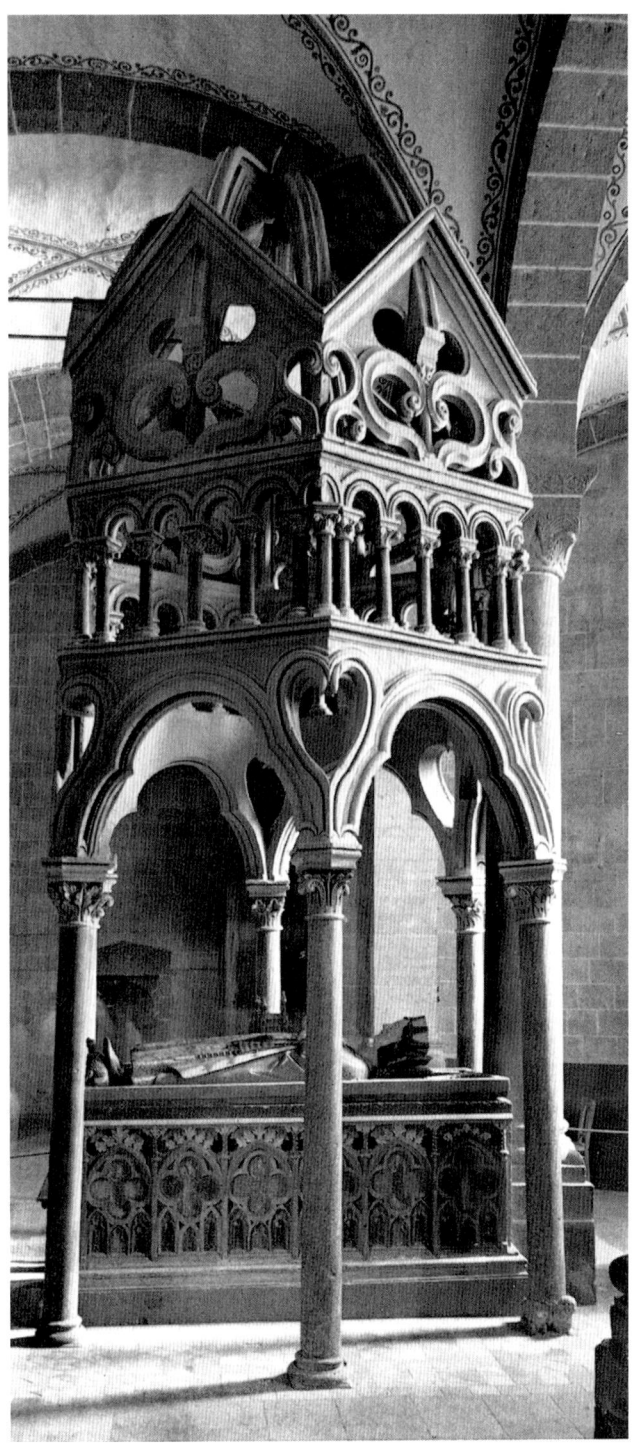

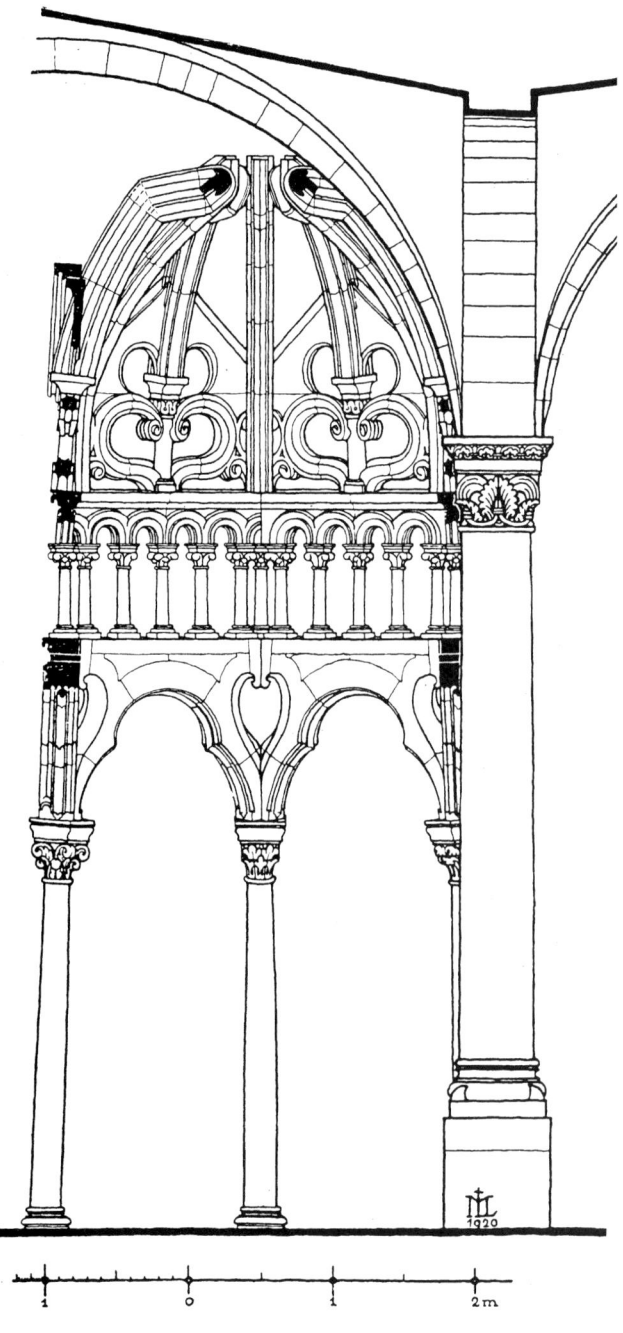

Baldachin mit Galerie über dem Stiftergrab im Westchor
(vor 1947)

Baldachin im Westchor, Längsschnitt
(nach Schippers)

sprüngliche Farbfassung der Figur darf als fast sin-
gulär bezeichnet werden, bildet sie doch gleichsam
ein dreidimensionales Gemälde auf der Figur. Die
Restaurierung hat in den letzten anderthalb Jahr-

zehnten zu einer intensiven Erforschung des Grabmals und seiner Geschichte geführt, zugleich aber
neue Fragen aufgeworfen. Hier ist auf die neueste
Literatur zu verweisen.[66]

Über die Geschichte sind wir vergleichsweise gut unterrichtet. Aus fast zeitgenössischer Quelle, in der der Laacher Mönch Wolfram, zwischen 1295–1328 im Kloster nachweisbar, die Werke des Abtes Theoderich von Lehmen (1256–1295, † 1307) unter eher fiskalischen Gesichtspunkten auflistet, wird berichtet, daß er die Gebeine des Pfalzgrafen ausgrub, sie in eine dem Rang angemessene Tumba bettete, wie man sieht, sowie ein Bildnis von ihm schaffen und einen Altar zu seinen Häupten aufstellen ließ.[67] Der Abt überführte die Gebeine aus dem Kreuzgang, wo sie zunächst vor dem Kapitellsaal ruhten, in die Kirche. Eine dort im Boden nachweisbare Grube deutet darauf hin, daß der Sarkophag am Ostende des dritten Jochs unter der Tumba in den Boden eingelassen wurde. Ob der alte, im Kreuzhof aufbewahrte Deckel aus Basaltlava mit durch Taustäbe angedeutetem Kreuz und Arkaden ursprünglich das Grab deckte, ist unklar, zumal sich Fragmente von einem zweiten, ähnlichen Tumbendeckel erhalten haben. Die leicht angedeutete Dachform des Deckels ist kein stichhaltiges Argument dagegen, daß er ursprünglich im Boden eingelassen war.[68] Die angedeuteten Blattverzierungen in den oberen Zwickeln seiner Arkaden passen allerdings zum Zwickeldekor von Würfelkapitellen in der Arkadenzone des Langhauses, die sicher nicht 1095, sondern frühestens in den zwanziger Jahren des 12. Jahrhunderts entstanden sein dürften.

Obwohl die Quelle kein genaues Datum nennt, ergibt sich aus der schwierigen wirtschaftlichen Lage, die erst konsolidiert werden mußte, daß keinesfalls vor der mittleren Regierungsperiode des Abtes genügend Geld zur Verfügung stand – also zwischen 1275 und 1285. Ebensowenig erfahren wir über die Absicht, die mit der Errichtung verbunden war. Aus zahlreichen Parallelen wissen wir aber, daß es im 13. Jahrhundert und insbesondere in der zweiten Hälfte üblich wurde, lang verstorbene Vorfahren ebenso wie Stifter durch die neue Darstellungsform eines skulpierten Abbildes, vornehmlich als Liegefigur auf einem Sarkophag, zu ehren, aber auch für die Lebenden in Erinnerung zu halten, als

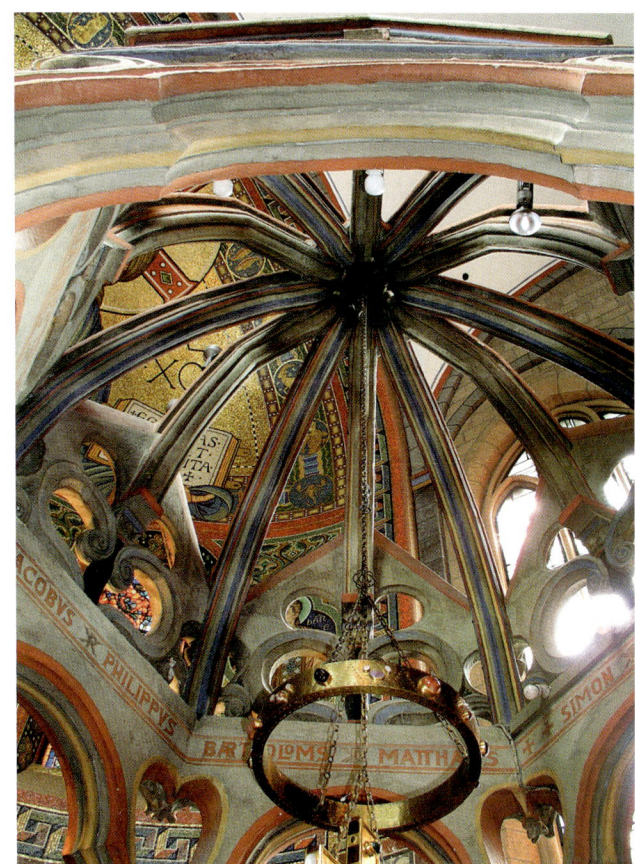

Die offene Rippen-„Kuppel" des Baldachins

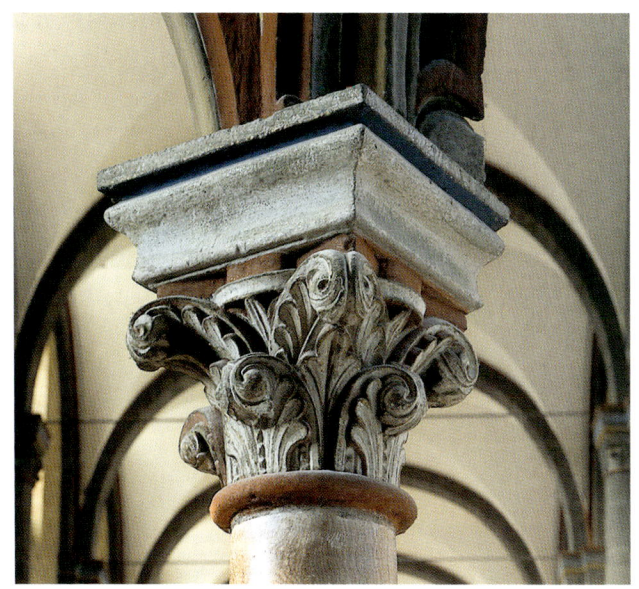

Kapitell des Baldachins

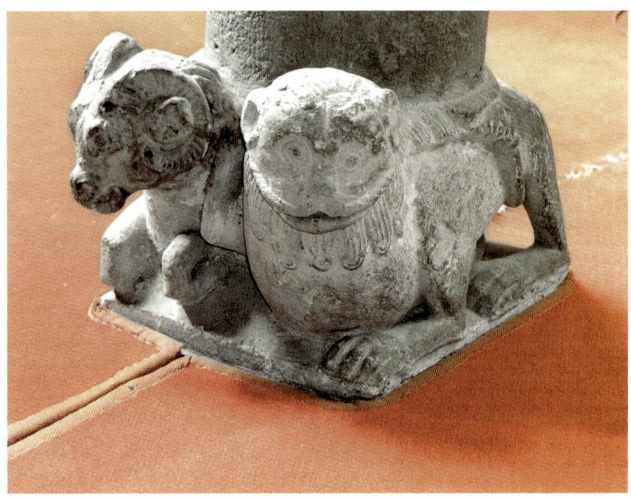 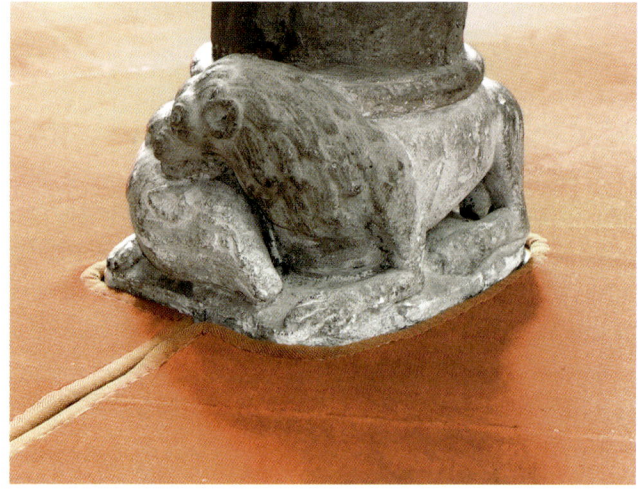

Die östlichen Basen unter den Baldachinsäulen: Löwe und Widder   Löwe und Lamm

Vorbild durch ihre guten Werke und als Nachweis der in der Vergangenheit begründeten Ansprüche der Lebenden. Nicht nur in St. Denis ließ der französische König Ludwig der Heilige seine merowingischen Vorfahren auf diese Weise darstellen, sondern ebenso die Bamberger ihren Bischof und Papst Clemens II., die Damen von St. Marien im Kapitol bereits zum zweiten Mal, mit Heiligenschein versehen, ihre Gründerin Plektrudis (†717) und viele andere.[69] Dieses Prinzip sollte für Jahrhunderte Gültigkeit behalten. In einigen Fällen verband man das Grab der Stifter, wie in Maria Laach, mit einem Altar, so bei Bischof Otto von Bamberg und dem Kaisergrab Heinrichs II. und seiner Gemahlin Kunigunde im Bamberger Dom, ausgeführt von Tilman Riemenschneider. Die beiden Beispiele sind nicht nur erheblich später als Maria Laach, bei den Stiftern handelt es sich zudem um Heilige. Wie das Grabmal der Plektrudis mit Heiligenschein belegt, waren am Anfang dieser Entwicklung die Trennlinien offenbar noch nicht so scharf gezogen. Für das Grabmal des Pfalzgrafen ergibt sich daher nicht in der Form, aber in der Intention eine gewisse Parallele zu den Naumburger Stifterfiguren (nach 1249), höchst weltlichen Personen, die schon fast 200 Jahre verstorben waren, aber als Wohltäter ein Exemplum bildeten, wie es in einer Urkunde heißt und daher an der Stelle dar-

gestellt werden konnten, wo man sonst nur Heilige erwartet.[70] Nicht persönliche Verehrung bewog Abt Theoderich zur Stiftung des Grabmals, sondern das Wohl der Abtei, indem man auf ihren Ursprung als Gott wohlgefällige Tat des Stifters hinwies und damit zugleich zur Nachahmung aufrief. Anscheinend ließ er sich selbst als Stifter an dem Grabmal oder Altar verewigen.[71]

In den Quellen des 16. und 17. Jahrhunderts wird das Grabmal mehrfach erwähnt und beschrieben. Große Tafeln mit Inschriften, die sich auf das Leben und Handeln des Pfalzgrafen bezogen, wurden in der Umgebung aufgehängt oder aufgestellt.[72] 1695 versetzte man im Zuge einer barocken Umgestaltung die Tumba in den Westchor, dessen mittlere Säule nun die Stelle des Altars einnahm. In der Umgebung ordnete man den alten romanischen Schmuckfußboden an, der möglicherweise ursprünglich im Hochchor verlegt war. Er besteht aus verschiedenfarbigen Tonfliesen, die als Formsteine in lebhaften Mustern zusammengefügt sind. Ob der Baldachin damals erstmalig mit der Tumba verbunden wurde oder schon vorher ein Zusammenhang bestand, kann vermutlich nicht mehr geklärt werden. Beides paßt nicht zusammen, weder formal noch stilistisch. Alle Versuche, diese Widersprüche aufzulösen, dürfen als widerlegt gelten.

Seit dem späten 17. Jahrhundert gibt es auch

102

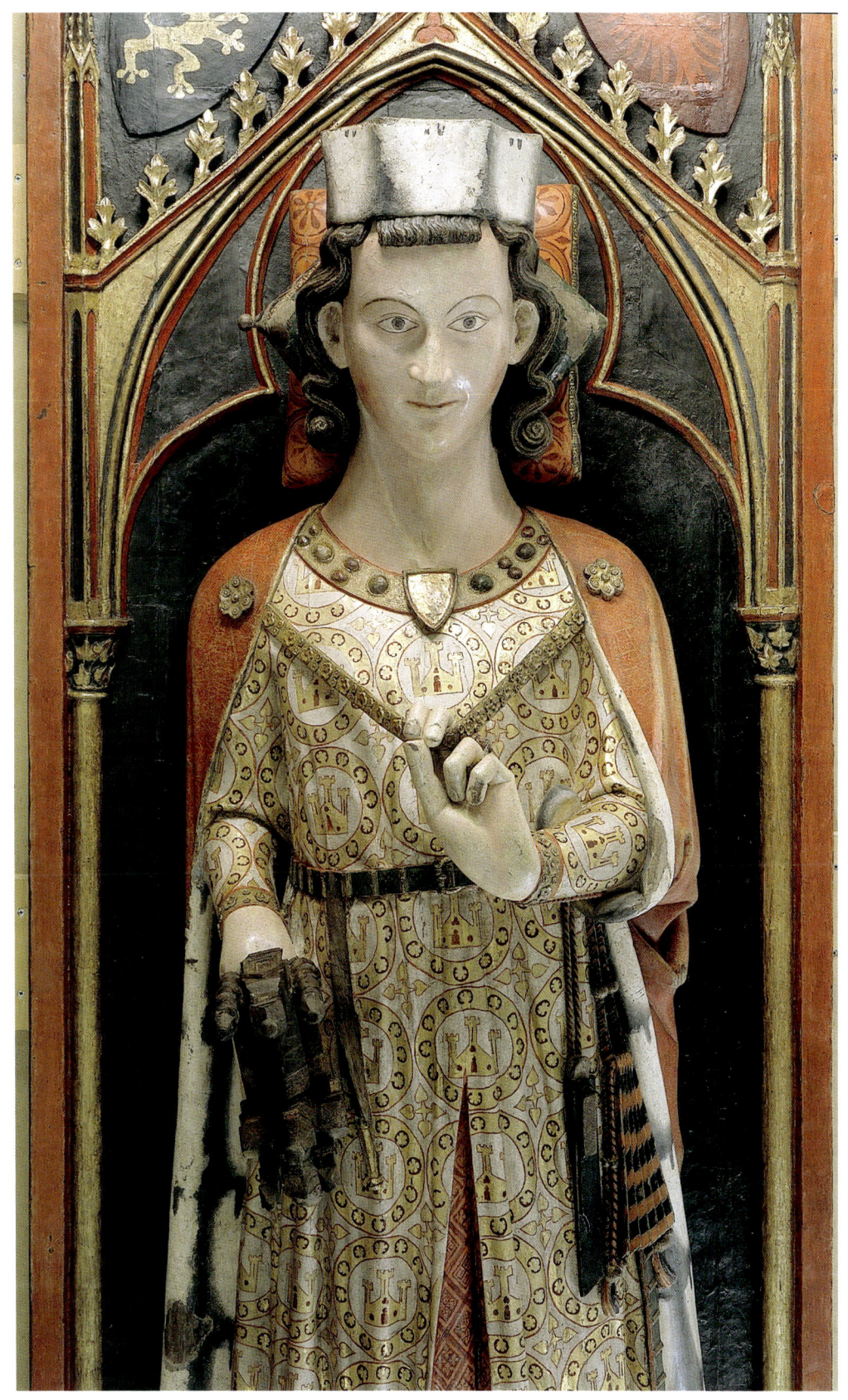

Die Liegefigur des Stifters Pfalzgraf Heinrichs II. mit ursprünglicher Farbfassung

bildliche Darstellungen, dazu weitere Quellen des 18. Jahrhunderts, in denen tatsächliche und vermeintliche Inschriften überliefert werden, die wichtige Umstände der Gründung wie der Stiftung des Grabmals dokumentieren. Die Bildnisse des Abtes, wie der pfalzgräflichen Paare Heinrich und Adelheid sowie Siegfrieds und Gertrud haben sich nicht erhalten.[73] Im 19. Jahrhundert wurde nach der Säkularisierung die Grabfigur entfernt und in eine Kunstsammlung gebracht, aber auf Veranlassung der preußischen Regierung 1837 wieder zurückgegeben. 1859 fanden Restaurierungen statt, wobei unter anderem die bemalten Figuren auf der Tumba vollständig erneuert wurden.

Während die Tumba aus großen Tuffsteinplatten

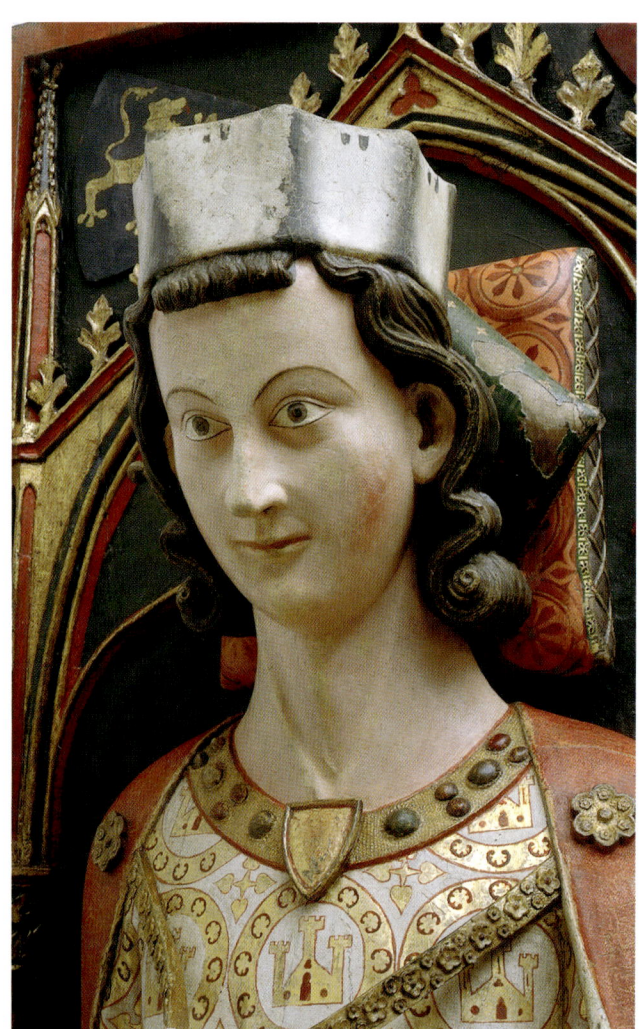

Liegefigur des Stifters, Detail

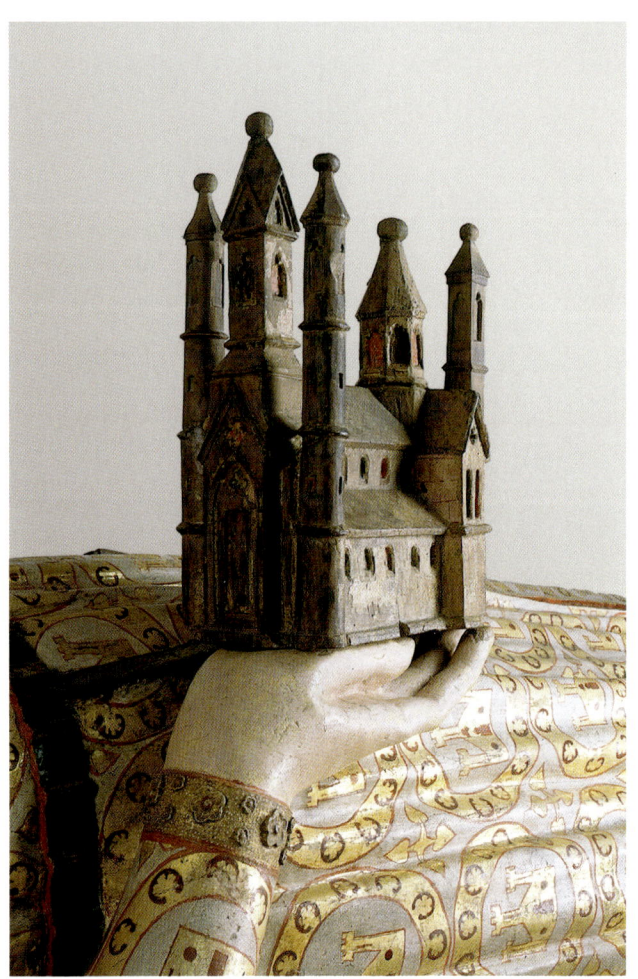

Das Kirchenmodell in der Hand des Stifters, mit teilweise erneuerten Türmen

besteht und mit einer eingelassenen Kalksteinplatte abgedeckt ist, besteht die Liegefigur aus einem ausgehöhlten Nußbaumstamm, der seitlich mit Eichenholzbalken verbunden ist, so daß eine zusammenhängende Holzplatte entsteht.[74] Die überlebensgroße Liegefigur (221 cm) wird von einer der Platte aufgelegten flachen, sehr edel und dünnlinig gezeichneten Blendarkade umgeben. Wie üblich ist die Figur als Standfigur angelegt, ohne daß der Faltenwurf auf das Liegen eingeht. Auch die Haltung mit dem Griff der linken Hand in den verbindenden Riemen des Schultermantels, der sogenannten Tassel, den wir als modische Haltung schon vom Bamberger Reiter her kennen, kennzeichnet den Dargestellten ebenso wie seine geöffneten Augen als Lebenden. Lediglich die Haltung des Kirchenmodells in der Horizontalen und die beiden sorgfältig über Eck gelegten Kissen unter seinem Kopf nehmen auf die Position Rücksicht. Unten steht er mit in rechtem Winkel hochgestellten Füßen auf einem Löwen und einem Drachen, eigentlich ein Motiv, das ursprünglich nur Christus zukommt. Die Zwickel oben füllen zwei Wappenschilde. Die Figur erscheint gedrungen und wölbt sich mächtig gegenüber dem flachen Hintergrund hervor. Kopf und Hals sind überbetont und treten am weitesten hervor, wie wir dies auch von Standfiguren kennen. Der Fürstenhut ist pelzverbrämt, ebenso mit Hermelin, mit dem der rote Mantel gefüttert ist. Das Antlitz ist bartlos jugendlich mit rosa Inkarnat und rötlichen Wangen, wie es der Jugendlichkeitsvorstellung der Epoche entspricht. Die Haartracht mit eingerollten Locken erscheint zwar in ihrer Symmetrie ein wenig ornamental, folgt aber einem modischen Muster.[75] Der Seidenrock ist am Kragen mit Edelsteinen besetzt und durchwirkt von goldenen Kreisen, in denen fast heraldisch ein Gebäude mit drei Türmen erscheint. Die Ärmel liegen eng an, die Röhrenfalten wirken ein wenig steif, an der Vorderseite ist das Gewand geschlitzt und läßt ein rotgemustertes Futter vortreten. An dem Gürtel hängt rechts ein weitgehend abgebrochener Dolch und links ein Lederfutteral mit zwei Messern und einem buntgemusterten, fächerartig gefalteten Almosentäschchen. Die sonst üblichen Attribute von Schwert und Schild fehlen. Die Kissen sind sorgfältig geschnürt und beweisen

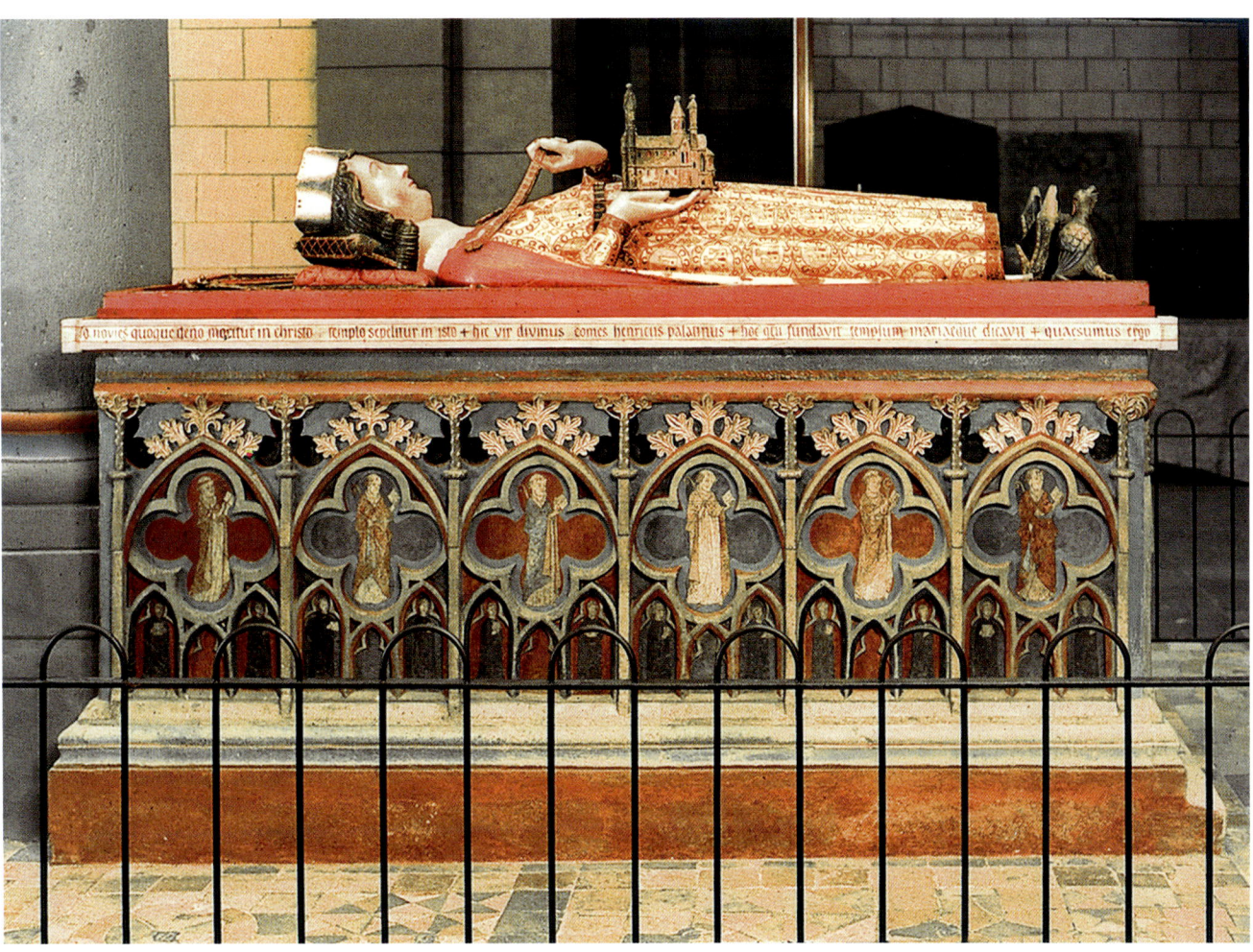

Das Tumbengrab es Stifters im Westchor von Süden

ebenso wie die reichen Schmuckbordüren am Gewand, daß der Bildschnitzer wie auch der Faßmaler
bis ins Detail genaue Kenntnis von vornehmen Gewändern und Ausstattungsstücken des Adels gehabt haben müssen. Das Kirchenmodell, bei dem
die Mehrzahl der Türme ergänzt werden mußte, ist
zwar nur eine umgeformte und vereinfachte Darstellung, gibt aber in vielen Merkmalen unzweideu-
tig die Klosterkirche wieder. Gerade wegen seiner
Stellung waagerecht und vor der Figur ist es als be-
sonderes Zeichen zu erkennen. Dübellöcher deuten
darauf hin, daß zu Häupten der Figur kleine Engel
auf der Platte knieten, als Fürbitter und Empfänger
seiner Seele, wie dies ähnlich bei den Landgrafen-
gräbern in der Elisabethkirche in Marburg zu sehen
ist. Die weitgehend und wie bei kaum einer anderen
Figur dieser Epoche erhaltene farbige Fassung
macht die eigentliche Faszination und lebendige
Wirkung dieser Figur aus, die geradezu als „strahlend" bezeichnet werden muß. Sie vermittelt uns
einen Eindruck des erstaunlichen Realitätscharak-
ters, den die Skulptur im 13. Jahrhundert in Verbindung mit der Malerei gewinnt und der in den
nachfolgenden Jahrhunderten wieder weitgehend
zurückgenommen wurde. Die riesigen Bestände gotischer Skulpturen an den Portalen nordfranzösi-
scher Kathedralen waren nachweislich farbig ge-
faßt, wenn auch vielleicht nicht so detailliert wie
diese für den Innenraum bestimmte Figur. Sie zeugt
von einem ungewöhnlich selbstbewußten Menschenbild, das dieser Epoche zu eigen war.

Die Figur ist nicht datiert, Holzproben haben
hier keine Erkenntnisse gebracht. Sie muß nach
Aussage der Quellen nach 1256 und vor 1297 entstanden sein. Es hat frühzeitig Umarbeitungen an
der Deckplatte gegeben, so etwa bei den Wappen-
schilden. Die elegante, dünnlinige Arkadenrah-
mung steht im Gegensatz zur kräftigen Plastizität
der Liegefigur und dürfte daher jünger sein und
eher vom Ende des 13. Jahrhunderts stammen.[76]
Rainer Kahsnitz hat in seiner alle Aspekte berück-
sichtigenden eingehenden Monographie stilistische
Vergleiche zur Kölner Skulptur zwischen 1260 und

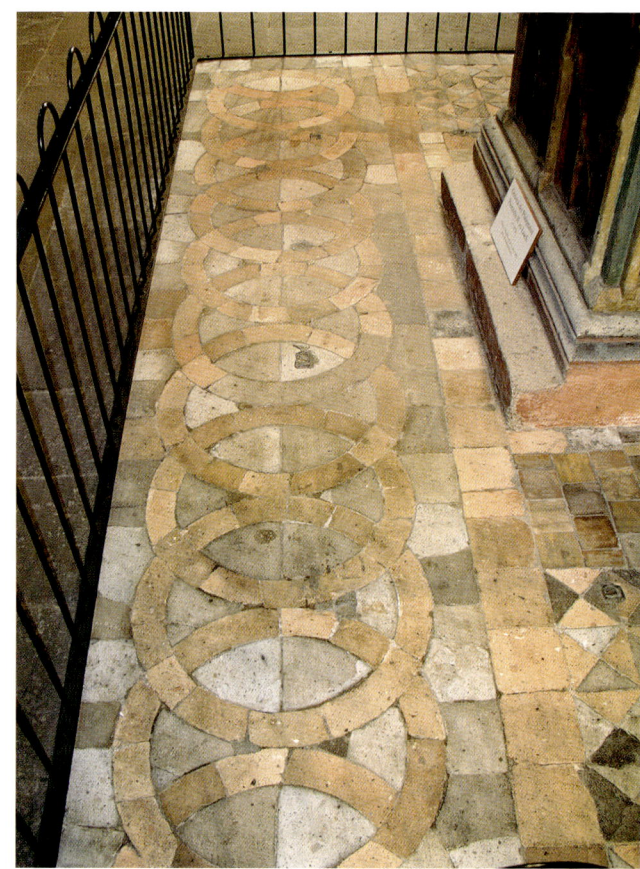

Schmuckfußboden aus Formsteinen in Ton am Fußende der
Tumba (aus dem Chor?)

1270 ermitteln können, so etwa zu einer Jung-
frauenbüste aus der goldenen Kammer von St. Ursula in Köln.[77] Die eigentümlich jugendlich-fröhli-
che, aber auch etwas glatte und steife Erscheinung
paßt zu Kölner Bildwerken dieser Zeit, die den
französischen Einfluß weitgehend abgestreift haben
und in deutlichem Gegensatz zu den Chorpfeilerfi-
guren und der Mailänder Madonna stehen.

Anders verhält es sich mit dem Maßwerk der
Tumba, bei welcher der Sockel mit seinem romanischen Profil nicht zum Aufbau paßt und offenbar
zweitverwendet wurde. Das dreibahnige Maßwerk
mit Vierpaß in der Mitte und niedrigerer Mittel-
bahn geht bis in alle Einzelheiten auf die Tumba
des Erzbischofs Reinald von Dassel im Dom zu
Köln zurück, die um 1290/1300 zu datieren ist.
Die Laacher „Kopie" ist nicht nur ungemein gröber,
sondern auch von Mißverständnissen geprägt.[78] So

wachsen aus den Fialen zwischen den Arkaden anstelle zierlicher Kreuzblumen Äste hervor, die sich in drei spätromanische Blätter verzweigen. Anstelle kleiner Krabben ist der Scheitel jeweils von fünf aufgestellten Blättern besetzt, die nicht nur zu groß und zu derb erscheinen, sondern vor allem nichts mit den an dieser Stelle kanonischen Krabben gemeinsam haben. Alles deutet darauf hin, daß dieser Steinmetz die Formengrammatik der Gotik noch nicht ganz verstanden hatte. Das ist angesichts der für die Rezeption der Gotik späten Entstehungszeit kaum zu verstehen und nur durch eine gewisse Provinzialität zu erklären. So würde man gerne die Tumba auch in die frühere Zeit um 1260 setzen, wäre da nicht die eindeutige Abhängigkeit von dem Kölner Erzbischofsgrab. Der umgekehrte Weg, sich das elegante, fein profilierte, mehrschichtige Kölner Maßwerk als Verbesserung des gröberen, zum Teil mißverstandenen Maßwerks in Maria Laach vorzustellen, widerspräche allen historischen Erfahrungen mit derartigen Rezeptionsvorgängen.

Daraus ergibt sich als Konsequenz, daß zwischen der Liegefigur und der Tumba eine zeitliche Lücke von mindestens zwanzig oder mehr Jahren klafft. Entweder wurde das Grabmal nach kurzer Zeit noch einmal grundlegend verändert, worauf auch Eingriffe an der Deckplatte hindeuten, oder die Kölner Tumba wurde schon erheblich früher gefertigt, was nach Aussage der Maßwerkformen nicht ausgeschlossen, aber doch eher unwahrscheinlich ist. Es wurde daher vorgeschlagen, daß die Liegefigur ursprünglich auf einem erheblich niedrigeren Sarkophag gelegen habe und daher besser zu sehen gewesen sei,[79] während der jetzige Aufbau ungewöhnlich hoch erscheine. Dies liegt natürlich auch an dem hohen Sockel, während das Maß der Tumba durchaus dem üblichen entspricht. Diese Widersprüche ließen sich einstweilen trotz der genauen Untersuchungen nicht auflösen. Die Inschrift, die ursprünglich zu dem Grab gehörte und am oberen Rand umlaufend erscheinen müßte, ist jedenfalls verloren. Die Quellen der nachmittelalterlichen Zeit, die reichlicher fließen als an anderen Orten,

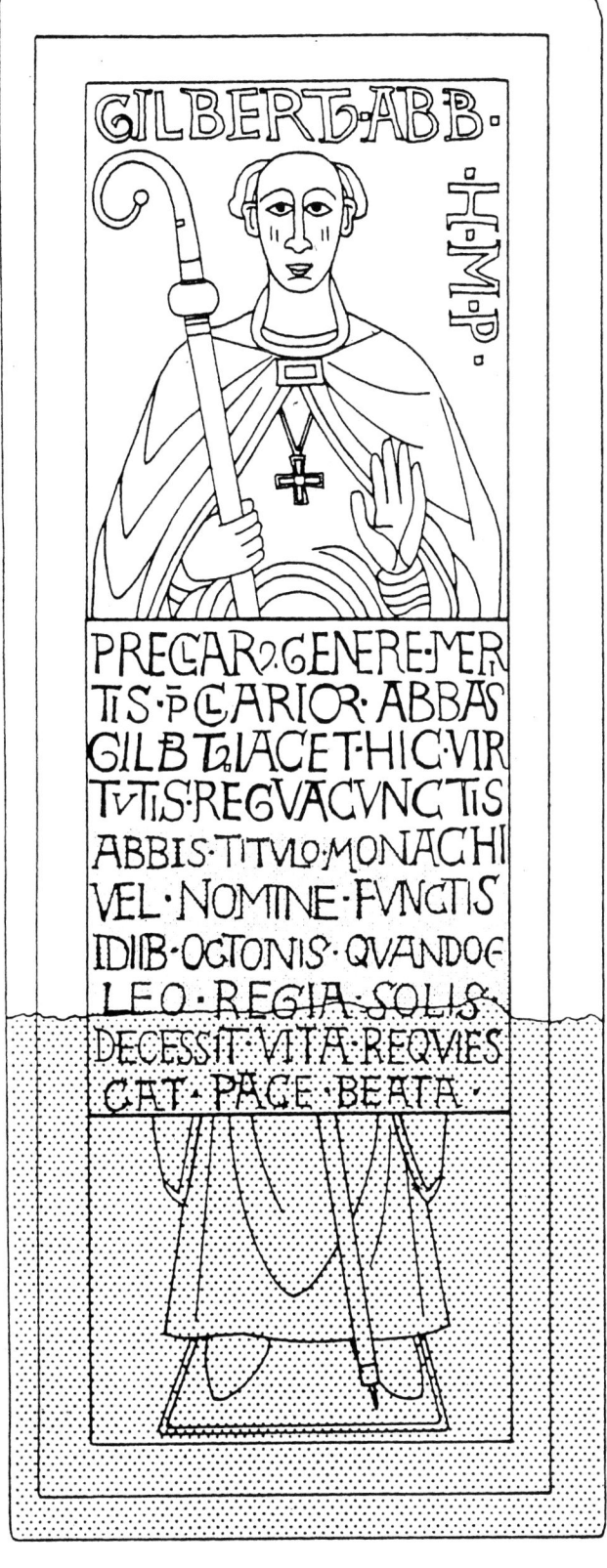

Die Grabplatte des Abtes Gilbert in der Krypta, Rekonstruktion von Ingeborg Krüger

bezeugen jedenfalls, daß das Grabmal des Pfalzgrafen stets in hohem Ansehen stand. So ist es doch wahrscheinlichsten, daß man den ehrwürdigen Baldachin des Hochaltars mit dem Grabmal verband und damit den Westchor zu einer Stifter- und Fürstenmemorie erhob, als man einerseits die Kirche barockisierte, andererseits aber bewußt an alte Traditionen anknüpfte, nicht zuletzt aus Gründen des Legitimitätsnachweises. Das ist ein im Hochbarock durchaus verbreiteter Gedanke.

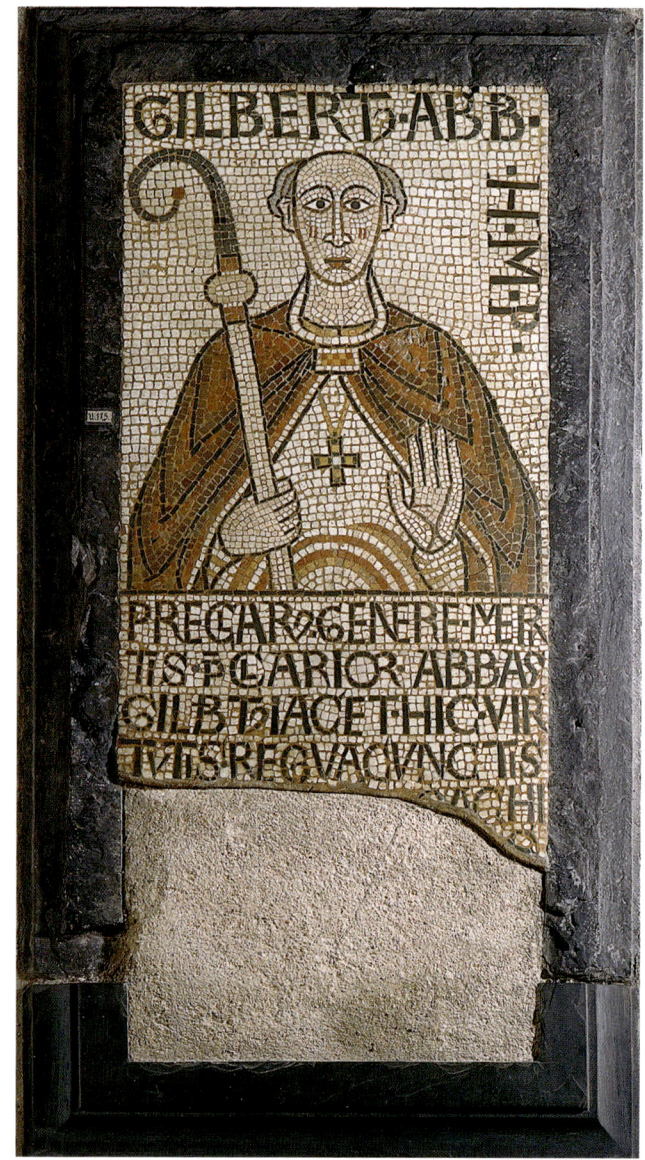

Fragment der originalen Grabplatte Gilberts im Rheinischen Landesmuseum Bonn

Die Grabplatte des ersten Abtes Gilbert
(1127–1152)

Ein singuläres Werk ist ebenfalls die Mosaikplatte mit dem Bildnis des ersten Abtes und einer Inschrift über seinem Grab vor dem Altar in der Krypta. Das beschädigte Original befindet sich im Landesmuseum Bonn. Es ist am Ort durch eine nicht ganz richtig vervollständigte Kopie[80] ersetzt, die leider mit Rücksicht auf die Inschrift verkehrt herum eingelassen ist. Die Wahl dieses Begräbnisortes für den ersten Abt, unter dem die Kirche weitgehend fertiggestellt wurde, kann nicht überraschen, wenn man an das Beispiel Bischof Bernwards von Hildesheim denkt. Ist schon die Wahl der Mosaiktechnik an sich ungewöhnlich, so gilt dies im besonderen für das Bildnis des Abtes. Grabskulpturen auf Tumben oder Bodengräbern waren bis in die zweite Hälfte des 12. Jahrhunderts äußerst selten, wenn man einmal von der frühen Bronzeplatte mit dem Abbild des Rudolf von Rheinfelden in Merseburg absieht, der 1080 im Kampf gegen Kaiser Heinrich IV. seine Schwurhand verlor und daran starb. Selbst die Kaisergräber in Speyer blieben sowohl als Bodengräber als auch bei der späteren Tumba ohne Bildnis. Der Abtstab allein ist im Hochmittelalter die übliche Kennzeichnung von Abtsgräbern.

Die Wahl von Mosaik hängt möglicherweise mit dem Bodengrab zusammen. Diese in der Antike auch nördlich der Alpen übliche Dekorationsform von Fußböden wurde im Mittelalter insbesondere in Süditalien wieder aufgegriffen und ist dort weiter verbreitet. Auch die Krypta von St. Gereon in Köln erhielt Mitte des 12. Jahrhunderts einen Mosaikfußboden mit Darstellungen aus dem Alten Testament (Samson, David) und Tierkreiszeichen. Dieser Boden befand sich vor allem in dem 1156 erweiterten Bereich von Chor und Apsis. Seine Datierung paßt genau zu dem Todesdatum und den

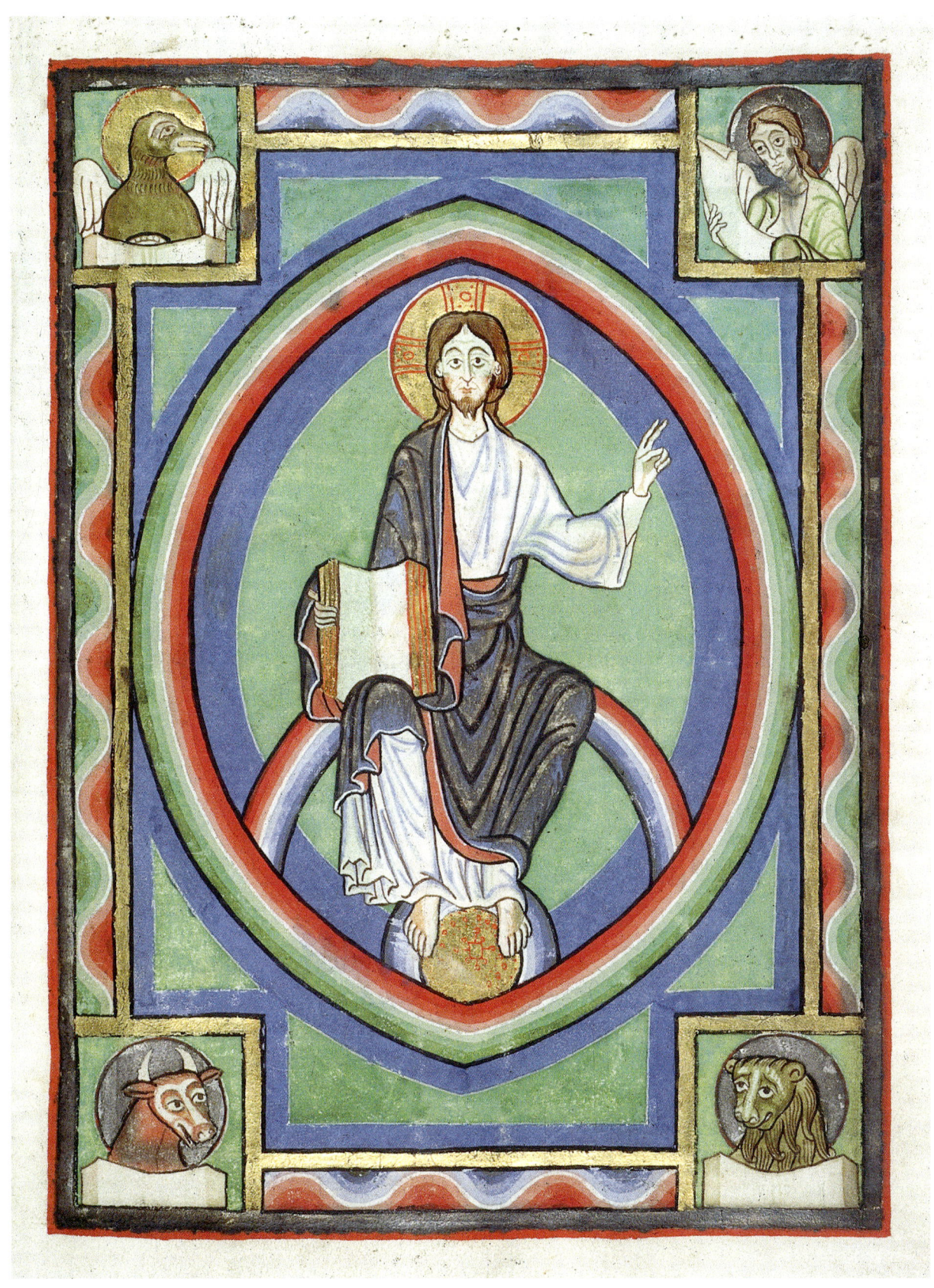

Laacher Sakramentar, Universitäts- und Landesbibliothek Darmstadt, Cod. 891, fol. 9v, Majestas Domini

Baumaßnahmen an der Ostapsis vor der Laacher Weihe 1156, so daß es sich möglicherweise um ein Werk derselben Werkstatt handelt, die mit dieser Technik vertraut war und daher aus dem Süden zugewandert sein mag.

Die Platte mißt 115 × 72 cm. Auf weißem Grund zeichnet sich im heutigen Erhaltungszustand die Halbfigur des Abtes ab, der mit Albe und rotem Pluviale bekleidet ist. Schwarze und dunkelrote Streifen geben die Falten an. Das Brustkreuz ist mit blauen Steinen geschmückt. Rechts hält er den Abtstab, die Linke ist zum Kreuzesschlag erhoben. Der streng gezeichnete Kopf mit langer Nase fällt durch seine Stirnglatze und den angedeuteten Haarkranz auf, der sowohl die Tonsur als auch ein individuelles Merkmal andeuten könnte. Der Name erscheint über dem Haupt, die Inschrift unter der Halbfigur:

> „Hervorragend durch seine Herkunft
> hervorragender noch durch seine Verdienste
> liegt hier Abt Gilbert, Maßstab der Tugend
> für alle, die als Äbte oder Mönche ihr Amt haben.
> Er starb am 6. August, wenn die Sonne im Zeichen
> des Löwen steht.
> Er ruhe in seligem Frieden."[81]

Die Inschrift folgt einem sogenannten Epitaph, einer fiktiven lobenden Grabinschrift, die sich auf einer isolierten Buchreite im Nürnberger Germanischen Nationalmuseum erhalten hat.[82] Es gibt auf Grund von Analogien Anzeichen dafür, daß die Figur unterhalb der Inschrifttafel mit ihrem Gewand, den Füßen und dem Stab sichtbar und somit zur vollständigen Liegefigur ergänzt war.[83] Diese Anordnung ist von römischen Grabstelen, dem Isarnusgrabmal in Marseille und späteren Grabplatten bekannt. Gänzlich anders gestaltet, aber doch von gleicher Technik ist das Grabmosaik des Grafen Wilhelm von Flandern († 1109), das zum Fußboden von St. Bertin in St. Omer gehörte.

Die wenigen vergleichbaren Denkmäler sind alle jünger, so die Grabplatten Bischofs Frumauld von Arras († 1183), Eduards des Bekenners (1260–1270) und des Abtes Richard von Ware (1283), beide in der Westminster-Abtei, sowie des Generalabtes der Dominikaner, Munio von Zamora (1285–1291), in S. Sabina zu Rom.[84] Literarisch überliefert sind weitere Grabplatten in Flandern, so daß die Anregung von dort über Afflighem gekommen sein mag.

Das älteste Laacher Sakramentar

In der Darmstädter Universitäts- und Landesbibliothek (ehemals hessische Landes- und Hochschulbibliothek) befindet sich unter der Signatur [Hs] 891 eine liturgische Handschrift, die unzweifelhaft aus Maria Laach stammt und nach der Säkularisation über den Kunsthändler und Sammler Hüpsch nach Darmstadt gelangte, weil dieser den hessischen Großherzog zum Erben eingesetzt hatte. Das Sakramentar enthält alle Gebete für die Feier der Eucharistie, sowohl die stets gleichbleibenden, insbesondere den Meßkanon, als auch die wechselnden Gebetsformeln. Offensichtlich stand die Handschrift bei der Weihe 1156 noch nicht zur Verfügung, weil der wichtige Tag im Festkalender keine Berücksichtigung fand. Erst Ende des 12., Anfang des 13. Jahrhunderts hat eine andere Hand die Weiheinschrift nachgetragen.[85] Obwohl die Abtei damals schon mehr als ein halbes Jahrhundert alt war, kann es keineswegs als selbstverständlich gelten, daß es bereits ein funktionsfähiges Skriptorium gab. Daher ist die Frage berechtigt, ob die Handschrift überhaupt in Laach entstanden ist. Wichtigstes Hilfsmittel zur Beantwortung dieser Frage ist der Kalender und der darin besonders betonten Heiligen. Die Untersuchungen haben gezeigt, daß hier allgemein westliche Einflüsse eine besondere Rolle spielen. Vermutlich hatte der Schreiber zwei Sakramentare als Vorlagen: eines aus der Mutterabtei Afflighem und eines aus Trier, möglicherweise aus St. Maximin.

110

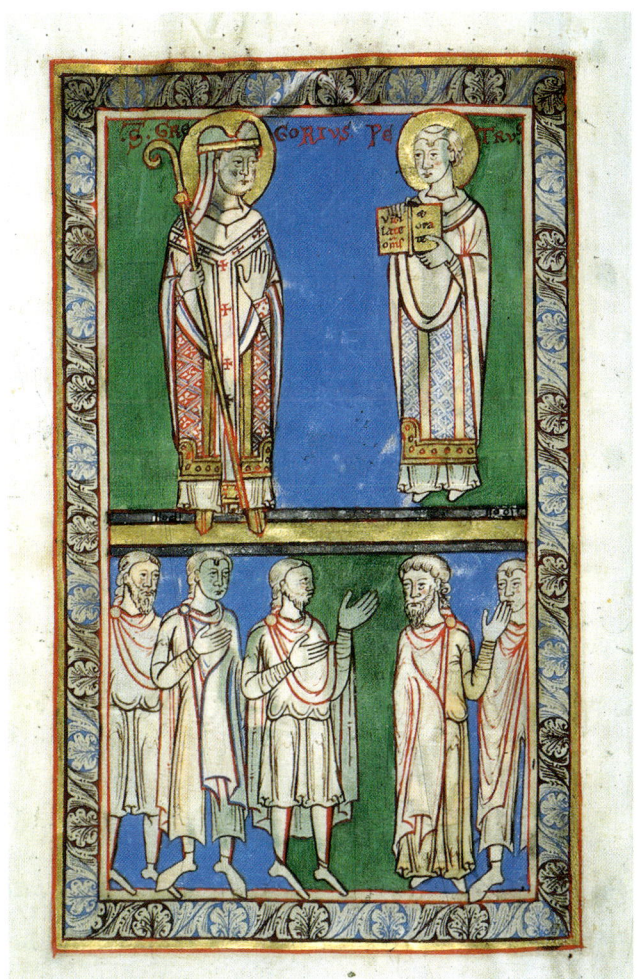

Laacher Sakrament, fol. 8v, Widmungsbild

Vier Trierer Heilige werden besonders mit Festen bedacht.

Da sich das Kloster seit der Mitte des 12. Jahrhunderts nach Köln orientierte und dessen Erzbischof die hohen Vogteirechte ausübte, erstaunt es nicht, daß die schönen Miniaturen, die die Handschrift schmücken – unter anderem die Majestas Domini, die Kreuzigung und eine thronende Muttergottes – in den Umkreis der romanischen Buchmalerei Kölns gehören. Sie sind von unterschiedlicher Qualität und daher verschiedenen Malern zuzuordnen.[86] Gemeinsam sind ihnen die blauen oder grünen Untergründe, die jeweils von der anderen Farbe gerahmt werden. Einige, wie die Majestas Domini, lassen darüber hinaus deutliche Bezüge zur Kölner Emailkunst erkennen, so die Majestas-Dar-

stellung, bei der die Falten des weißen Untergewandes durch bläuliche, an den Rändern verlaufende Schatten gekennzeichnet werden, im Gegensatz zu dem linearen System der Mantelfalten. Hand, Gesicht und Füße sind außerordentlich fein gezeichnet, die thronende Muttergottes erscheint dagegen deutlich gröber. Das Liniensystem von Gesichtern und Gewändern kennt keinerlei Schattierungen und legt den Verdacht nahe, daß trotz vergoldeter Nimben die Binnenzeichnung nicht zu Ende geführt worden ist. Die Majestas beeindruckt vor allem durch den ungemein klaren Aufbau der ganzen Seite mit den kleinen quadratischen Bildfeldern in den Winkeln, wo die vier Wesen als Evangelistensymbole erscheinen, und den wellenförmigen, grün und rotblau schattierten Rahmen, die die Mandorla als geometrisches Gebilde fest einspannen. Die Kreuzigung, die wiederum sehr fein gezeichnet ist,

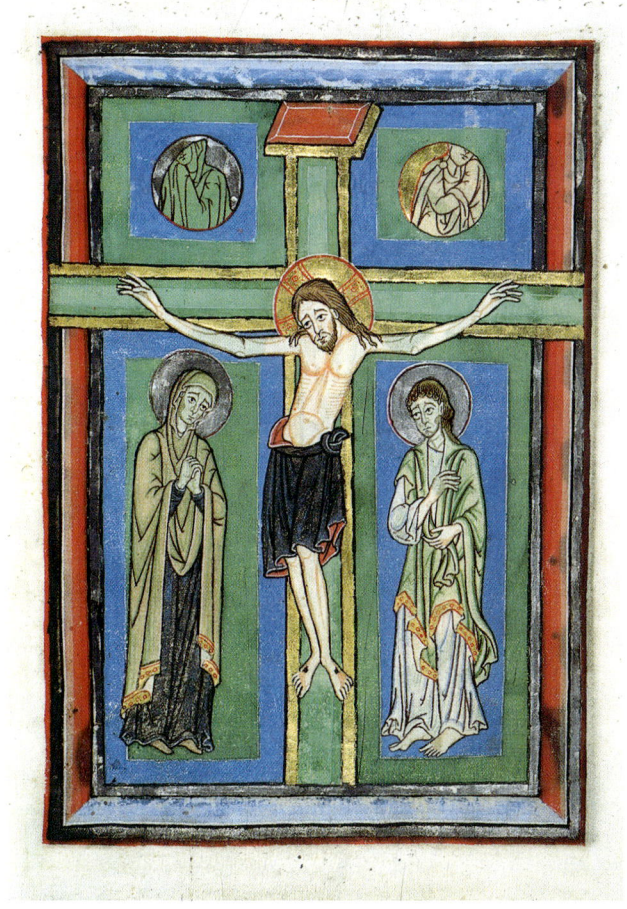

Laacher Sakrament, fol. 9r, Kreuzigung

111

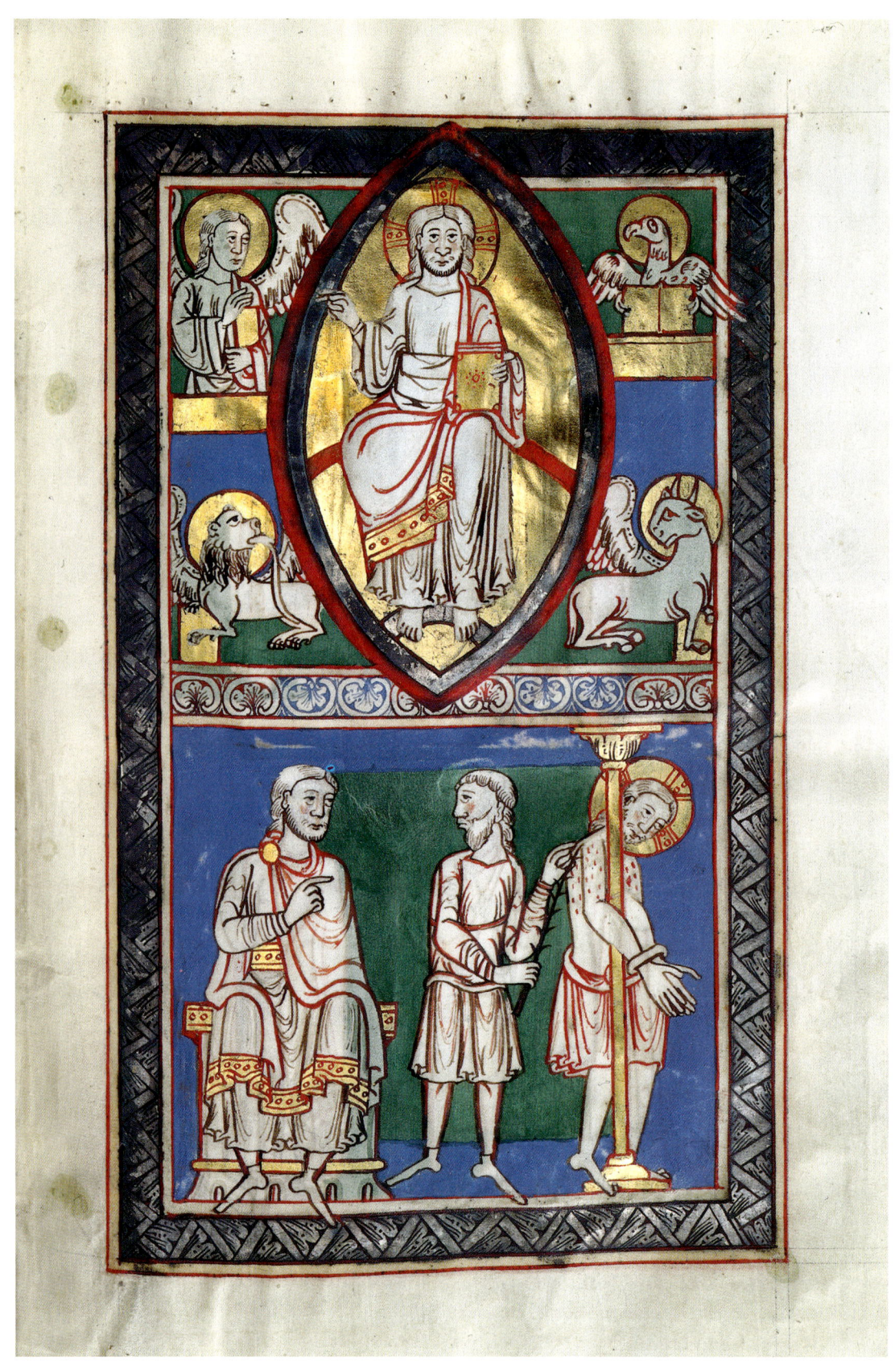

Laacher Sakramentar, fol. 8r, Majestas Domini und Christus an der Geißelsäule und vor Pilatus scheint mit ihren linearen Faltensystemen und dem abweichenden Kolorit der Figuren einer dritten Hand zu entstammen. Dies deutet auf ein ganzes Maleratelier hin, das kaum in Maria Laach selbst ansässig gewesen sein dürfte. Möglicherweise gab man die Handschrift für die Miniaturen zur Ausgestaltung nach Köln.

Daß die Laacher Schreiber auch noch andere Vorlagen benutzten, konnte wahrscheinlich gemacht werden. Von besonderem Interesse sind die liturgischen Randnotizen, die an vielen Stellen zu finden sind, zum Teil als „Rubriken" in roter Tinte.[87] Sie scheinen fast gleichzeitig wie das Sakramentar selbst entstanden zu sein. Sie verraten eine gute Kenntnis des Ordo Cluniacensis, der zweifellos durch die unter Einfluß von Cluny stehende Abtei Afflighem vermittelt wurde. Insofern läßt sich die Wirkung der *consuetudines* aus Cluny in Laach nachweisen, was weder für die Kirche als Ganzes noch für die Handschrift in ihrem Kernbestand der Fall ist. Dieser Einfluß der Reformbewegung hielt offenbar noch an, als die Abtei sich von ihrem Mutterkloster gelöst hatte. Der liturgische Ordo in dem Sakramentar beweist dies.

Die romanische Klosteranlage

Es scheint so, als ob Kirche, Kreuzgang und Klausurbauten gemeinsam geplant wurden. Die Regelmäßigkeit der Anlage entspricht einem Idealtyp, wie er vor allem im 12. Jahrhundert bei Zisterzienserklöstern realisiert wurde, in den Jahrhunderten davor jedoch keinesfalls die Regel war, obwohl dies der berühmte St. Galler Klosterplan vom Anfang des 9. Jahrhunderts suggeriert. Der Kreuzgang nahm nicht nur die gesamte Südseite des Langhauses ein, sondern setzte mit seinem Ostflügel die

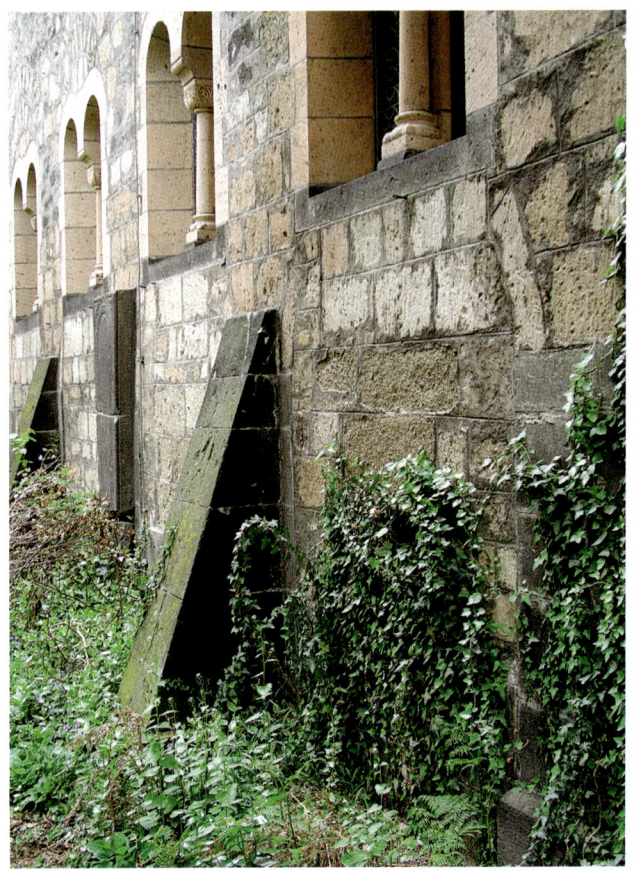

Kreuzgang, Reste des romanischen Westflügels, zwei Strebepfeiler

entsprechende Flucht des Querhauses fort. Die angrenzenden Räume, nämlich die Sakristei, die Johanniskapelle und der große Kapitelsaal, vor dem der Stifter zunächst bestattet worden war, füllten die verbleibende Breite des Querhauses aus und setzten dessen Flucht nach Süden fort.[88] Darüber lag das Dormitorium, verbunden mit einer Treppenanlage, die den Zugang zum Kreuzgang ermöglichte. Kreuzgangflügel und anschließende Räume machten also die Breite des Querhauses aus. Wegen des Dormitoriums darf man schließen, daß hier der Kreuzgang von einem Obergeschoß überbaut war, das aber niedrig genug war, um die Fenster des Querarmes frei zu lassen. Für den Kreuzgang bedeutete die gemeinsame Flucht mit dem Querhaus, daß er mit einem Joch im Winkel um die Kante des Querhauses herumgeführt werden mußte. Von dem an das südliche Seitenschiff angelehnten Flügel haben sich in zweieinhalb Metern Höhe die Konsolen in den Lisenen der Gliederung erhalten, die den Gurtbögen als Auflager dienten. Die Jochfolge entsprach der inneren Blendarkatur mit zwei Kreuzgangjochen pro innerem Seitenschiffjoch. Anhand der Befunde auf der Ostseite kann man erschließen, daß der Gang etwa 3 m breit und ca. 4 m hoch und kreuzgratgewölbt war. Letzteres ist für einen Kreuzgang des späten 11. Jahrhunderts ungewöhnlich, so daß man davon ausgehen muß, daß die Flügel nach und nach im Verlauf der Baugeschichte entstanden.

Dies gilt insbesondere für den westlichen Flügel, von dem sich als einzigem erhebliche Mauerreste in dem neugestalteten Kreuzgang erhalten haben. Es sind relativ kleine Bögen, bei denen man eine Unterteilung durch höchstens eine eingestellte Säule vermuten kann. Die längsrechteckigen, gestuften Pfeiler zeigen einen Rhythmus, bei dem jeder zweite durch einen in ganzer Länge geböschten Pfeiler verstärkt ist – eine urtümliche Form des Strebepfeilers. Dieser steht mit dem jeweiligen Pfeiler im Verband, ist daher gleichzeitig und nicht nachträglich dagegengesetzt.[89] Man darf davon ausgehen, daß sie zur Widerlagerung der Gurtbögen bestimmt waren, so daß die Zahl der Joche hier auf sechs reduziert war, die ihrerseits stark längsrechteckig gewesen sein müssen, mit relativ hoch aufsteigendem Gewölberücken. Da die Schildbögen beobachtet wurden, kann es sich nicht wie in Bonn um ein Tonnengewölbe gehandelt haben. Die abgeschrägten Strebepfeiler gleichen jedenfalls denjenigen am Ost- und Westflügel des Bonner Münsterkreuzgangs[90] so sehr, daß man auf zeitliche Nähe schließen muß. Es handelte sich demnach wieder um eine Baumaßnahme aus der Zeit der Hedwig von Are, der Stifterin der Ostapsis, in der Mitte des 12. Jahrhunderts, fast sechzig Jahre nach der Gründung des Klosters. Entweder wurde damit ein hölzernes Provisorium ersetzt, oder man ließ sich grundsätzlich Zeit mit der Vervollständigung des Kreuzgangs. Letzteres war offenbar die Regel, wenn man die zahlreichen Kreuzgänge mit Flügeln aus unterschiedlichen Epochen bedenkt. Diese Erscheinung ist jedenfalls häufiger als vollkommen einheitliche Kreuzgänge. An Bonn erinnert auch die nach Osten vorspringende Johanniskapelle, deren Fundamente aufgedeckt wurden. Sie entsprach der Bonner Cyriakuskapelle und der Medarduskapelle in Brauweiler. In der Laacher Kapelle ließen sich sogar zwei Äbte bestatten. Sie wurde allerdings erst 1208 geweiht. Das nördlichste Joch des Westflügels knickte wegen des südlichen Westturms ein wenig ab, um den Anschluß an den Kirchenflügel zu gewinnen. Teile der hier schräg gestellten Arkade haben sich in dem modernen Mauerwerk erhalten; der Befund blieb offen und ist daher nachprüfbar.

Es ist ungesichert, ob auch der westliche Flügel von einem Obergeschoß überbaut war, wie dies in Bonn, einem städtischen Stift, der Fall ist. Hier lag das Cellarium, die Vorratsräume, vor allen Dingen

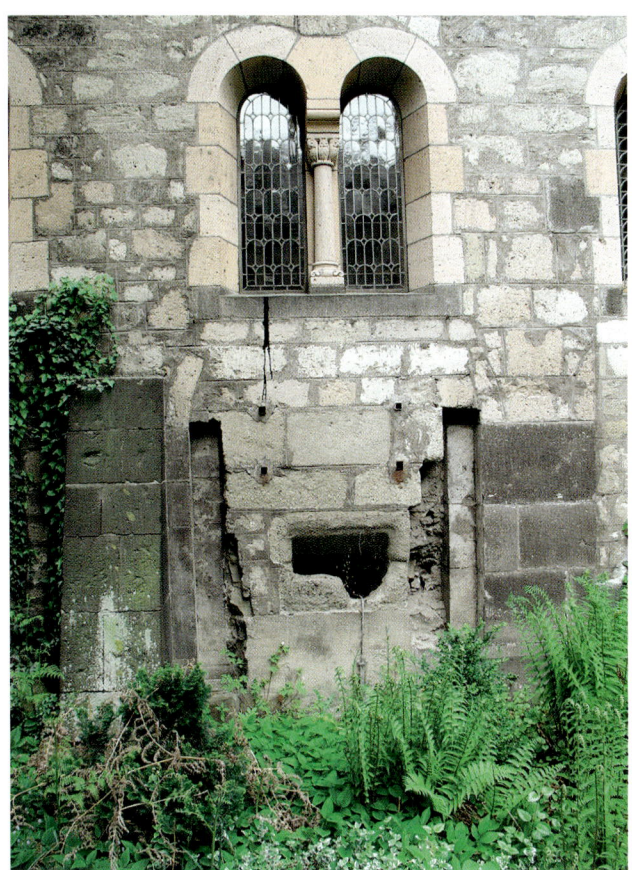

Kreuzgang, Reste des romanischen Westflügels,
Öffnung zwischen Strebepfeiler und Lisene

für Wein. Später wurde hier der mächtige Prälatenflügel errichtet, dessen gewaltig hohes Dach sich noch heute am Südwestturm abzeichnet.

Auch vom Südflügel blieb ein Joch im Mauerwerk erhalten. Hier konnte auch das Fundament des um ein Joch nach Westen versetzten Brunnenhauses, des Lavatoriums, freigelegt werden. Aus einer späteren Schilderung ist abzuleiten, daß die Brunnenschale doppelstöckig war.[91] Am Brunnenhaus muß auch der Eingang in das große Refektorium gelegen haben, das sich an diesen Flügel anlehnte und nicht im rechten Winkel wie bei den Zisterziensern abzweigte. Im südwestlichen Winkel zwischen Cellarium und Refektorium darf man wie üblich den Küchenbau vermuten, während im südöstlichen Winkel das Calefactorium, die Wärmestube, zu vermuten ist. Sie wird in späteren Nachrichten gerühmt, in der Nähe muß auch das

115

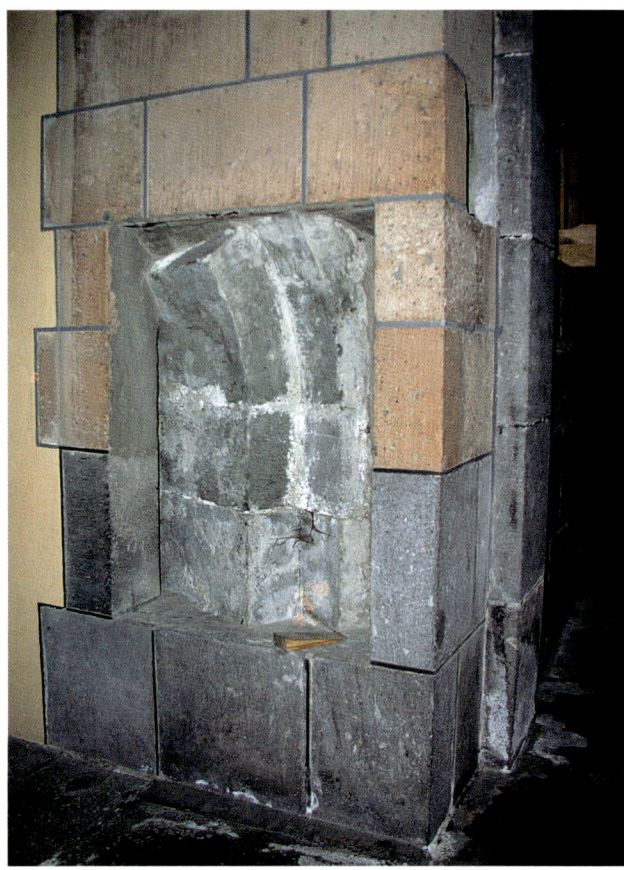

Romanischer Kreuzgang, Rest des schrägen Jochs am
Südwestturm

Scriptorium gelegen haben, da man nicht mit kal-
ten Händen schreiben kann und auch die Tinten
kälteempfindlich waren.

Der zweite Abt Fulbert († 1177), unter dem die
Kirche geweiht wurde und der sich im Kapitelsaal
„rechts von den Säulen des Eingangs"[92] bestatten
ließ, gilt als Begründer der Laacher Bibliothek und
des Scriptoriums, aus dem anders als bei den Steinmetzen immerhin eine Reihe von Mönchen bekannt
ist: Lambert, Fulchricus, Walravo, Everhart, Osto,
Rengo, Godescalc, Heinrich von Münstereifel,
Gottfried von Bonn und Albero. Aus dem Scriptorium gingen bedeutsame Werke hervor, insbesondere das Laacher Sakramentar, in Darmstadt.

Im Westflügel darf man außer dem großen
Weinkeller wohl auch Räume für Gäste und den
Zugang zur Klausur vermuten, möglicherweise
auch die Abtwohnung, da kein eigenes Abtgebäude

überliefert ist und die prächtige Prälatur später genau an dieser Stelle errichtet wurde.

Über die innere Struktur einzelner Räume wissen
wir nichts, ebenso über die Lage weiterer, von der
Regel vorgeschriebener Gebäude oder Gebäude-
teile, wie etwa die Wohnung der Novizen. Immerhin gibt es eine anschauliche Beschreibung des
Priors Johannes Butzbach († 1516),[93] die uns manches über das Kloster mitteilt, doch leider nicht ar-
chitektonisch konkret werden läßt. Im Nordwesten
erhöht und von den Klostergebäuden wie üblich getrennt lag das Hospital, das zugleich auch als Pil-
gerherberge diente. 1156 erstmals erwähnt, berichtet Heinrich von Münstereifel um 1200, daß das
Hospital jedem Wanderer offenstehe, und der berühmte Cäsarius von Heisterbach († um 1240) lobt
die Gastfreundschaft der Laacher Mönche. Die heute noch bestehende Nikolauskapelle, die westlich
des Hospitals genau im Nordwesten des Klosters
liegt und heute als Friedhofskapelle dient, soll ursprünglich dem Spital zugeordnet gewesen sein.
Das ist gut möglich, allerdings muß das Hospital,
wenn es gleichzeitig auch als Infirmerie diente,
einen Altar besessen haben, damit alte und bett-
lägerige Patienten täglich an der Messe teilnehmen
konnten.

Die Kapelle, die wohl kurz nach 1200, vielleicht
gleichzeitig mit dem Paradies errichtet wurde, besaß ursprünglich einen eingezogenen Chor, der alten Ansichten zufolge von zwei kleinen Türmchen
flankiert wurde. Von ihr ist nur der schöne romanische Turm erhalten geblieben, während der Kapel-
lenraum 1757 erneuert wurde.[94] Der niedrige, nur
zweigeschossige Turm gleicht mit seinem Rautenhelm und den zwei Doppelöffnungen auf jeder Seite, die von Wulsten gerahmt und übergriffen werden, dem Mittelturm der Klosterkirche bis ins
Detail. Lediglich die Öffnungen im Giebel erscheinen im Verhältnis größer und kräftiger profiliert.
Neu sind hingegen Bereicherungen durch kleine,
ornamentale Öffnungen. Im Bogenfries erscheinen
kreuz- und lilienförmige Miniaturöffnungen, etwa
in der Art der Füllungen über dem Mittelportal

des Paradieses. Im Giebeldreieck sind seitlich Rauten wie beim Paradies eingelassen, die kleine Vierpässe rahmen. Eine weitere ovale Öffnung befindet sich im Scheitel. Trotz der großen Ähnlichkeit mit dem Westturm der großen Kirche wirkt derjenige der Nikolauskapelle völlig anders. Das liegt an der lebhaften, farbigen Fassung, die alle Möglichkeiten der Farbgebung niederrheinischer Spätromanik vor Augen führt. Da dieses Beispiel schon frühzeitig in der Forschungsliteratur[95] Erwähnung fand, darf man davon ausgehen, daß die Farbrekonstruktion auf Befunden beruht und nur – wenn auch besonders strahlend – erneuert wurde. Die Flächen sind weiß getüncht, die Lisenen und Bogenfriese rot abgesetzt mit weißen Fugen. Die Übergreifungsbögen zeigen rot-gelben Farbwechsel und eine Bänderung der Wulste, während die zugehörigen seitlichen Schäfte wie das Mittelsäulchen grau-schwarz gehalten sind. Die Laibungen zeigen wiederum Fugen. Derart reiche, ja geradezu lustig bunte Farbgestaltungen lassen sich vielfach am Niederrhein nachweisen, so daß man davon ausgehen muß, daß sehr viele Kirchen diesen Eindruck vermittelten. Um so

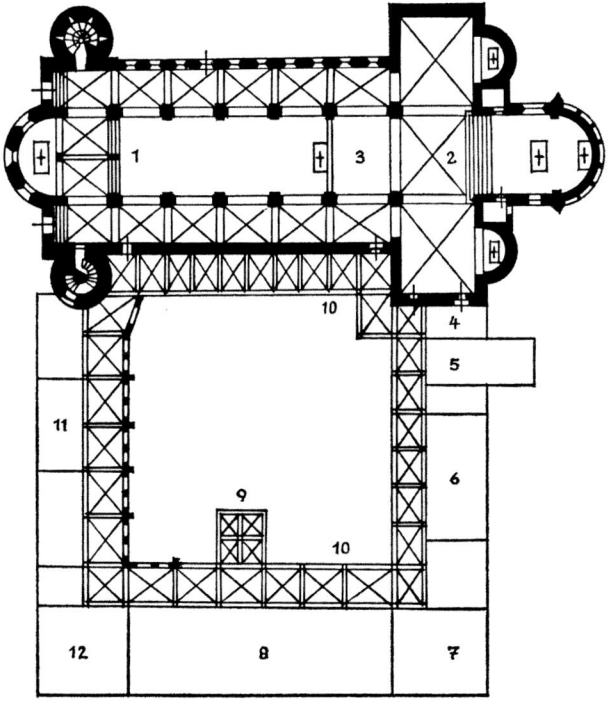

Rekonstruktion der romanischen Klosteranlage nach Schippers/Bogler 1967
1 Abteikirche, 2 Chorus maior, 3 Chorus minor, 4 Sakristei,
5 Kapelle des hl. Johannes Ev., 6 Kapitelsaal, 7 Calefactorium,
8 Refektorium, 9 Brunnenhaus, 10 Kreuzgang, 11 Cellarium,
12 Küche

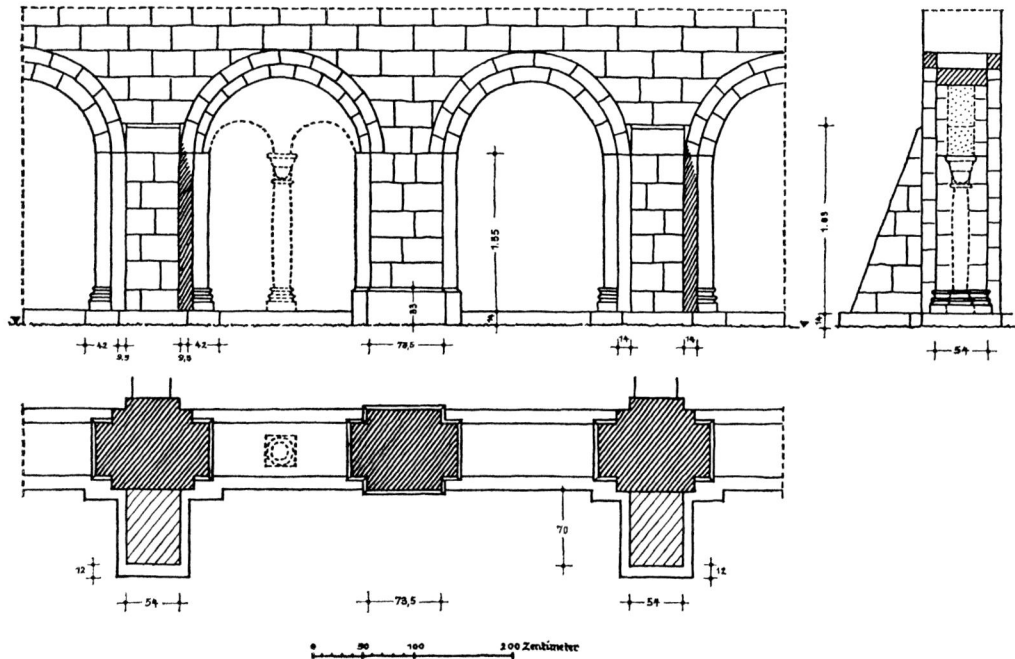

Rekonstruktion des Kreuzganges (nach Schippers/Bogler). Ansicht, Grundriß und Schnitt der Außenmauer eines Jochs

bemerkenswerter ist der völlig singuläre Farbklang von ocker und grau-schwarz bei der Klosterkirche. Am Oberrhein und in anderen Regionen Deutschlands ist eine Farbigkeit wie bei der Nikolauskapelle, die am ehesten mit Architekturdarstellungen der Buchmalerei vergleichbar ist, nicht bekannt.

Der Mönchsfriedhof, der ursprünglich im Norden der Kirche lag, ist an dieser Stelle jüngeren Datums, ebenso wie die Verwendung der Kapelle als Friedhofskirche. Ursprünglich diente sie nicht nur als Kirche für ein benachbartes Dorf, sondern auch für die Ministerialen des Klosters und Insassen des Spitals zur Bestattung. Ein Rituale von 1560 beschreibt die kultische Nutzung der Kapelle sehr genau.[96]

In dem Zwischenraum zwischen dem Kloster und der Kapelle lagen unregelmäßig um offene Höfe gruppiert die Ökonomiegebäude, so etwa die Mühle, der Kornspeicher sowie verschiedene Weiher, die der Fischzucht dienten und zugleich den Mühlbach aufstauten. Das weiträumige Areal, das auch diverse Gärten mit Gemüsezucht einschloß, war und ist von einer großen Mauer umgeben. Die beiden Torgebäude, die heute im ehemaligen Mühltrakt westlich des Klosters angeordnet sind und auf eindrucksvolle Weise den Gedanken des Tores im 20. Jahrhundert wiederaufleben ließen, knüpfen möglicherweise an eine ältere Situation an. Dies würde bedeuten, daß man sich dem Kloster von Süden über einen Hofbereich näherte, um zu der prachtvollen Westseite zu gelangen. Das ist wenig wahrscheinlich. Der eigentliche Wirtschaftshof lag in einem selbständigen Areal auf dem Weg nach Niedermendig und wurde von einem Vorsteher und Gesinde bewirtschaftet. Ein bedeutsames technisches Bauwerk wurde bereits unter Abt Fulbert Mitte des 12. Jahrhunderts zur Verbesserung der Felder und Wiesen angelegt. Er ließ einen Wasser führenden Stollen durch das Randgebirge treiben, um das Ausdehnungsgebiet des Sees einzuschränken. Dieser mittelalterliche Kanal ist noch heute erhalten und liegt 7 m über einem im 19. Jahrhundert gegrabenen neuen Stollen.

Das heutige Kloster

Von den romanischen Klosterbauten hat sich, abgesehen von Teilen des westlichen Kreuzgangflügels, kaum etwas erhalten. Nur bei einer Freilegung der Wände könnte man erkennen, wo sich noch mittelalterliche Bausubstanz nachweisen läßt. Diese tiefgreifende Veränderung setzte im 18. Jahrhundert ein, als es generell bei den Klöstern noch einmal zu einer großen Blüte kam und die mittelalterlichen Baustrukturen nicht mehr zu den gewandelten Ansprüchen und Vorstellungen paßten. Der westliche Trakt wurde 1711–1718 durch den mächtigen Prälatenflügel ersetzt.[97] Schon zuvor hatte der Westflügel eine Verlängerung im 17. Jahrhundert erfahren, die ebenfalls im 18. Jahrhundert durch den Josephsflügel ergänzt wurde. Dadurch entstand südlich von dem ursprünglichen Refektoriumstrakt eine dreiflügelige Anlage, die sich um einen weiteren Innenhof gruppierte. Auch auf der Ostseite gab es damals bereits Veränderungen und Ergänzungen. Dem Paradies wurde ein Obergeschoß, vermutlich aus Fachwerk, aufgesetzt, mit einem schönen Erker über dem mittleren Portal. Schon im 16. Jahrhundert waren Kornspeicher und Mühle erneuert und vergrößert worden, datiert durch die Jahreszahl 1560 auf dem Sturz des Haupteingangs.

Einen tiefen Einschnitt bedeutete die Säkularisation und Aufhebung des Klosters 1802. Nach den Napoleonischen Kriegen gelangte die Anlage 1815 an den preußischen Staat, der sie 1826 bis auf die Kirche an den Regierungspräsidenten von Trier verkaufte. Von da an stand die Kirche unter dem Schutz der preußischen Könige. 1855 vernichtete ein Brand den westlichen Prälatenflügel, andere Teile wurden beschädigt. 1862 kaufte der Jesuitenorden das Kloster und richtete dort ein Collegium Maximum für die Ausbildung seines Nachwuchses ein. Schon im ersten Jahr danach umfaßte das Colleg fast 200 Ordensmitglieder. Sie führten den Namen Maria Laach ein, der bis heute gültig blieb. Ihnen verdanken wir an der Stelle des Prälatenbaus

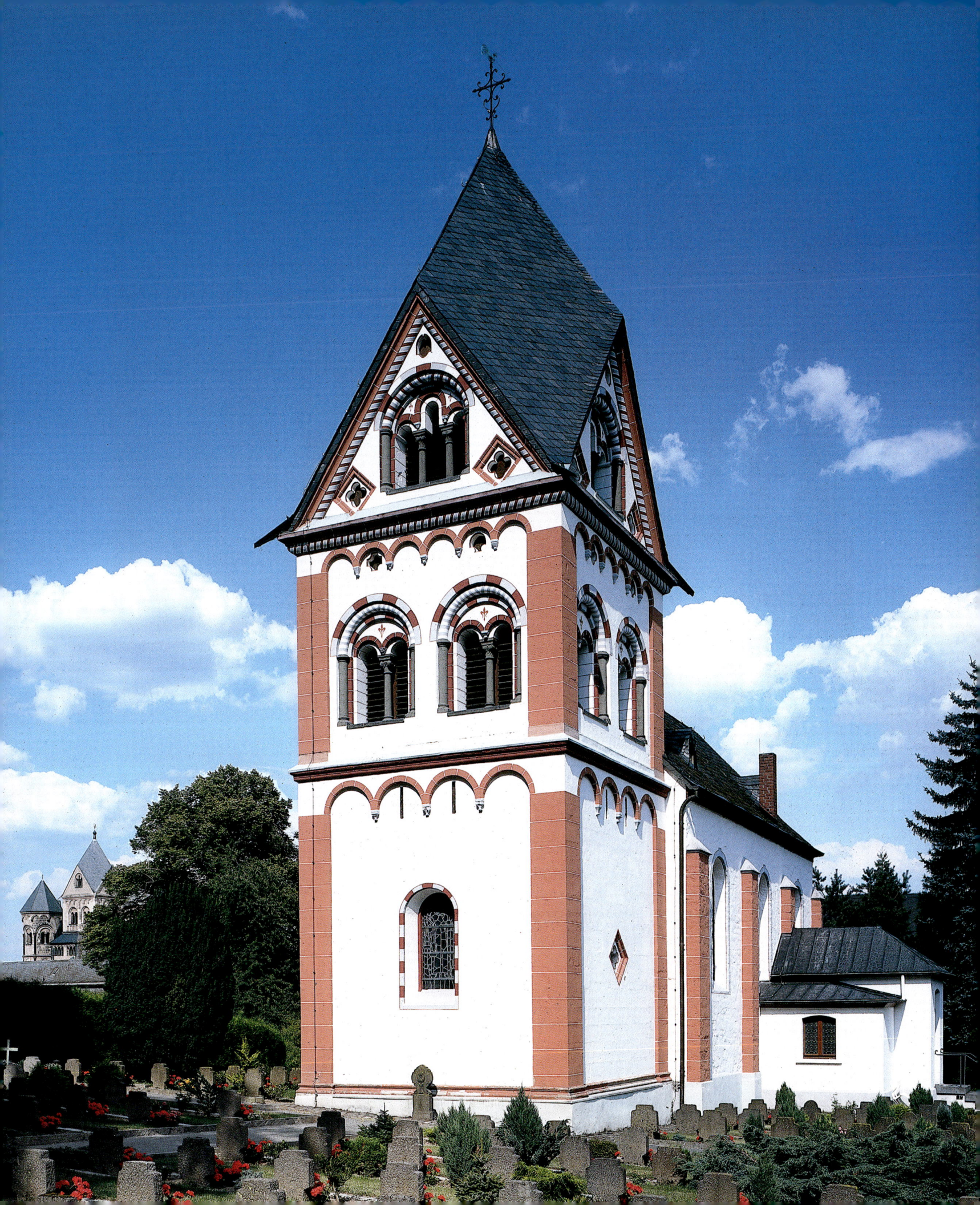

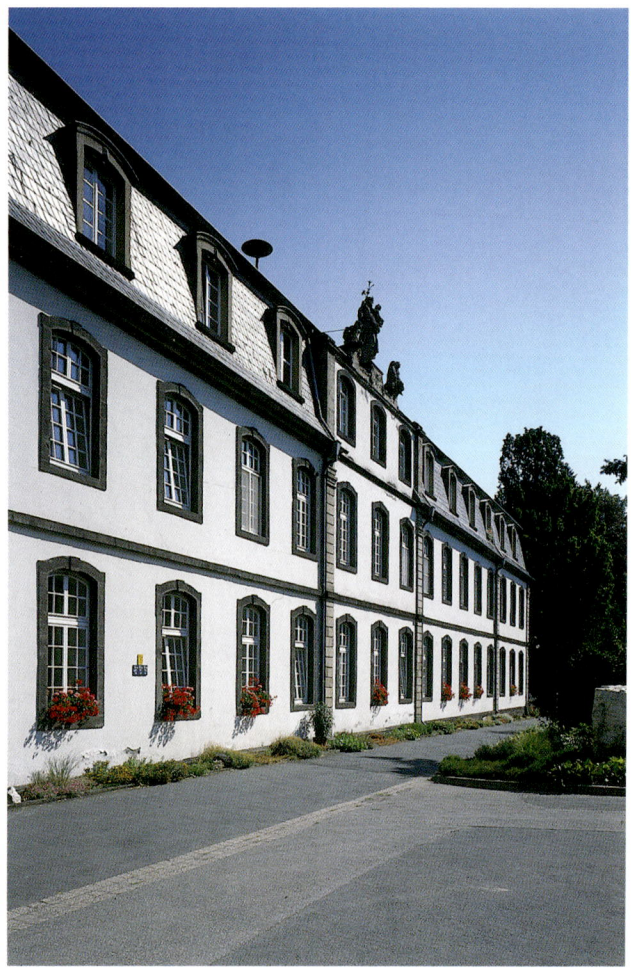

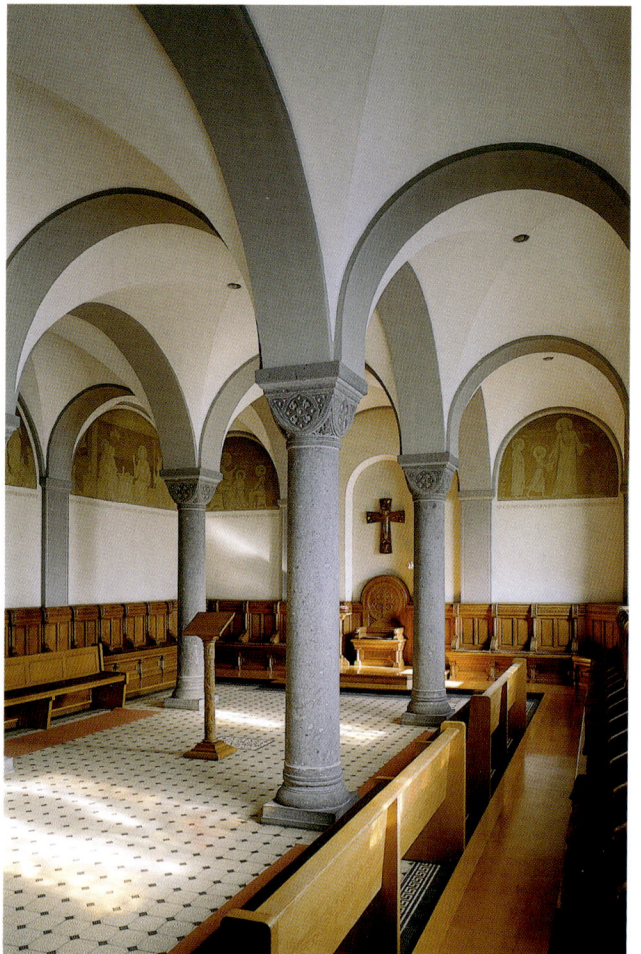

Der Josephsflügel aus dem 18. Jahrhundert, Dachgeschoß aus dem 20. Jahrhundert

Der neuromanische Kapitelsaal

die neue Bibliothek, deren Hauptraum durch mehrere Geschosse reicht, ausgestattet mit Galerien in zwei Geschossen, die über eine gußeiserne, filigrane Wendeltreppe in der Mitte erschlossen werden. Die Geländer der Galerien aus dünnen, runden Holzstäben folgen einem spätklassizistischen Typ und sind in ihrer filigranen Struktur äußerst reizvoll. Abgesehen von den Buchbeständen handelt es sich um einen bemerkenswerten Raum und eine der wenigen erhaltenen Bibliothekseinrichtungen aus dieser Epoche.[98]

In dieser Zeit wurde ein großer Wohnflügel notwendig, der heutige Pforten- und Gästebau, der sich vom Bibliotheksflügel nach Westen erstreckt und den Eingangsbereich vor dem Paradies nach

Süden abschließt. Er wurde im 20. Jahrhundert noch einmal umgebaut, als wiederum im rechten Winkel der Akademieflügel angefügt wurde. So entstand in Verbindung mit den Erweiterungen des 18. Jahrhunderts eine weitere, nach Süden offene, großzügige Dreiflügelanlage. In diesen zehn Jahren wurde Maria Laach zu einem Mittelpunkt theologischer und philosophischer Forschungen. Im Zusammenhang mit dem Kulturkampf wurden die Jesuiten 1872 verboten bzw. des Landes verwiesen, was zum Ende des Jahres die Auflösung des Collegiums zur Folge hatte.

1892 schließlich siedelten sich wieder Benediktiner aus der Erzabtei Beuron an der Donau in Laach an und gründeten die heutige Abtei. Dies löste eine

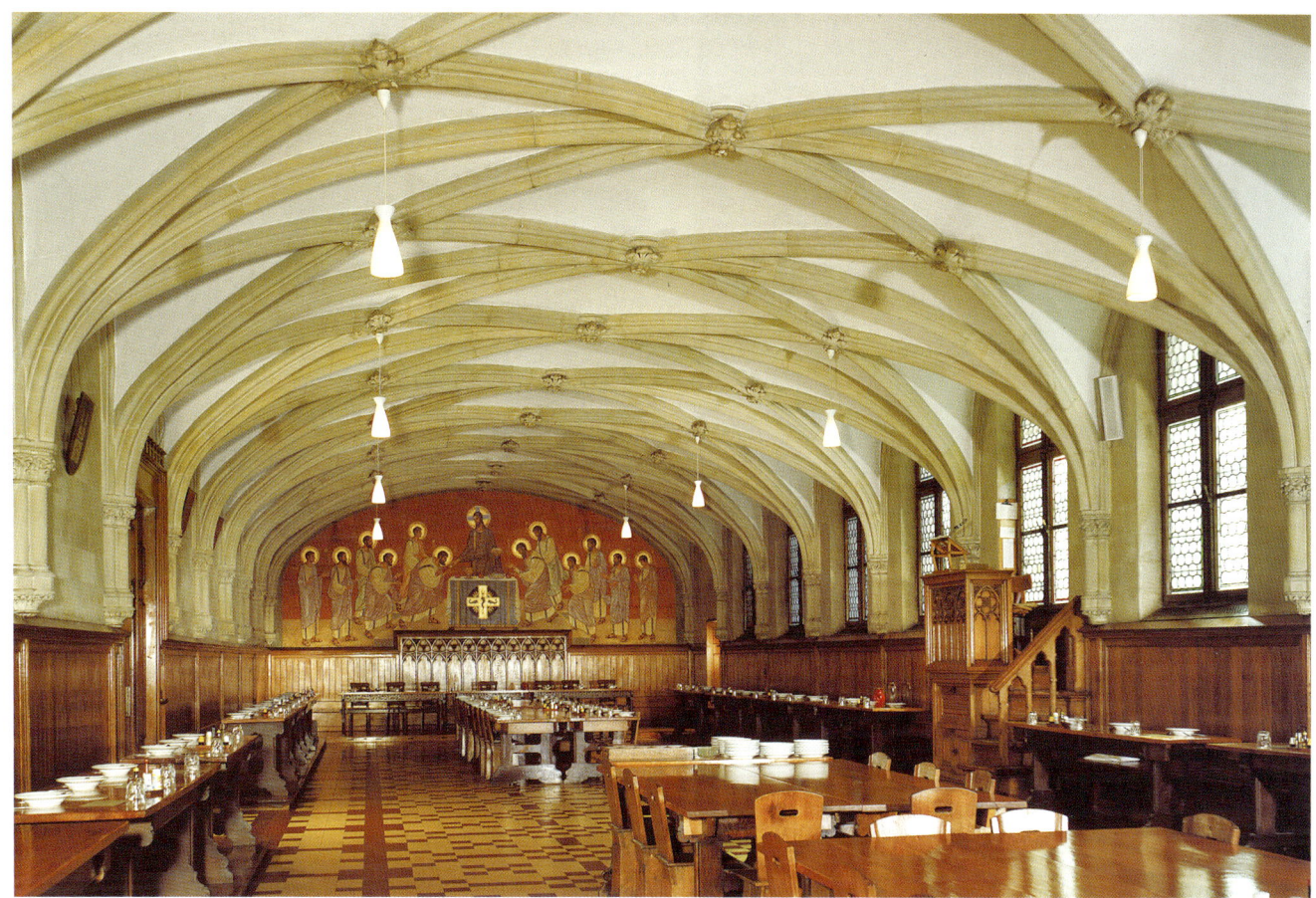

Das neu-spät-gotische Refektorium

Rechts:
Treppenkonstruktion der Bibliothek aus der Jesuitenzeit vor 1872

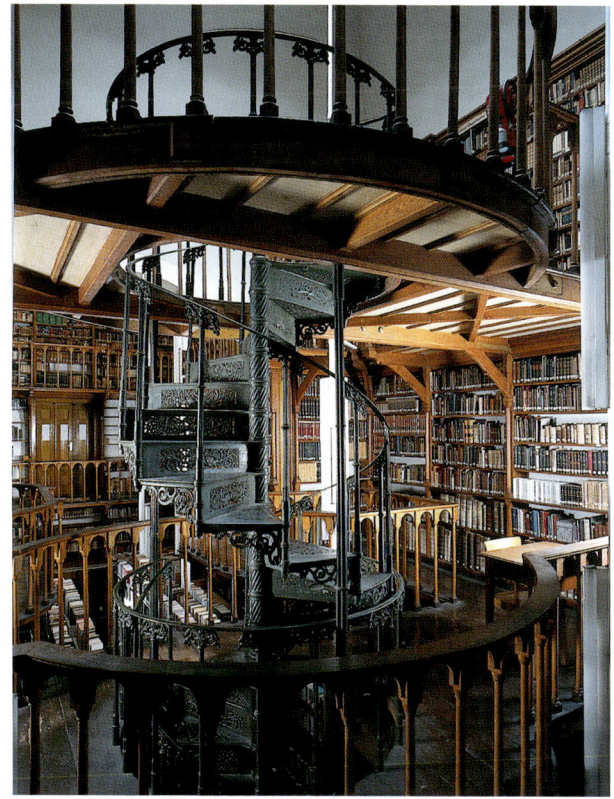

neue Bautätigkeit aus, die den Klostergebäuden ihr heutiges Gesicht gab.

Der Kreuzgang wurde verkleinert. Der Nordflügel entlang der Kirche wurde in Kapellen unterteilt und ein neuer Flügel davorgelegt. Das gleiche geschah mit dem Ostflügel, wobei die ursprüngliche Flucht des alten Kreuzgangs als Korridor erhalten blieb. Durch diese Verkleinerung wurde das wegen des Querhauses ausspringende Eckjoch der alten Anlage integriert und überflüssig. Alle vier Flügel wurden noch 1912 historisierend in neuromanischen Formen errichtet. Dasselbe gilt für den neuen Kapitelsaal. Er ist viel größer als der alte, nimmt aber dessen ursprüngliche Position ein. Er wurde als dreischiffige Halle zu fünf Jochen gestaltet mit

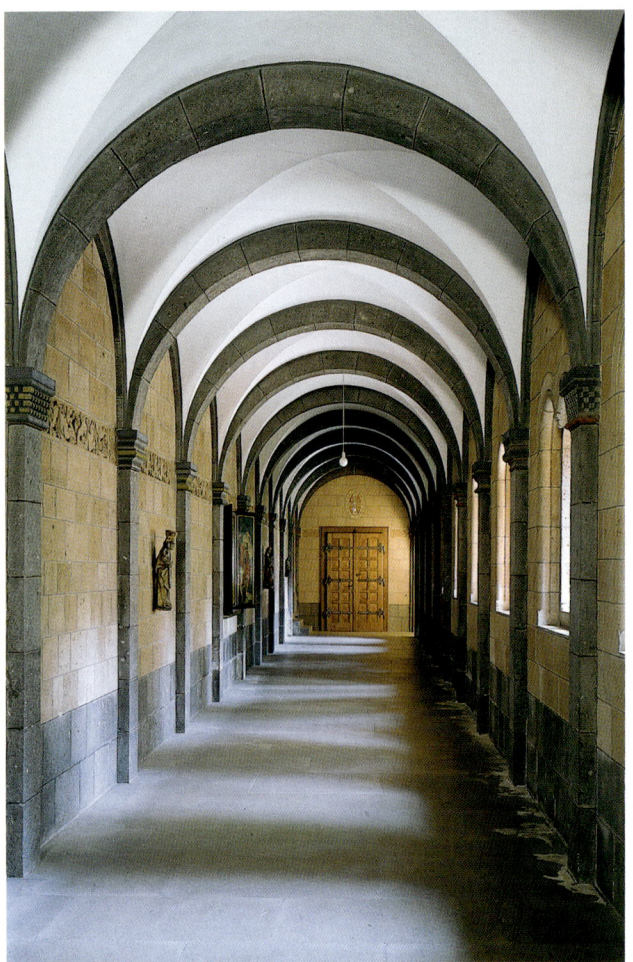

Der neuromanische Kreuzgang

Maße der Kirche

Länge innen	66 m
Breite des Ostquerhauses außen	33 m
Länge des Langhauses	31 m
Breite des Langhauses	19,20 m
Breite des Mittelschiffs	ca. 8,75 m
Höhe des Mittelschiffs	17,20/17,60 m
Höhe der ehemaligen Flachdecke	ca. 17 m
Höhe des westlichen Mittelturms	42,50 m
Höhe des östlichen Mittelturms	32,30 m
Höhe der östlichen Chorwinkeltürme	38 m
Gesamtlänge mit Paradies	ca. 89 m
Neigung des Innenniveaus von West und Ost	ca. 30 cm
Krypta	
Höhe	4,20 m
Breite	8 m
Länge	12 m
Schiffbreite	2,75 m

schlanken Säulen, Würfelkapitellen und Kreuzgratgewölben.

Ebenso historisierend wurde das neue Refektorium angelegt, das mit 9 × 31 m den größten Saal innerhalb der Klausurräume bildet und damit größer sein dürfte als im Mittelalter. Erstaunlicherweise wählte man als stilistische Orientierung nicht Neuromanik, sondern Neugotik in einer merkwürdigen Mischung frühgotischer Wandsäulchen auf Konsolen, einem spätgotischen Parallelrippengewölbe und spätestgotischer bzw. frühneuzeitlicher Korbbogenform des Gewölbes. Das Ganze erinnert ein wenig an historistische Architektur in englischen Colleges. Neben der Süd- und Ostseite des Südquerarms wurden großzügige neue Sakristeiräume angelegt, die die südliche Ne-

benapsis und die anschließende Chorwand im unteren Teil verdecken. Hier wäre mehr Zurückhaltung angebracht gewesen. Im 20. Jahrhundert wurden auch die barocken Flügel durch aufgesetzte Mansarddächer verändert und der Pforten- und Gästebau im Inneren umgestaltet. In Verlängerung des alten Mühlentraktes entstand ein eindrucksvoller Pfortenbau in einer historisierenden Variante des Jugendstils. Für die Funktion des Klosters hat er keine Bedeutung. Auf der Nordseite wurden hinter der Klostermauer ausgedehnte, moderne Räume geschaffen für ein Informationszentrum und den Verkauf von Blumen und anderen Produkten der Gärtnerei. Hier war man versucht, die Fernwirkung der Gesamtanlage nicht zu verändern.

Zeittafel

Datum	Geschichte	Baugeschichte
1093	Gründung des Klosters	Fundamente, Baubeginn Ostbau und Westbau (Baunaht)
1095	Tod des Stifters Heinrich II.	
1100	Tod der Pfalzgräfin Adelheid	
1112	Urkunde Pfalzgraf Siegfrieds	
		Ostbau bis einschließlich Ostarkade Langhaus und neuen Ostturmschäften, Formen aus Speyer, Langhaus-Seitenschiffe
1127–1152	1. Abt Gilbert	
1130	Weihe des Martinaltars im Westchor	Untergeschoß des Westchors
1152–1177	2. Abt Fulbert	Umbau der Ostapsis
1156	Weihe der Kirche Hedwig von Are (Stifterin?)	Ostteile bis auf obere Turmgeschosse fertig, Langhaus mit flacher Decke
nach 1156		Obere Teile des Westbaus, Obergeschosse der Osttürme
1167–1169	Dächer über dem Westbau	Westbau vollendet
1178–1185	Mittelschiffdach	Gewölbe Mittelschiff
	Vollendung der Kirche	
1217–1235	Abt Gregor	
~ vor 1220		Paradies / Samson
		Fächerfenster Ostapsis
~1230/40		Baldachin
1255–1295	Abt Theodor II. von Lehmen († 1307)	gotische Fenster im Ostchor
~1270/80		Pfalzgrafen-Liegefigur
vor 1300		Tumba des Stiftergrabes
~1355		Dachhelm über östlichem Vierungsturm
1662–1698	Abt Plazidus Kessenich	Barockisierung des Inneren
1695		Verlegung des Stiftergrabes in den Westchor
1803	Aufhebung des Klosters	
bis 1815	Ausplünderung	
1815–1862	verschiedene Besitzer, Kirche im preußischen Staatsbesitz	
1855	Brand (vor allem Prälatur)	
1862–1872	Jesuitenkolleg	Bau der Bibliothek
1872	Auflösung des Kollegs	
1892	Neubesiedlung des Klosters mit Benediktinern aus Beuron	
ab 1930	Restaurierungen	
1936/38		neue Dächer, Abbruch des gotischen Helmes über dem Ostvierungsturm

Die Laacher Kirche als Ort der Liturgiefeier

Alle sind sich einig: Die Abteikirche Maria Laach ist ein großes Kunstwerk, ungeachtet, daß der zweite Blick Spuren der langen Bauzeit und Brüche feststellt, besonders bemerkbar, wenn der Besucher unvorbereitet nach der Betrachtung des vielbewunderten Außenbaus in das Kircheninnere eintritt. Aber es lag nicht im Sinne des Stifters und der übrigen seiner und der folgenden Generationen, die am Bau mitgestalteten, ein Kunstwerk gleichsam *l'art pour l'art* zu errichten. Die Epoche allgemeinen Glaubens an Gott, den Herrn der Welt und den Richter am Ende der Erdentage, diese Epoche vergangener religiöser Mentalität, wollte mit ihrem Werk Gott ehren. Das Werk sollte Gottes würdig sein und damit notwendig „schön". Aber erstes Ziel war Schönheit der Kunst nicht. Der Bau, errichtet zur Ehrung Gottes, war, ohne daß dies thematisiert zu werden brauchte, ein Ort des *honor*, wie ein mittelalterliches Fachwort für „Gottesdienst", für Liturgie, heißt. „Gottesdienst" aber hatte, ebenso fraglos, die in der Tradition der Kirche festgelegte Gestalt und Häufigkeit. Der Laacher Kirchenbau ist also unvollständig erörtert, wenn er nicht von seinem Ursprung her als Ort des Gottesdienstes, als ein Raum der Liturgie in den Blick kommt.

Noch bevor der Kirchenbau im einzelnen unter diesem Aspekt betrachtet wird, sind Vorgaben des konkreten Umfeldes zu beachten. Ende des 11. Jahrhunderts wird die Liturgie der abendländischen Kirche in einer Gestalt gefeiert, die seit etwa der Mitte des 9. Jahrhunderts im großen und ganzen festliegt und für ungefähr ein Jahrtausend prägend bleibt. Die Zwischenzeit kennt Perfektionierungen einzelner Elemente, sie kennt vor allem tiefgehende Wandlungen der intellektuellen, seelischen und soziologischen Voraussetzungen bei denen, die Liturgie aktiv feiern oder passiv rezipieren,

und sekundäre Elemente der liturgischen Feier (Musik, Gewandung, Ritual) verändern sich mit den Stilen der verschiedenen Epochen. Es bleiben aber über die Zeiten hin die Grundformen, vor allem die gewissermaßen „Zweieinigkeit" der klösterlichen Liturgie in Sakramentenfeier (Eucharistie, „Messe") und Stundengebet, beides umgeben von „klösterlichen Hausliturgien", die aber im Kirchenbau selbst kaum sichtbar werden, und es bleiben – auffallend genug – weithin die gleichen liturgischen Texte (in lateinischer Sprache), festgeschrieben in den tradierten Büchern. Das bedeutet: Die lange Bauzeit der Laacher Kirche wirkt sich, sofern der Bau den Raum der Liturgiefeier abgibt, darin nicht aus. Die Postulate eines je neuen, „zeitgemäßen" Verständnisses der Liturgie verändern die Ausstattung, nicht den Bau selbst. Allerdings gibt es, aus der konkreten Geschichte Laachs, auch für die Liturgie im altüberlieferten Kirchenbau den großen Bruch: Mit der Aufhebung der Abtei 1802 wird das Inventar der Kirche ausgeräumt; zurück bleibt der leer gewordene Raum. Der Neuanfang seit 1892 kann unbeschwert von überkommenen Ausstattungsrelikten die Kirche so einrichten, wie es dem zeitgenössischen Verständnis von Liturgie entspricht.

Zu notieren ist auch, daß die spezielle Liturgiegeschichte der Laacher Kirche noch nicht erforscht und geschrieben ist. Nicht einmal die Quellen, aufgrund derer sie verfaßt werden könnte, sind systematisch gesucht und ausgewertet worden. Am besten steht es noch um die Textquellen. Das von seiner Funktion her wichtigste Buch, das „Sakramentar", der Vorgänger des „Missale", liegt aus der alten Abtei in der Handschrift Cod. 891 der Hessischen Landes- und Hochschulbibliothek Darmstadt vor. Wenn nicht (Mitte des 12. Jahrhunderts) in

Laach selbst geschrieben, wurde es sicher dort benutzt; Einträge über Weihen Laacher Altäre und über die Kirchweihe am 24. August 1156 beweisen es. Der Laacher Mönch Hieronymus Frank (1901–1975) hat diese Handschrift mustergültig analysiert, und die Kunsthistoriker schätzen ihre kostbare Ausstattung mit Miniaturen hoch ein. Weitere Handschriften, die der Liturgiefeier in der Laacher Kirche dienten, liegen in Nürnberg und Berlin, doch eine ähnliche Bearbeitung wie das Sakramentar in Darmstadt haben sie noch nicht erfahren. Erst wieder mit dem Aufkommen des Buchdrucks, in der Laacher Geschichte in etwa zeitgleich mit der innerklösterlichen Reform, die mit dem Namen Bursfelde und Bursfelder Union gekennzeichnet sind, werden zuverlässige Quellen für die Liturgie in der Laacher Kirche greifbar. Es sind die in der ganzen Union normativen Bücher. Und für die Epoche nach 1892 sind die geschichtlich relevanten Dokumente in den verschiedenen Textsorten (Text- und Gesangbücher der Liturgie, Regelungen des Zeremoniells, Festordnungen, Gebräuche des täglichen Lebens) einigermaßen gesichert.

Beim Rückgriff auf diese Literatur ist allerdings deren Eigenart zu beachten: Sie tendiert auf allgemein gültige, übergreifende und prinzipielle Regelungen. Auch wenn ihre Angaben als Norm für eine bestimmte Kirche, etwa jene der Abtei Laach, oder innerhalb einer bestimmten Gemeinschaft als bindend erklärt werden, heißt dies noch lange nicht, daß daraus im Einzelfall auf den Ablauf der liturgischen Feiern geschlossen werden darf. Sie stellen oft nur Zielnormen auf, ohne dass damit zugleich auch zu behaupten wäre, diese seien immer als erreichbar gedacht gewesen, oder sollten auch tatsächlich immer erreicht werden.

Ähnliches ist auch beim Bauwerk der Laacher Kirche als einem Ort der Liturgiefeier zu beachten. Nicht in jeder Einzelheit der tatsächlichen Ausführung mag das zunächst geplante und als ideal vorgesehene Bauziel auch erreicht worden sein, und mit einer fragmentarischen Ausführung des Baues blieb dann auch die tatsächliche Liturgiefeier hinter

dem vorgesehenen Ideal zurück. Dazu treten noch zwei weitere Faktoren, die leicht übersehen werden: Eine der wichtigsten Voraussetzungen der Liturgiefeier sind die für die Feier notwendigen Bücher. Für ein volles Stundengebet etwa braucht es rund ein Dutzend Handschriften. Standen diese, gar von Anfang an, auch tatsächlich zur Verfügung? Wir wissen darüber wenig. Und ein anderes: Wir haben so gut wie keine Quellen, die uns sagen, wieviel Personal für die Liturgiefeier in der Laacher Kirche zur Verfügung stand, wobei es von der zahlenmäßigen Stärke des Personals abhängt, wie normgerecht, wie ideal die Liturgie gefeiert werden konnte. Man darf zweifeln, ob die Zielnormen der liturgischen Bücher, die uns aus den großen Abteien erhalten sind, auch in dem abgelegenen Eifelkloster umgesetzt werden konnten, einem Kloster, dessen Stiftung zwar nobel glänzte, das aber nach dem frühen Tod des Stifters Mühe hatte, das großangelegte Stiftungskonzept auch durchzuhalten.

Wir sagten schon: Die Gestalt der Liturgie lag Ende des 11. Jahrhunderts bereits lange fest. In der 1156 geweihten Kirche fand täglich das Stundengebet statt, für das, soweit wir es wissen können, in der Vierung – oder im östlichsten Joch des Langhauses, vor oder hinter einem Lettner? – *formulae*, *scamnae*, aufgestellt werden, einfache Bänke wohl, dazu ein Pult, an dem aus den Büchern die Lesungen unterschiedlicher Art vorgetragen wurden; keine festgefügte, immobile Anlage also, mit dem Vorteil, daß das Mobiliar auch leicht woandershin gebracht werden konnte, wenn, wie für andere Kirchen bezeugt, einzelne Feiern an anderen Orten, etwa vor dem besonderen Altar eines Festtagsheiligen, angesetzt waren. Erst in der Zeit der Gotik kommt es zu ausgebauten „Chorgestühlen", aber die Quellen geben erst für eine spätere Zeit sichere Auskünfte über ein Chorgestühl, und zwar ein solches in der Vierung. Weiter fand täglich eucharistischer Gottesdienst statt – und schon fällt ein Merkwürdiges auf und stellen sich Fragen ein, die sich nicht mit sicheren Antworten erledigen lassen. Es gibt nämlich nicht nur die Mehrörtlichkeit für

Stundengebet und Meßfeier, sondern die Meßfeier selbst kennt wieder mehrere Orte. 14 Altäre wissen die Quellen zu benennen; fünf in der Hauptachse der Kirche, nämlich im Scheitel der Ostapsis den Altar des Täufers Johannes, im Scheitel der Westapsis den Altar des heiligen Martin, im Ostchor das *altare summum*, den Hochaltar, der sich freilich nicht durch besondere Größe auszuzeichnen brauchte; im Mittelschiff, wie üblich, den Heilig-Kreuz-Altar, ferner, eine Laacher Besonderheit, den Altar der heiligen Märtyrer mit der Tumba des Pfalzgrafen; je ein Altar in den Apsiden der Querhausarme; je drei Altäre in den Seitenschiffen, so aufgestellt, daß der zelebrierende Priester nach Osten schaute; einen weiteren Altar noch im südlichen Querhausarm. Sicher war, wie damals allgemein üblich, von Anfang an eine Mehrzahl von Altären vorhanden; sie gehörten zum Konzept eines großen Kirchenbaues und repräsentierten als „Kirchenfamilie" die Stadtkirchen der Vororte der Christenheit: Jerusalem, Rom, Tours … Sie störten den Raum weniger als es uns heute scheinen muß, weil es relativ kleine aus Steinen aufgemauerte Würfel waren, quadratisch, zwar etwas höher als seit der Neuzeit gewohnt, ohne Stufe(n), ohne Aufbauten, doch vielleicht mit Schranken oder gar Baldachinen als eigene Räume markiert.

Diese Ausstattung entspricht nicht nur dem Innenraum der Kirche, die, dank der unterschiedlichen Höhen der Gewölbe, dank der differenzierten Gevierten, welche die Gewölbe im Chorjoch, in der Vierung, im Hauptschiff, in den Seitenschiffen und in den Querhausarmen anzeigen, dank des Gefüges der vier Apsiden, innerhalb der Ummauerung unterschiedliche Räume schafft. Dies entspricht dem zeitgenössischen Leitbild der Liturgie: Es ist die Liturgie einer „Kirchenstadt", konkret: der Stadt Rom, der Stadt, welche mit den Gräbern der Apostel Petrus und Paulus die Fundamentsteine einer jeden Ortskirche bewahrt, wo immer sie sich versammeln mag, deren Liturgie sich aber in den vielen Heiligtümern der Stadt vollzieht. Es ist nicht die numerisch eine Liturgie in einer einzigen Kir-

che, sondern diese Liturgie ist die eine an mehreren Orten innerhalb des einen Kirchenbaues. Damit ist auch der markanteste Unterschied zu dem Leitbild und zu den Verhältnissen der nachfolgenden Jahrhunderte gesagt: Die Laacher Kirche ist nicht gestiftet und gebaut für eine Gemeinde von Christen, die gleichsam von ihrem Wohnhaus zur Kirche kommen und sich dort je und je als Gemeinde des Herrn versammeln und dann wieder nach Hause zurückkehren, sie ist vielmehr gebaut für Menschen, die in diesem Gotteshaus leben, um die – man muß es so sagen: die ideale – Kirche in der mehrörtlich gefeierten Liturgie zu leben. An eine mitfeiernde (Außen-)Gemeinde ist nicht gedacht. Diese wird repräsentiert durch den Stifter, der, zusammen mit dem ersten Abt – Gilbert – wie Petrus und Paulus in Rom für die Gesamtkirche, in seinem Grab innerhalb dieses Heiligtums für das Land seiner gottgegebenen Herrschaft bleibend vorsorgt. Er lebt und wirkt durch den Gebetsdienst in seiner Stiftung. Ohne den liturgischen Dienst ist der Kirchenbau leer, ja: nutzlos.

Es gibt indes schon zur Zeit der Stiftung der Laacher Kirche anderswo Anzeichen, daß eines solchen Verständnis von „Kirche", gebunden an eine bestimmte Gesellschaftsstruktur – Einheit von Herrschaft und Heil, von „Kaiser" und „Papst" – sich überholt hatte. Vorausgesetzt ist, daß die Gesellschaft in sich geschlossen bleibt: Man weiß sich in ihr am vorgegebenen Ort und Stand beheimatet, oder man ist draußen. In Laach mag das geistvolle Konzept, dem Kirchenbau mittels des Paradieses das nicht vorhandene Hauptportal beizubringen, ein Zeichen der Öffnung nach außen sein, eine Einladung zum Hineingehen. Noch deutlicher spricht dies das Modell der Laacher Kirche aus, das der Pfalzgraf, stehend-liegend auf seiner Tumba, darbringend in der Hand hält: Die Laacher Kirche, gewiß, aber: „gotisch" gesehen. Statt der beiden Geschosse im Westwerk-Westchor nun ein großes Portal, wie es die gotischen Kathedralen kennzeichnet – im nahen Köln wird ja gerade eine solche geplant. Und daß somit der Kirchenbau eine Richtung erhält, von Westen zum Ostchor hin, markieren auch noch die beiden hohen gotischen Fenster im östlichen Chorjoch (die auch tatsächlich ausgeführt wurden). Wirkt sich dies auch auf die Feier der Liturgie aus? Da kommt nun eine auffallende Eigenheit der Geschichte der Liturgie der Westkirche ins Spiel: Obwohl im hohen Mittelalter das Verständnis des Menschen sich wandelt, die Gesellschaft sich verändert, die Theologie neue Wege einschlägt, die Frömmigkeit andere als bisher gewohnte Akzente setzt – die Liturgie ändert sich in ihrer Gestalt nach Text und Ritual im wesentlichen nicht. Wohl aber wird die tradierte Liturgie, bei prinzipiell gleichen Formen, tiefgehend neu verstanden. Sie ist Ort des Miterlebens der Geschicke des Jesus von Nazaret, besonders seiner dramatischen Passion. Die Feier der Eucharistie gibt die Gelegenheit, den Weg des Heiles und im einzelnen den Weg Jesu von Geburt bis zum Tod nachzuerleben – obwohl der tradierte Ritus mit seinen vorgegebenen Texten und Riten solches gar nicht akzentuiert. Die Horen des Stundengebetes werden mit dem auf den Tod hin leidenden Jesus und seine Mutter Maria begleitend tief im Gemüt miterlebt. Das alles schlägt sich nicht in der aktenkundigen Liturgiefeier nieder. Diese wird zwar auf verschiedenen Ebenen perfektioniert, etwa in weiterer Ausgestaltung des Text- und Melodienkorpus; die Utensilien – Gewänder, Geräte – werden stilistisch angepaßt und in der künstlerischen Ausfertigung zu hoher Vollendung gebracht; aber die Liturgiefeier als solche bleibt wie übernommen. In der Laacher Kirche hat diese Epoche keine Spuren hinterlassen, die einer Änderung der Liturgie zu verdanken wären; wohl ist es möglich, daß spätestens 1802 entsprechende Bildwerke, etwa gotische Flügelaltäre, verschwanden. Ein typisches Signal dieser Epoche hat allerdings seinen Weg in die Kirche zurückgefunden: Ein Bild Mariens, den vom Kreuz abgenommenen Leichnam Jesu auf dem Schoß, vor 1802 viel verehrt, dann aber in die Nachbarschaft, nach Lonnig, weggebracht, wird durch ein anderes, ikonographisch gleiches Bildnis ersetzt. Es wird der-

zeit in einer Seitenkapelle der Kirche verehrt. „Vesperbild" nennt es ein altes Herkommen, und dieser Bezeichnung liegt die Deutung der Abendhore des Stundengebetes, der Vesper, auf die Phase der Passion zugrunde, die der Abnahme des toten Jesus vom Kreuze und die Bergung des Leichnams auf dem Schoß Mariens gedacht wird – und das fromme Gemüt des Beters der Abendhore leidet mit der Mutter Jesu mit. Daß Ursprung und Text der Tagzeitenliturgie gar nicht auf solches Empfinden eingehen, störte die Frommen dieser Zeit nicht. Der liturgische Text war zum Formular geworden; er sprach nicht mehr aus sich selbst. Heimat hatte die Frömmigkeit sich anderswo geschaffen.

Man weiß es: In einem geradezu revolutionär empfundenen Akt des Rückgriffes auf die Quellen des Glaubens der Kirche wollte die Reformation auch diese Misere bessern. Die katholische Kirche war herausgefordert und antwortete nach dem Konzil von Trient mit dem großartigen „Gesamtkunstwerk" des Barock. Liturgie wurde weiterhin in den gewohnten Formen und Texten geübt, verbessert zwar, aber selbst das vom Mittelalter her gewohnte Verständnis blieb im ganzen unverändert. Man übte genauer, bewußter, was kennzeichnend für die katholische Kirche war, und vor allem übten es Klerus und „Volk" nun gemeinsam, gemeinsam als die in der einen Kirche geeinten Glaubenden. Das hatte für die Laacher Kirche die seit Gründung tiefgreifendste Änderung des Kircheninnern zur Folge. Zwar war die Abtei zu arm, um, gleich Klöstern in Süddeutschland, den Kirchenbau im zeittypischen Stil durchgehend neuen, „modernen" Glanz zu geben oder ihn gar durch einen Neubau zu ersetzen. Aber das Mittelschiff wurde von den Altären und der Tumba des Pfalzgrafen geräumt, der Boden zugunsten eines klaren Versammlungsraumes erhöht, spätestens jetzt der Lettner, wenn (noch) vorhanden, abgebrochen, eine Kanzel angebracht, vor allem aber in der Ostapsis ein respektabler Hochaltar errichtet, der nun den ganzen Kirchenraum auf sich und das liturgische Geschehen an ihm sammelte. Die vielörtliche Liturgie der früheren Epoche, aufs

Ganze gesehen dem Konzept des Kirchenbaues entsprechend, wird abgelöst von der gestuften Hierarchie des liturgischen Geschehens in den Meßfeiern am Hochaltar in der Ostapsis und dem Stundengebet im davor plazierten Gestühl der Priestermönche. Beides sind Feiern, die dem direkten Verstehen der meisten entzogen sind, denn ihre Sprache ist die „Sprache der Kirche" – keine eigentliche Fremdsprache, sondern integraler Teil der soziokulturellen Lebenswelt „katholische Kirche" und als solches nicht in Frage gestellt. Abseits liegen die verbliebenen Nebenaltäre, Orte der „Stillmessen": „Private" Zelebration der Priester und stilles Teilnehmen von gelegentlich anwesenden Laien – auch dieses ein kaum problematisierter Teil der katholisch-konfessionellen Lebenswelt.

Aus dieser Epoche bleibt denn auch bis heute, was das Kircheninnere so sehr stört: Die Aufstellung von Bänken für die von auswärts kommenden Gottesdienst-„Besucher". Jeder Gewinn hat eben auch seinen Preis.

Wenn es stimmt, was wir eingangs konstatierten, die Laacher Kirche sei für den Dienst der Ehrung Gottes in der Liturgie gestiftet, stellt sich die Frage: Bleibt denn über einem so tiefgreifenden Wandel der Gestalt der Liturgie die Identität des Stiftungssinnes noch gewahrt? Pfalzgraf Heinrich und Abt Gilbert hätten sich solche Veränderungen nicht vorstellen können. Die Zeitgenossen des 16., 17. und 18. Jahrhunderts hätten aber die Frage gar nicht verstanden. Der Wandel war doch gerade ein Zeugnis der Treue zum Ursprünglichen, zum Uralten und Bleibenden, das nur erneuert, nicht aber einfach ausgewechselt wurde. Merkwürdig ist aber, daß darin die Christen aus der Reformation und die Katholiken einer identischen Grundposition folgten. Beide wollen, je auf ihre Weise, Maß am Ursprung nehmen.

Der Laacher Kirchenbau aber bewährt sich als Kunstwerk: Ungeachtet der von einem Wandel des Verständnisses und der Praxis der Liturgie gezeitigten Änderungen seines Inneren bleibt die Faszination seiner künstlerischen Gestalt.

Diese überlebt auch das Jahr 1802. Die Epoche der Romantik erlebt das Kunstwerk sogar intensiver als die Generationen zuvor. Gerade der ausgeräumte, seines Sinnes, des täglichen Gottesdienstes, beraubte Raum weckt die so beliebten Stimmungen von Werden und Vergehen, von Erblühen und Welken.

Als 1892 wieder Benediktinermönche nach Maria Laach kommen und am Ostersonntag 1893 in die leergeräumte Kirche einziehen, wo sie seitdem wieder Tag für Tag Liturgie feiern, erweist es sich ihnen als ein Vorteil, daß sie unbeschwert von den Änderungen der Barockzeit den Raum ausstatten können. Ihr Konzept ist klar: Es ist das der kirchengeschichtlichen Epoche der Restauration, und erst diese nimmt die Vorgaben der Barockzeit, der Epoche nach dem Konzil von Trient, gleichsam wörtlich. Das Kircheninnere soll der Ort einer Liturgie sein, wie sie in den liturgischen Büchern, nach dem großen Konzil des 16. Jahrhunderts in der Tradition der mittelalterlichen Kirche erneuert, vorgesehen ist. Der Kirchenraum wird auf den Hochaltar in der Ostapsis ausgerichtet, unübersehbar, denn ein mächtiger Baldachin überwölbt ihn seit 1899. Ein Lettner brauchte erst nicht mehr entfernt zu werden. Was nun an ihn erinnern könnte, die recht hohen Rückwände des um fünf Stufen erhöhten Platzes des Mönchschores in der Vierung, unterstützt vielmehr den Altar im Ostchor als Zielpunkt aller Linien, denn die beiden Arme des Querhauses erscheinen dadurch als eigene Räume isoliert. Das von West nach Ost schauende Auge nimmt sie kaum wahr. Noch mehr markiert das Mosaik des Christus Pantokrator den Raum des Altares: Den ganzen Kirchenraum überblickend, jeden einzelnen im Raum der Kirche bannend, demonstriert der also Dargestellte, um wen es hier geht und zu gehen hat. Einen weiteren Akzent im Raum des Altares setzt, links vom Altar, der Thron des Abtes, benutzt zu den feierlichen Gottesdiensten an den Festtagen; ein Baldachin markiert ihn für jeden im Kirchenraum als einen wichtigen Gottesdienstort. Das Mittelschiff selbst füllen wieder Bänke für die zum

Gottesdienst von draußen kommenden, schauend und betend, aber auch disziplinierend in den neuen Bänken untergebrachten Teilnehmenden. Und noch niemals in der schon langen Geschichte des Kirchbaues wurde Liturgie so ausgeweitet, so personalaufwendig, so korrekt, fast schon: so perfekt gefeiert wie in dieser Epoche. Neun Jahrzehnte der Entfremdung dieser Kirche scheinen ausgelöscht. Der fromme Kirchenbesucher mußte schon in die benachbarten Kathedralkirchen in Trier oder Mainz, in Limburg an der Lahn oder Köln gehen, um ähnlich, nein: nur fast so großartig gefeierte Liturgie zu erleben. Romano Guardini bezeugt es, betroffen und staunend: „In solcher Vollendung habe ich noch nirgends liturgische Feiern gesehen."

Der Kirchenbesucher erlebte aber neben der hohen Liturgie noch etwas anderes: Acht „Nebenaltäre" waren vor die Pfeiler zwischen dem Mittelschiff und den Seitenschiffen gestellt, und an diesen zelebrierten nach dem Chorgebet des frühen Morgens die Priestermönche „stille" Messen, ehe sie sich mitten am Vormittag zum feierlichen „Hochamt" im Chor versammelten. Die eucharistische Liturgie zeigte sich gestuft: eine Hauptsache, unübersehbar, im Hohen Chor, Nebenfeiern über den Kirchenraum hin. Aber dies war nicht mehr, wie zur Zeit der Gründung des Klosters, die eine große Liturgie, die Liturgie der normativen Stadtkirchen zitierend, sondern es waren Äußerungen der subjektiven Frömmigkeit der einzelnen Priester, im hohen Mittelalter aufgekommen und inzwischen durch die Reaktion der katholischen Kirche auf die Bestreitung solcher frommen Übungen durch die Reformation von einem neuen Sinn eingeholt: Das „Meßopfer" ist der höchste Kult, sinnvoll wo und wann immer er stattfindet. Aber wie in den Zeiten der Gründung des Laacher Kirchenbaues scheint doch wieder der ganze Kirchenraum gleichsam liturgisch besetzt.

Die formale Perfektion der nach 1892 in der Laacher Kirche gefeierten Liturgie hatte allerdings ihre Probleme und ihren Preis. Die Probleme bringt Romano Guardini ins Wort, wenn er nach dem oben gebrachten Zitat fortfährt: In Laach wird „exklusivhieratische Liturgie" gefeiert. Für eine solche sind nicht überall in der Kirche die Voraussetzungen vorhanden. Muß es daneben nicht noch eine andere Gestalt der Liturgie geben, „ein milderer, umgänglicherer Typus der Liturgie", für Christenmenschen, wie sie nun einmal sind, und bezogen auf die Lebensumstände, in denen sie leben? Und vier Jahrzehnte nach Romano Guardini benennt ein anderer Besucher von Maria Laach den Preis solcher Feiern: Hier ist Liturgie „hinter Glas", schön anzuschauen, aber fern, noch ferner als ein Schauspiel auf der Bühne den das Theater Besuchenden.

Aber wir greifen voraus. Abt Ildefons Herwegen, 1913 sein Amt antretend, forderte programmatisch die Rückwendung zu den alten Quellen des Glaubens und des christlichen Lebens, nicht mehr, wie die kirchliche Restauration der zweiten Hälfte des 19. Jahrhunderts, als ein demonstratives Dennoch, weil das Alte, Gestörte und weithin Zerstörte, weiter zu gelten hat, sondern als Inbegriff der urtümlichen Motive, aus denen Kirche und in ihr die Christen je und je leben. Dies wirkt sich über die nächstfolgenden Jahrzehnte hin im Laacher Kirchenbau in neuen Interpretationen des liturgischen Raumes aus.

In einem ersten Akt wird eine Form der Meßfeier gesucht, die, gleichsinnig dem vom Romano Guardini formulierten Postulat, den Ritus der Meßfeier aus sich selbst sprechen läßt. Die Laacher Kirche bietet dafür auch gleich den idealen Raum an: Die Krypta unter dem Hochchor. Erstmals wieder seit manchen Jahrhunderten wird sie als liturgischer Raum entdeckt und für die neue Form – in Wahrheit freilich: eine uralte Form – der Meßfeier belebt: Die *missa recitata*, „Chormesse", Gemeinschaftsmesse, wie die Namen heißen. Im einfachen Mitsprechen und Mittun aller erschließt sich die Liturgie neu, und dies ohne die Perfektion, wie sie die kirchenamtlichen Liturgiebücher für die hohen Gelegenheiten vorsehen. Diese Form der liturgischen Feier der Eucharistie wirkte sich nun auch von der Laacher Krypta aus, weit in die Christenheit und bereitet, was natürlich noch niemand wissen konnte, eine der Grundlagen vor für die Reform der Liturgie durch das große Konzil des 20. Jahrhunderts, das Zweite Vatikanische Konzil (1962–1965).

Nebenbei ist allerdings auf eine Tat des ersten Papstes des 20. Jahrhunderts hinzuweisen: Papst Pius X. (1903–1914) verfügt, es solle nun eine vernachlässigte Weisung des Konzils von Trient gelten, laut derer der katholische Christ das Recht hat, jede Meßfeier auch sakramental, also das Sakrament empfangend, mitzufeiern. Ohne daß der Papst selbst dies zunächst beabsichtigt, kommt er damit dem neu entdeckten Verständnis der Liturgie entscheidend entgegen.

In einem zweiten, sich über die nächsten Jahrzehnte erstreckenden Akt, wird die Laacher Kirche auf die Möglichkeiten befragt, in baulichen Änderungen das neue Verständnis von Rang und Bedeutung der Liturgie anzuzeigen.

Als erstes wird signalisiert, daß die Eucharistiefeier nicht nur Sakramenten- oder Opfergottesdienst ist, sondern auch in Verkündigung des Gotteswortes besteht. Deshalb werden bald nach Ende des Ersten Weltkrieges, nach dem Beispiel altchristlicher Basiliken, eigene Orte für dieses integrale Element der Liturgie herausgehoben: Je ein Ambo für die Verlesung der Epistel und des Evangeliums werden an den westlichen Enden der beiden Reihen des Chorgestühls, von der Vierung zum Mittelschiff hin, so angebracht, daß sie den Altar- und Chorraum zum Raum der Gemeinde hin abschließen. In Kauf genommen wird, daß somit der vorrangige Anteil von Klerus und Mönchschor an der Liturgie herausgestellt scheint, selbst um den Preis, daß die Mönche hinter den die Lesungen der Heiligen Schrift verkündigenden Ministri, Subdiakon und Diakon, stehen und somit den Anschein erweckten, als seien nicht auch sie als Mithörende des Gotteswortes gemeint. Daß überdies die Verkündigung in der Hochsprache der Liturgie, in Latein, erfolgt, wurde damals gewiß wahrgenommen, auch mit dem Hinweis auf die vorhandenen Übersetzungen in den Händen vieler Besucher der Kir-

che relativiert, aber konnte wegen der eindeutigen Rechtslage nicht eigentlich diskutiert werden.

Die weiteren Zeichen im Innenraum der Abteikirche, die ein geändertes Liturgieverständnis anzeigten, folgten erst einige Jahrzehnte später, wieder nach einem Weltkrieg. Der immer schon als zu mächtig empfundene Altarbaldachin Kaiser Wilhelms II. in der Ostapsis konnte nach dem Tod des Stifters abgebaut werden. Aus seinen Steinen wurde (1947) ein neuer Altar errichtet, nun aber so, daß, wieder nach dem Muster altchristlicher Basiliken, der Priester zum Volk hin gewandt stand. Zugleich wurde das wertvollste der wenigen nach 1802 in der Kirche verbliebenen Stücke der Inneneinrichtung, der Baldachin aus der zweiten Hälfte des 13. Jahrhunderts, seit der Barockzeit mit der Tumba vereint in der Westapsis abgestellt, über dem neuen Hochaltar neu errichtet. Und, nochmals nach dem Muster altchristlicher Basiliken, wurde der Sitz des Abtes in den Scheitel der Ostapsis verlegt, von wo aus der Abt, altchristlichen Bischöfen gleich, die liturgischen Funktionen der hochfestlichen Gottesdienste leitet. Ein knappes Jahrzehnt später, als in der Vorbereitung des 800-Jahr-Jubiläums der Kirchweihe (1956) auch im Kircheninnern Änderungen vorgenommen wurden, erhielt die architektonische Gestalt des Baues den Vorrang: Der Mönchschor in der Vierung wurde tiefer gelegt und damit das Querhaus erlebbar. Und für die Seitenaltäre vor den Pfeilern des Langhauses wurden in Nebenräumen der Kirche eigene Orte geschaffen. Die Anlage Hochaltar – Vorstehersitz wurde zum Muster der Neueinrichtung vieler Bischofskirchen. Die Zelebration „zum Volk hin" wurde inzwischen im gesamten Orbis catholicus zur Normalform. Auch die Befreiung der Kirchenräume von Nebenaltären zugunsten des einen Altares steht nicht mehr zur Diskussion. Daß der Mönchschor in der Vierung tiefer gelegt war, mußte wieder aus unterschiedlichen Gründen zu einem Teil revidiert werden. Ein dem Kirchenbau gemäßer Ort für die Verkündigung des Gotteswortes in der Liturgie wurde aber noch nicht gefunden.

130

Diese Frage steht indes an, denn das Zweite Vatikanische Konzil hat die Verkündigung des biblischen Gotteswortes als integrales Element der Liturgie der Kirche definiert. Ein Ort der Verkündigung im Kirchenbau steht demnach im Rang dem Altar nicht nach. Wie der Altar, bezeichnet auch er den Kirchenraum als Stätte der liturgischen Feier. Die Gemeinde der Liturgiefeier in der Laacher Kirche, die Mönche der Abtei, wissen sich in die Pflicht genommen. Verschiedene Modelle einer möglichen Lösung werden diskutiert.

Freilich ist es nicht nur der ehrwürdige und fraglos künstlerisch bedeutende Raum, der schnelle Lösungen nicht zuläßt. Es sind auch, wie könnte es beim Rang der Laacher Kirche auch anders sein, die Auflagen einer Denkmalpflege, die, im Unterschied zu den früheren Epochen, Eingriffe in die Gestalt und das Erscheinungsbild des Kircheninnern nur ungern duldet, und dies auch um den Preis, daß künstlerisch kaum hinreichende Bildwerke – etwa die Mosaiken in den Apsiden der Querhausarme, wie auch die darunter plazierten, inzwischen funktionslos gewordenen, aber mit überaus aufwendiger Pracht gebauten Altäre – erhalten bleiben müssen. Sicher ist: Wie der Bau der Laacher Kirche im Laufe der Jahrhunderte sich immer wieder veränderte, weil das Verständnis und die Gestalt der Liturgie sich änderte, wird auch die Zukunft je und je neu sich den Bau der Väter heimisch machen wollen und dies auch tun dürfen.

Die Kirchenväter haben in Predigten zu Kirchweihfesten gern ein Bild angewandt, das auf Briefe des Apostels Paulus zurückgeht: Der Bau der Kirche, kunstvoll aus toten Steinen gefügt, ist nur ein Bild, eine Ikone, des noch kunstvolleren Baues, den Gott aus den seinem Wort glaubenden Menschen, aus lebendigen Steinen also, als seine Kirche erbaut. Daß über bald 900 Jahre hin sich in Laach Christen als eine Kirche aus lebendigen, den Anspruch der Zeiten wahrnehmende Menschen verstanden und so das Gebäude aus den Steinen des Laacher Seetales und seiner Umgebung je neu auf sich öffneten und daß dieser Bau aber, weil ein Kunstwerk, die so ihn ersinnenden, pflegenden, mit Gebet erfüllenden und darin Gott ehrenden Menschen bestätigte, ist ein Glücksfall der Geschichte, den wir mit Dank wahrnehmen. Und solche, die in der Laacher Kirche das Jahr über Liturgie feiern, können es kaum als einen Zufall erachten, daß der Innenraum der Basilika während des höchstrangigen Gottesdienstes im Jahr, in der nächtlichen Vigilfeier des Ostersonntags, am schönsten zu erleben ist und am eindrücklichsten die Feiernden umfängt: Das Mittelschiff angefüllt von Menschen, die in Augenhöhe die brennenden Kerzen des Osterlichtes halten, und der Raum, allein von solchem Licht erfüllt, wird weit und groß – bruchlos gemäßer Ort des großen Festes. Er ist eben dazu geschaffen.[99]

P. Angelus Häußling OSB

Bild gewordener Glaube

Zu den Portalen, Statuen, Retabeln und Grabsteinen in Kirche und Paradies

Die Laacher Abteikirche hat ihre beeindruckende Wirkung nicht nur durch ihre romanische Architektur und die frühen Kunstwerke im Innern, die viele Jahrhunderte sozusagen unverändert überstanden. Sie führt den Menschen, der interessiert suchend und erwartungsvoll eintritt, auch in eine Bild gewordene Glaubenswelt des frühen 20. Jahrhunderts – meist gestaltet von Laacher Mönchen.

Es handelt sich bei der folgenden Zusammenstellung zum großen Teil um Bildnisse aus neuerem Bestand. Wurden doch nach der Neubesiedlung durch die Benediktiner naturgemäß Kunstwerke eingefügt, die jeweils aus dem geistigen Bewußtsein einer veränderten Glaubensvorstellung, der aktuellen Ästhetik und Frömmigkeit der Zeit erwachsen sind. Diese Bildwerke dürfen wir auf einem Gang durch die Kirche kurz beschreiben.

Hauptportale im Westen

Die Türen der inneren Westportale der Abteikirche im Raumgefüge des sogenannten „Laacher Paradieses" wurden von dem Kölner Bildhauer Josef Jaeckel 1956/57 geschaffen.

Das Grundmaterial ist Kupfer. In der Mitte tragen die doppelflügeligen Türen je einen Bronzestab mit Medaillons. Das Nordportal ist von der Thematik der zwölf Stämme Israels bestimmt, das Südportal trägt die Symbole der zwölf Tierkreiszeichen.

Diese Bildnisse sind als Einheit zu beachten. Das Schöpfungsgeheimnis der natürlichen Welt, das sein Bildprogramm in dem sogenannten Zodiakus, dem Tierkreis, gefunden hat, steht im Zusammenhang mit der Heilsordnung Gottes. Gott hat nach christlicher Tradition sein Volk aus den zwölf Stämmen Israels erwählt und in das neue Land eingeführt, das er Abraham und seinen Nachkommen versprochen hatte. Natur und Übernatur, Schöpfung und religiöser Glaube werden in diesem Kunstwerk der Türen zu einer spirituellen Einheit.

Fresken im Westwerk

Betritt der Besucher die Kirche durch das innere Südportal, so steht er unmittelbar vor dem Fresko eines spätgotischen Bildnisses des Ordensvaters Benedikt, das unter Abt Simon von der Leyen um 1510 entstanden ist. Es ist 2,77 m hoch und zeigt oben die Wappen des Dietrich Wolf von Mollendorf und seiner im Jahre 1508 verstorbenen Gattin Mettel von Lubsdorf, genannt von Franken.

In der Hand Benedikts liegt das geöffnete Buch mit den Anfangsworten seiner Mönchsregel:

„Höre, mein Sohn, auf die Weisung des Meisters." Von links kommt ein Rabe, im Schnabel Brot bringend; zu seinen Füßen kniet ein Mann, der in gefalteten Händen eine Sichel trägt. Gemeint ist wohl der Bauer aus den sogenannten Dialogen des hl. Benedikt, dessen Kind durch die Fürbitten Benedikts von den Toten erweckt sein soll. Rechts unten ein kniender Mönch in der Art eines Stifters mit dem Spruchband: „O heiliger Vater Benedikt, bewahre deinen Diener unter deinem Segen."[100] Vielleicht ist der Maler des Bildes gemeint.

Auf der Nordseite des südlichen Arkaden-Pfeilers ist der hl. Nikolaus vor einer Gebirgslandschaft

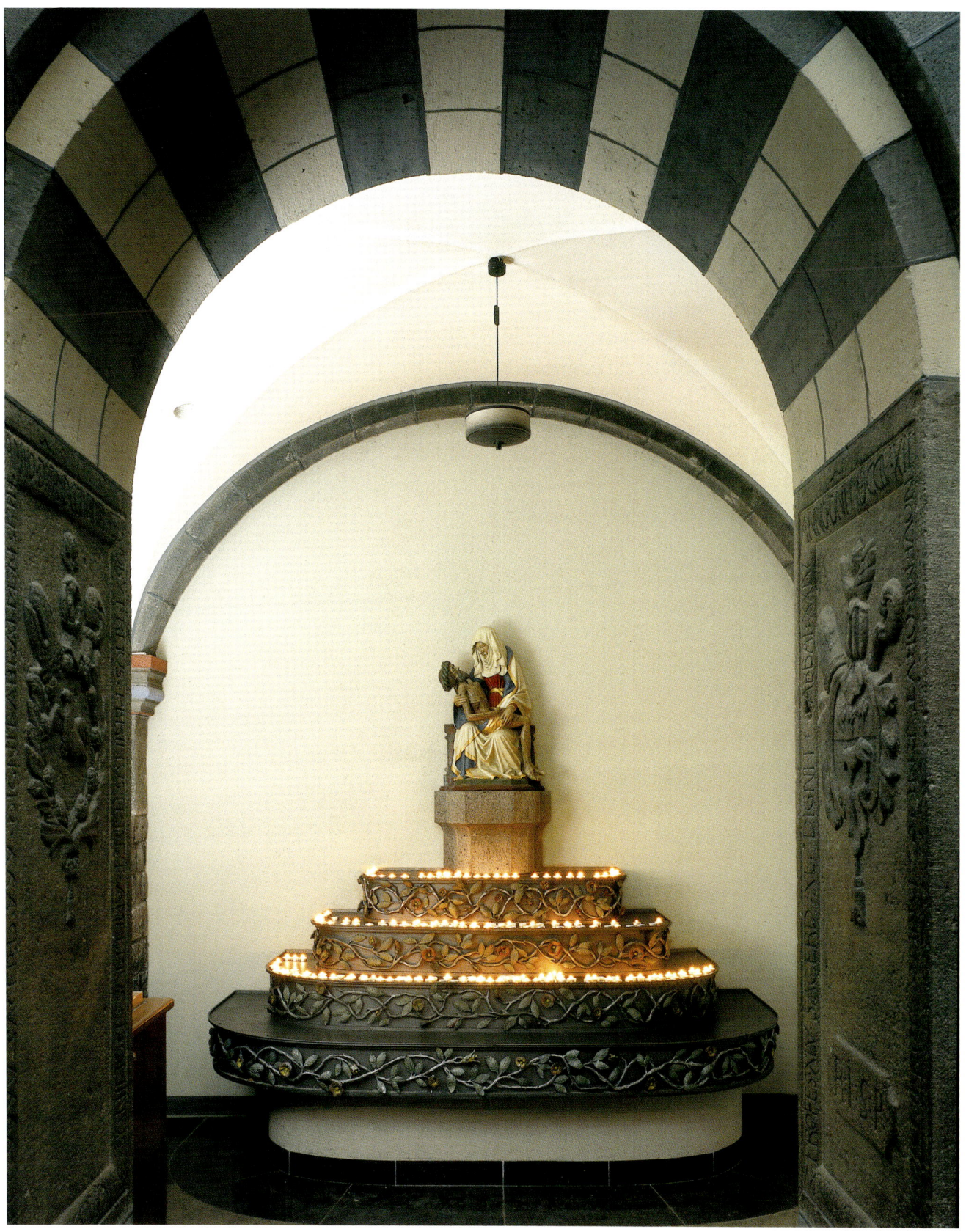

Die Kerzenkapelle mit dem spätgotischen Vesperbild

zu erkennen. In seiner Rechten hält er das Buch mit drei goldenen Kugeln.

Der Legende nach soll Nikolaus dieses Gold drei jungen Mädchen als Mitgift zu ihrer Heirat geschenkt und sie dadurch vor der Prostitution bewahrt haben. Vor ihm kniet Abt Simon von der Leyen (1451–1512). Er ist durch sein Wappen ausgewiesen. Nikolaus ist der zweite Patron der Kirche, wahrscheinlich auch deshalb, weil er als Patron der Schiffer gilt. Das wäre sinnvoll in einer Benediktinerabtei, die an einem See liegt. Nikolaus galt auch als Patron des salischen Kaiserhauses, in dessen Zeit dieser westliche Teil der Kirche gebaut wurde.

An der Südseite des nördlichen Arkaden-Pfeilers ist das Bild des hl. Christophorus angebracht. Es ist 2,82 m hoch. Christus auf den Schultern des hl. Christophorus ist mehr der erwachsene Herrscher mit der Weltkugel, als das kleine Kind aus der Christophorus-Legende.

Die Wappen links tragen die Signatur des Stifters Georg von der Leyen, des Vaters des Laacher Abtes, der 1509 gestorben ist und in der Abteikirche begraben wurde.

Kerzenkapelle

In der Kerzenkapelle rechts, also an der Südseite der Kirche, ist das spätgotische Vesperbild aufgestellt. Es ist eine Kopie aus dem Jahre 1981. Die Originalskulptur steht heute im Innern der Abtei. Die Pietà wird von vielen Besuchern der Abteikirche verehrt.

Bildnisse an den Pfeilern im Längsschiff

Am ersten Pfeiler der Nordseite im Langhaus der Kirche hängt das hohe Mosaikbildnis des hl. Erzengels Michael, aus der Hand des Laacher Benediktiners Br. Radbod Commandeur, entstanden 1938.

Am zweiten Pfeiler ist die sitzende Gestalt des Ordensvaters Benedikt in der Haltung eines Lehrmeisters auf seiner Cathedra angebracht. Die Arbeit ist in Holz geschnitzt und mit einem Goldmetall überzogen. In der Hand trägt er die Mönchsregel: „Kommt ihr Söhne und hört. Ich lehre euch die Furcht Gottes" (Reg. Ben. Prol 12, Ps 33,2.16).[101] Diese Arbeit schuf im Jahre 1938 ebenfalls Br. Radbod Commandeur.

Am vierten Pfeiler auf der Nordseite des Langhauses hängt ein Kreuzreliquiar, das Br. Radbod Commandeur 1936 für das Laacher Münster vollendet hat. Es stellt eine Retabel mit Flügeltüren dar. Die äußeren Flügeltüren zeigen zwei in Metall getriebene Engel im byzantinischen Stil, die in ihrer Mitte das Kreuz Christi halten, das über dem Kosmos schwebt. Im geöffneten Zustand sind in farbenprächtigem Mosaik Kaiser Konstantin und seine Mutter Helena zu erkennen, die selbst in königlichem Schmuck das Kreuz in ihren Händen halten. Im Schnittpunkt des Kreuzes enthält dieses mit Gold und Edelsteinen geschmückte Kreuz eine Kreuzpartikel, die dem Kloster 1508 von Ritter Heinrich von Ulmen geschenkt worden ist. Auf den Flügeltüren innen sind auch zwei Engel in Mosaiktechnik angebracht, die in den Händen eine Buchrolle tragen mit der Schrift: „Dieses Kreuz wird am Himmel erscheinen, wenn der Herr zum Gericht kommen wird."[102]

Das feuervergoldete Flachrelief auf der Südseite der Abteikirche am vierten Pfeiler vom Eingang her hat Br. Radbod 1937 geschaffen. In monumentaler Wirkung hängt der tote Herr am Kreuz. Sein Herz wird nach biblischer Darstellung (Joh 19,34) durch den römischen Soldaten Longinus durchstoßen, und Blut und Wasser fließen heraus. Eine weibliche Gestalt – Sinnbild der Kirche – fängt Blut und Wasser in einem Kelch auf, seit früher Zeit ein Symbol der beiden grundlegenden Sakramente der Kirche Jesu Christi: Taufe und Eucharistie. Unter dem Giebelfeld stehen die Worte des Propheten Jesaja: „Schöpft Wasser in Freude aus den Quellen des Erlösers." (Jes 12,3)[103]

An der südlichen Pfeilerreihe (zweite Säule vom

Eingang her) ist eine Plastik des hl. Martin zu finden. Der große Bischof von Tours (317–397) ist ein echter Volksheiliger, der in ganz Westeuropa, besonders auch im Rheinland, hochverehrt wird. Er ist zudem ein Vorbild für die Mönche des hl. Benedikt, die vielen ihrer Kirchen und Klöster seinen Namen gaben und sie unter seinen Schutz stellten. Er gilt als Patron der Beuroner Benediktiner-Kongregation, zu der knapp zwanzig Klöster im In- und Ausland gehören.

Das Bildnis dieses Heiligen wurde im Jahre 2002 von dem Kölner Bildhauer Elmar Hillebrand gearbeitet. Es ist aus Bronze gefertigt mit einer hellen Sandsteinplastik im Zentrum der Tafel. Die Bilder

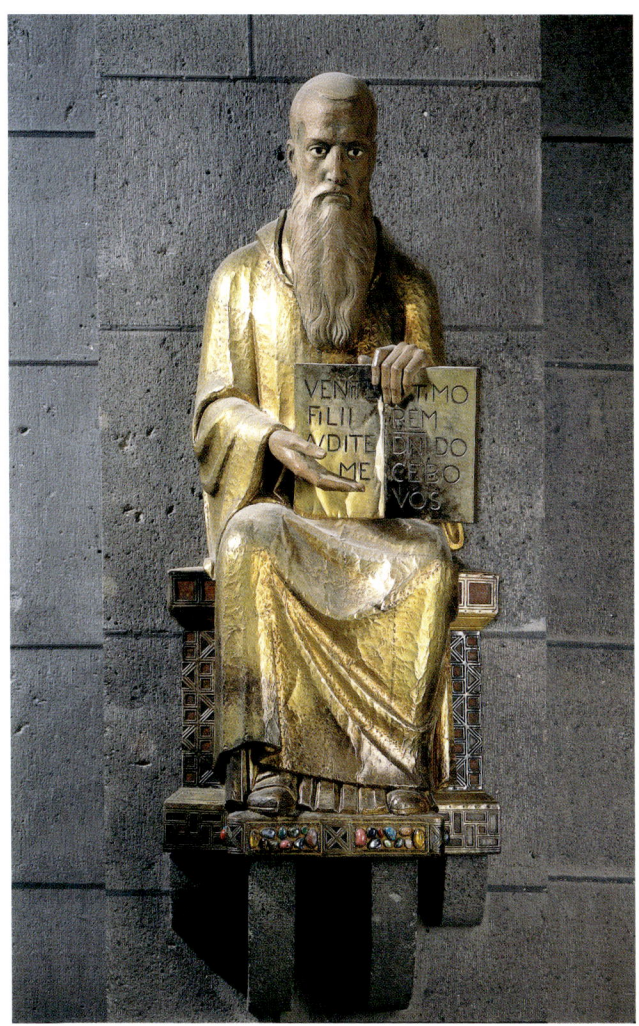

Bildnis des hl. Benedikt vor einem Pfeiler, Nordseite

stellen Begebenheiten aus dem Leben des hl. Martin von Tours, die uns sein früher Biograph Sulpicius Severus (363–420) überliefert hat.

Martin, der spätere Bischof von Tours, ist in Steinanger, im heutigen Ungarn geboren, aber in Pavia aufgewachsen. Sein Vater war ein höherer Offizier in römischen Diensten und kein Christ. Martin aber drängte schon von früher Jugend auf zum christlichen Glauben. Er lebte als Taufbewerber und war zugleich Soldat. Er fiel auf durch seine Güte, Liebe, Bescheidenheit und Geduld gegenüber allen Menschen, die ihm begegneten. Er diente den Armen, Hungernden und gab von seinem Sold reichlich den Notleidenden.

Martin als Soldat mit seinem Pferd – er diente bei der Kavallerie – erkennt man hier auf der mittleren länglichen Bildplatte links.

Sein Leben als Soldat hatte auffallende Züge. In der mittleren, helleren Sandsteinplatte ist das bekannteste Ereignis aus seinem Leben erzählt. Die künstlerische Ausführung dieser Steinplastik hat einen besonderen Reiz durch die Tatsache, daß dieser Stein originär aus der Region um Tours stammt, der späteren Bischofsstadt Martins. In der christlichen Ikonographie wird diese Szene, die sich vor den Toren der nordfranzösischen Stadt Amiens zugetragen haben soll, meist so geschildert, dass Martin vom Pferd herab seinen Mantel mit einem nackten Bettler teilt. In Laach hängt er dem frierenden Armen den Mantel um.

Die Fortführung dieser großen Liebestat ist in der Bronzetafel unten rechts zu erkennen. Martin liegt nachts auf seinem Lager und schaut plötzlich in einer Vision Christus, seinen Herrn und Gott, der ihm die zweite Hälfte des Mantels hinhält. In dem armen Bettler von Amiens hatte Martin Christus selbst gedient.

Die Bildfolge setzt sich oben links fort. Martin sitzt vor einem aufgeschlagenen Buch meditierend in einer Klosterzelle. Er war liebevoll von dem berühmten Bischof von Poitiers, Hilarius, aufgenommen worden. Durch eine Totenerweckung, die er durch inständiges Gebet zu Gott erwirkt hatte,

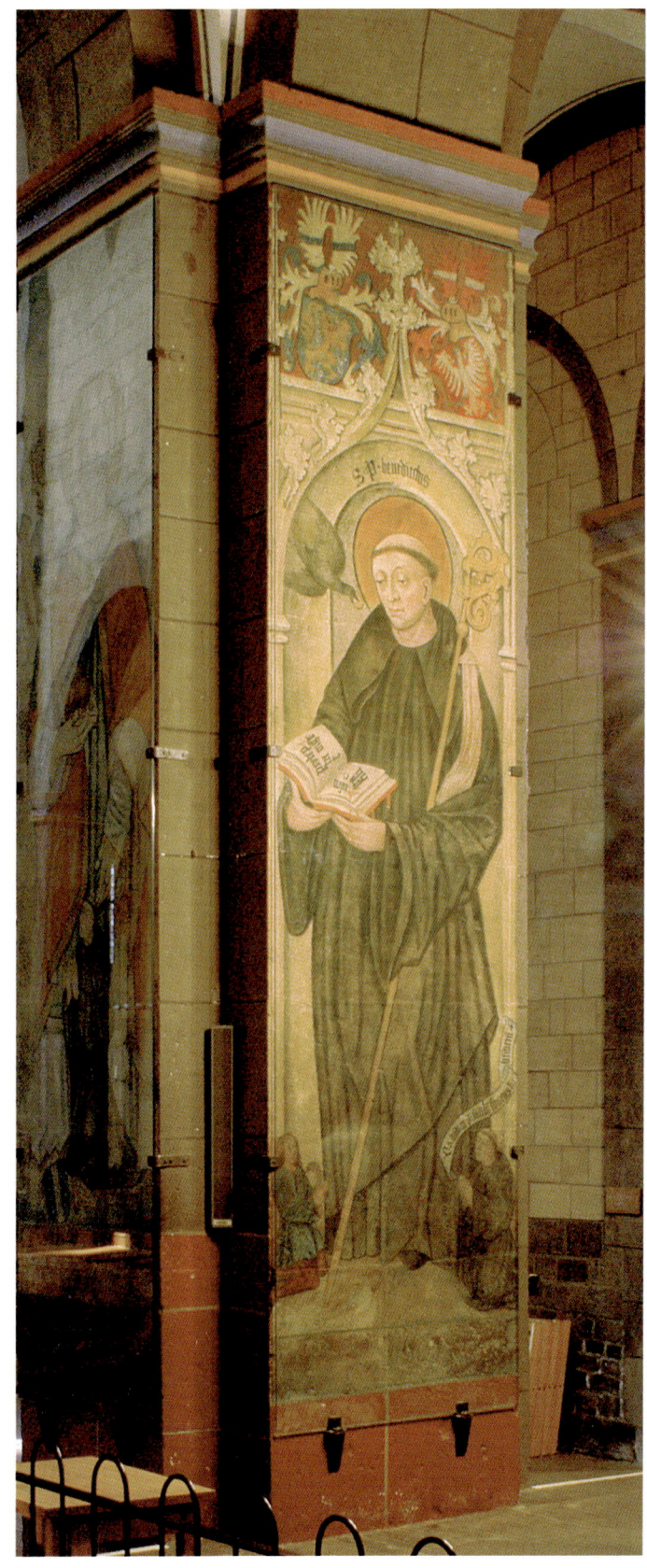

Fresko des hl. Benedikt, Südseite des Westwerks innen

wuchs der Ruf Martins in der ganzen Gegend. Er konnte nicht bleiben und zog sich als Mönch noch mehr in die Einsamkeit seines eigenen Klosters zurück.

Rechts neben der Steinplastik ist Martinus als Bischof zu erkennen. Die Bürger von Tours hatten ihn trotz mancher Widerstände als Bischof erbeten, und er übte dieses Amt mit großem Segen aus. Neben ihm steht ein Kind mit einer Laterne. Im Rheinland und darüber hinaus finden noch heute jährlich im November große abendliche Umzüge der Kinder mit einer meist selbstgebastelten Laterne statt. Auch die „Martins-Gans" ist zu erkennen. Ihr Zusammenhang mit der Vita des hl. Martin ist nicht klar belegt. Der Martinstag (11. November) war in alten Zeiten Zinstag der Bauern. Gänse gehörten zur Abgabe (Fleisch, Federn). Die Legende, Gänse hätten den Heiligen durch ihr Geschnatter in seinem Versteck vor seiner Wahl zum Bischof verraten, stammt aus viel späterer Zeit und ist wohl aus anderen Legenden übertragen.

Links unten ist eine Episode geschildert, die sich in Trier abgespielt haben soll – Maria Laach liegt im Bistum Trier. Bischof Martin war zu einer Verhandlung beim Kaiser in dessen Residenz Trier erschienen. Hier wurde er vom Vater eines halbtoten, gelähmten Mädchens gerufen, woraufhin Martin das Mädchen durch sein Gebet heilte. Zur Verortung des Geschehens hat der Künstler in diesem Bild die Silhouette der Domkirche von Trier eingebracht.

Oben rechts ist eine Szene dargestellt, die sich in Paris zugetragen haben soll. Ein Aussätziger, dessen Gesicht völlig entstellt war, wurde dem hl. Martin zugeführt. Martin umarmte ihn, küßte ihn, und zugleich war der Kranke vom Aussatz befreit, und alle „schreckenerregende Unreinheit" fiel von ihm ab.

In der Mitte über der Steinplastik sind schließlich inmitten von Blüten ein Kelch und eine Traube dargestellt. Mit dieser Bildsymbolik ist das große Mysterium der Eucharistie angedeutet, die bleibende Wirklichkeit der Nähe Gottes in aller Freude und in allem Leid der Erde.

Schließlich ist unten ein Wort Martin Luthers zu lesen, das er auf dem Sterbebett gesprochen haben soll: „Wir alle sind Bettler!"

Beichtkapelle

Im südlichen Seitenschiff des Langhauses befindet sich der Eingang zur heutigen Beichtkapelle (eingerichtet 1998). Im Innern fällt an der Stirnwand ein großes, farbig gefaßtes Kreuz ins Auge. Es handelt sich um die Nachbildung einer französischen Arbeit aus dem 12. Jahrhundert. Darunter steht auf einer Basaltsäule (das Kapitell ist eine alte Laacher Arbeit) ein Tabernakel, 1999 von den Gold- und Silberschmieden Peter und Stefan Bücken aus Kohlscheid bei Aachen gestaltet.

Sakramentskapelle

In der Sakramentskapelle ist rechts an der Wand die lebensgroße holzgeschnitzte Figur des Erzbischofs Hillin von Trier zu betachten, die von Br. Tutilo Haas zusammen mit den Gestalten der Gründer und der Stifter der Kirche in Serie 1944 geschnitzt wurde. Während die Stifterfiguren in der Laacher Aula ihren Platz fanden, wurde die Gestalt des Erzbischofs Hillin, des Konsekrators der Kirche im Jahre 1156, hier in der Sakramentskapelle der Abteikirche angebracht (1956).

Muttergottes-Kapelle

In der Muttergottes-Kapelle im nördlichen Querhaus befindet sich das Bodengrab des Abtes Ildefons Herwegen († 1946). Das in Mosaiktechnik aus kleinen Marmorsteinen gearbeitete Bild der Grabplatte schuf Br. Radbod Commandeur im Jahre

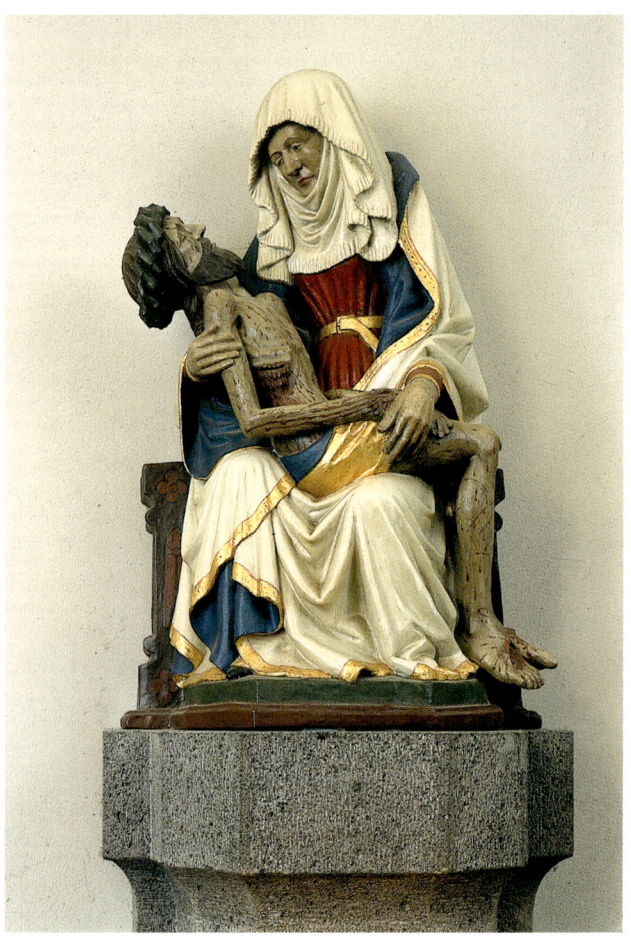

Pietà aus der zweiten Hälfte des 15. Jahrhunderts

1948. Es stellt den „Guten Hirten" dar, ein Motiv, das schon in der altchristlichen Sepulkralkunst geläufig war.

Grabsteine

An der Westwand des nördlichen Querhauses befinden sich die Monumente zweier Grabmäler der Eltern des im Jahre 1512 verstorbenen Abtes Simon

von der Leyen. Diese beiden Monumente, die sich auf Schloß Bürresheim bei Mayen befunden haben, wurden 1948 an die Abtei zurückgegeben. Die Muttergottes-Kapelle war ehemals die Begräbnisstätte der Familie von der Leyen.

Am Eingang zur Kerzenkapelle mit dem Vesperbild sind noch zwei aus Basalt gearbeitete Grabsteine eingemauert: auf der linken Seite für Abt Franziskus Steinmann († 1756), auf der rechten Seite für Abt Benedikt von der Eyd († 1755). Die Inschriften der Steine geben in lateinischer Sprache die persönlichen Lebensdaten der Äbte an.

Neben dem Eingang zum nördlichen Flankenturm steht das Epitaph des Johann Friedrich von der Leyen in Basalt mit Wappen. Die Inschrift ist in deutscher Sprache verfasst.

Neben dem Eingang zum nördlichen Rundturm befindet sich das Epitaph der Maria Anna von Frentz aus schwarzem Marmor († 1691). Sie war die Gemahlin von Johann Georg von der Leyen.

Madonnen

An der Nordwand des nördlichen Querhauses befindet sich auf einer Konsole eine farbig gefaßte Madonnenstatue mit Kind aus Kalkstein. Sie stammt wohl aus dem ersten Viertel des 16. Jahrhunderts und wurde wahrscheinlich in Norditalien gearbeitet, vielleicht in Friaul. Eine weitere hochwertige Madonnenstatue stammt aus Burgund (um 1400) und hängt am ersten Pfeiler des südlichen Langhauses. Beide Madonnen sind Gaben eines Kunstsammlers aus neuerer Zeit.

P. Drutmar Cremer OSB

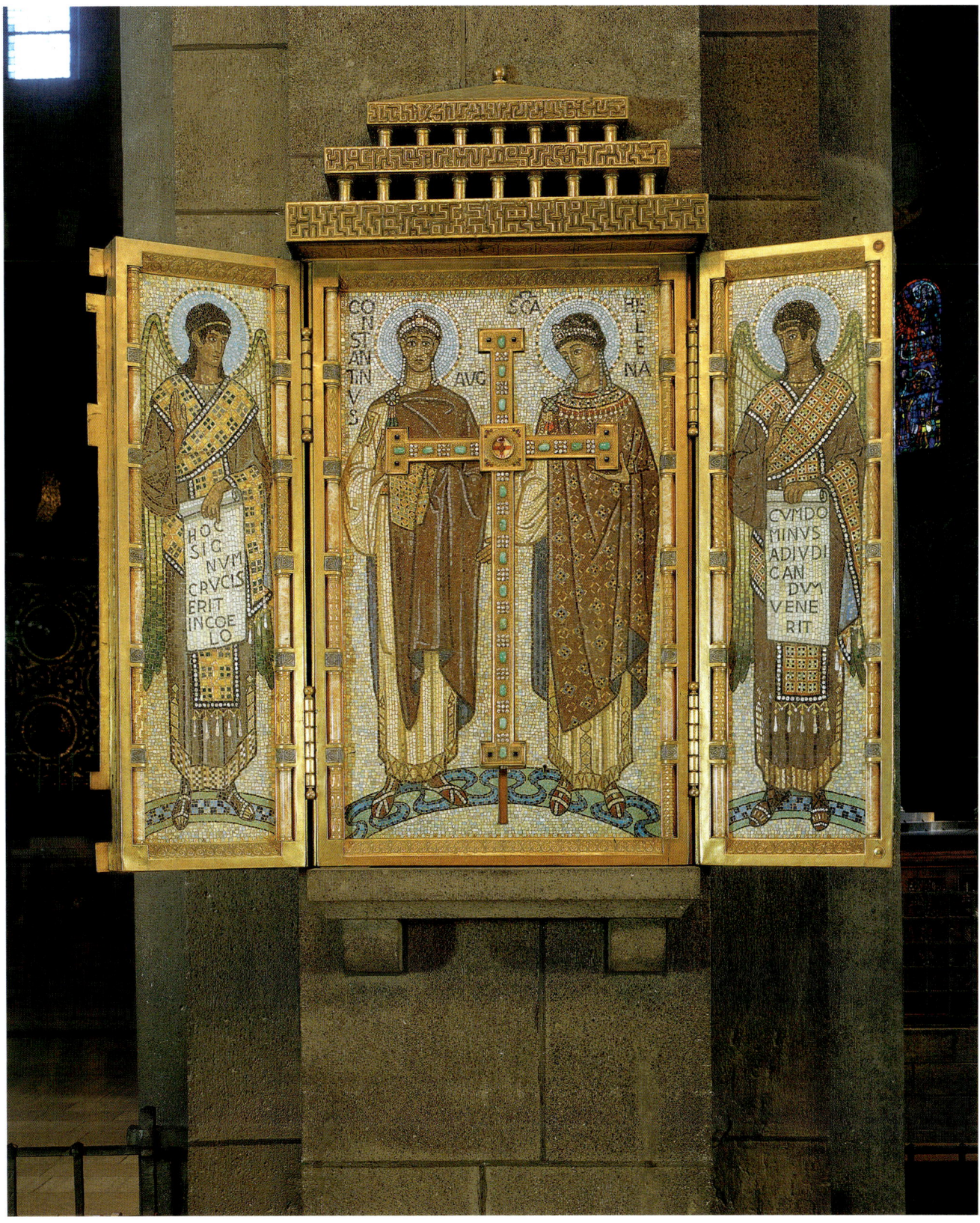

Kreuzaltar von Br. Radbod Commandeur (1937)

Die Glasfenster im Laacher Münster

Anläßlich des 800-jährigen Kirchweihjubiläums der Abteikirche zu Maria Laach im Jahre 1956 wurden sämtliche Glasfenster des Münsters erneuert. Die Entwürfe für die Fenster der West- und Ostapsis stammen von Prof. Wilhelm Rupprecht, Fürstenfeldbruck (1886–1963). Sie wurden 1956 und 1960 in den Werkstätten der Glasmalerei Dr. H. Oidtmann, Linnich, ausgeführt. Das ikonographische Programm geht vom unterschiedlichen Charakter des Westwerkes und des Ostchores aus und nimmt dazu biblische Geschichten und Gestalten als Bilder christlichen Glaubens auf.

Die Fenster der Westapsis wurden von Theodor Heuss, Bundespräsident (1884–1963), Dr. Konrad Adenauer, deutscher Bundeskanzler (1876–1967), und Peter Altmeier, Ministerpräsident des Landes Rheinland-Pfalz (1899–1977), gestiftet (*D.D.* = *DONO DEDIT*).

Das linke Fenster führt in die biblische Urgeschichte (Gen 3,1–20). Inmitten eines Gartens mit dem Strom des Paradieses naht sich die Schlange züngelnd dem ersten Menschenpaar. Sonne, Mond und Sterne, Pflanzen und Tiere sind da, während die Frau auf die Früchte am Baum der Erkenntnis von Gut und Böse zeigt und der Mann seine Hand erhebt. Darüber halten Engel das Kreuz in leuchtendroter Scheibe. Im unteren Teil kniet das Stifterpaar mit der Laacher Kirche in Händen: „Heinrich, Pfalzgraf bei Rhein und Herr zu Laach" und „Adelheid, Pfalzgräfin bei Rhein und Herrin zu Laach",[104] dazu beider Wappen.

Das mittlere Fenster bringt die Mitte der Heilsgeschichte ins Bild. Am Jordan weist Johannes der Täufer die beiden Jünger Andreas und Johannes auf „das Lamm Gottes, das die Sünden der Welt hinwegnimmt" (Joh 1,29).[105] Von oben her zeigen die Hand des Vaters und die Taube des Geistes (Joh 1,33) auf das Lamm. Es hat einen kreuzgeschmückten Nimbus und setzt seinen Fuß auf den Kopf der Schlange (Gen 3,15). Von den beiden Jüngern heißt es: „Sie folgten Jesus" (Joh 1,39).[106] Umrandet wird das Fenster von einer Inschrift am Martinsaltar, der hier früher im Westchor stand: „Im Namen der heiligen und ungeteilten Dreifaltigkeit. Ich, Giselbert, Abt zu Laach, mache den gegenwärtigen und künftigen Gläubigen kund, daß Johannes und seine Frau Mechtild ihr Eigengut, das sie in Ebernach und Valwig hatten, zu ewigem Besitz Gott und der heiligen Maria übergeben haben. Sie haben den Chor hier und den Altar aus diesem Eigengut errichtet, damit Lichter angezündet und Messen gefeiert werden für die verstorbenen Gläubigen."[107]

Das rechte Fenster zeigt Endgeschichte aus der Sicht der Apokalypse. Mit Buch und Feder zeigt der Seher Johannes auf das große Zeichen: „Eine Frau, bekleidet mit der Sonne, der Mond unter ihren Füßen und zwölf Sterne um ihr Haupt. Ihr wurden die Flügel des großen Adlers gegeben" (Offb 12,1.14). Sie verweist auf ihren Sohn, der zu Gott entrückt ist. Von dort her stößt der Erzengel Michael seine Lanze auf den vom Himmel gestürzten siebenköpfigen Drachen (Offb 12,7–9). Dieser „speit einen Strom von Wasser gegen die Frau", aber „die Erde öffnete ihren Mund"[108] und kommt so der Frau zu Hilfe (Offb 12,15 f.). Darunter knien die Erbauer des Westwerkes: „Johannes und Mechtild von Ebernach haben den Chor hier erbaut."[109]

In der Ostapsis fügen sich die drei Fenster in das Mosaik mit dem Bild Jesu Christi und der vier Evangelisten ein. Im linken Fenster erscheint Mose, im rechten Elija. Sie erinnern an die Verklärung Jesu auf dem Berg (Mt 17,3) und verweisen auf Taufe und Eucharistie.

Im linken Fenster zieht Israel unter dem Stab des

Marienfenster in der Ostapsis ▶

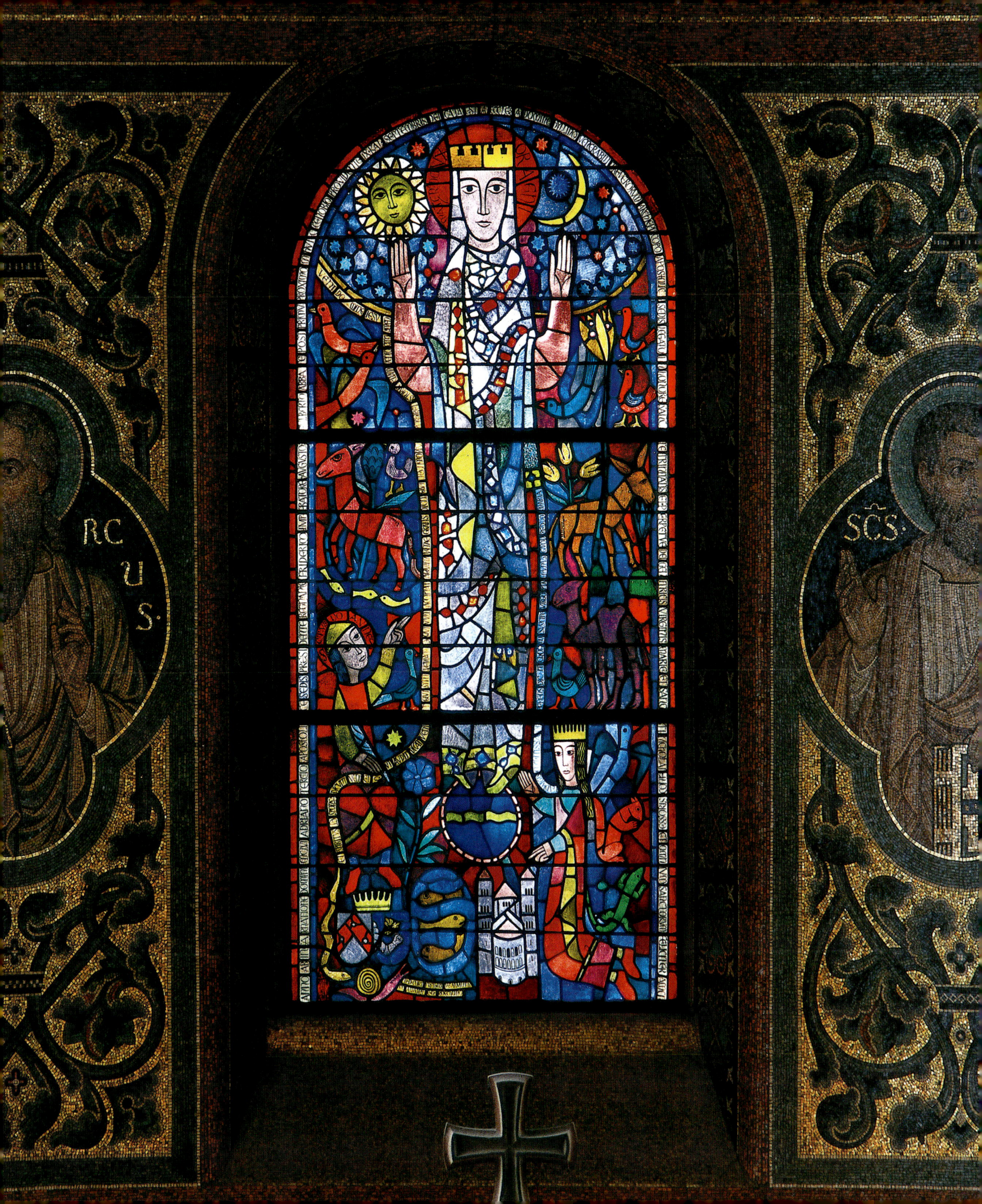

Mose, beschützt von Gottes Feuer- und Wolkensäule, durch das Rote Meer, in dessen Fluten der Pharao mit seinem Heer untergeht (Ex 14,15–31). Darüber stehen zwischen den Schalen des göttlichen Zornes die Erlösten an einem feuerdurchsetzten gläsernen Meer mit den Harfen Gottes und singen: „Groß und wunderbar sind deine Taten, Herr; gerecht und zuverlässig sind deine Wege, König der Ewigkeit" (Offb 15,1–4).[110] Gestiftet wurde das Fenster von Matthias Gerch.

Im rechten Fenster bringt ein Engel dem erschöpften Elija unter dem Ginsterstrauch Krug und Brot: „Steh auf und iß, denn ein großer Weg steht dir bevor." (1 Kön 19,4–8)[111] Dazu tragen die Kundschafter aus dem verheißenen Land die große Traube herbei (Num 13,23). Und Elija „ging in der Kraft dieser Speise bis zum Berge Gottes".[112] Jenseits des Jordan – FLUMEN IORDANIS wird der Prophet dann auf einem Feuerwagen zu Gott entrückt, dessen Hand sich ihm öffnet: „Dem Sieger gebe ich das verborgene Manna" (Offb 2,12).[113] Gestiftet wurde das Fenster von Adam Lambertz.

Im Mittelfenster zeigt der Seher – ähnlich im rechten Fenster der Westapsis unten links mit Buch und Feder – auf die Gestalt der Frau: „Mutter Gottes, Frau des Lammes."[114] Eine Mauerkrone kennzeichnet sie als die heilige Stadt Jerusalem, reich geschmückt mit leuchtendem Edelgestein. Sie steht auf der neuen Erde und hat den neuen Himmel über sich (Offb 21,1 f.). Umgeben ist sie von Pflanzen und Tieren, Zeichen des Lebens im neuen Paradies. Betend hebt die Frau ihre Hände empor: „Komm, Herr Jesus!" (Offb 22,20)[115] Denn „der Geist und die Braut sagen: Komm! Und wer es hört, der spreche: Komm! Und wen dürstet, der komme, und wer will, der empfange das Wasser des Lebens geschenkt. Und es spricht, der dafür Zeugnis gibt: Ja, ich komme bald. Amen" (Offb 22,17.20).[116] Unter der Gestalt der Frau ist das Ostwerk der Laacher Kirche abgebildet. Rechts davon kniet dessen Stifterin: „Gräfin Hedwig bringt den Chor dar und sagt: Nimm gütig an, Jungfrau Maria, was ich als Geschenk gebe."[117] Links von der Kirche ist ein See

mit drei Fischen in Anspielung auf das Wappen des ersten Abtes im wiederbesiedelten Maria Laach, Willibrord Benzler († 1921). Ganz links sind Namen und Wappen von Curt Freiherr von Salmuth (1895–1981) und Alwine E. G. Roechling (1905–1999) eingebracht, die das Fenster stifteten. Umrahmt wird das Fenster von der Weiheinschrift des Münsters aus einem Laacher Sakramentar vom Ende des 12. Jahrhunderts: „Im Jahr 1156 nach der Geburt des Herrn, als Hadrian III. den Apostolischen Stuhl innehatte, unter des erhabenen Kaisers Friedrich Herrschaft, unter Fulbert, des zweiten Abtes dieses Klosters, Umsicht, am neunten vor den Kalenden des September, wurde die Kirche geweiht von Herrn Hillin, dem ehrwürdigen Erzbischof von Trier und Legaten des Apostolischen Stuhles, zu Ehren der heiligen Dreifaltigkeit und der allzeit jungfräulichen Gottesmutter Maria, des heiligen Bekenners Nikolaus und aller Heiligen, ein glückhaftes Werk. Amen."[118]

Auf Kamel und Esel im Paradies schrieben die Glasmaler verschmitzt ihre Namen: FRIEDRICH OIDTMANN – VIR VELOCISSIMUS = „ein schneller Mann" und BIB OIDTMANN – VENATOR GLORIOSUS = „der glorreiche Jäger", das sind die Firmeninhaber Friedrich Oidtmann (*1924) und Ludovikus Oidtmann (*1928).

Die beiden gotischen Seitenfenster im Altarraum wurden 1966 nach Entwürfen von Prof. Hubert Spierling, Krefeld (*1925), durch die Firma Oidtmann, Linnich, hergestellt. Sie haben unregelmäßig geschnittene Scheiben in Silbergrau bis Anthrazit und sind teilweise mit verstärkten Bleiruten versetzt.

Die Fenster in den beiden Seitenschiffen, zehn nach Norden und neun nach Süden, wurden 1956 von Prof. Hubert Schaffmeister, Köln (*1928), entworfen und von der Firma Süßmuth, Immenhausen, ausgeführt. Auf einer Grundfläche mit kleinen, hellen Quadraten zeigen sie leicht gefärbte Symbole von Heil und Segen. Auf der Nordseite ist, von Westen angefangen, die erhöhte Schlange zu sehen, dann eine Sonne, die durch Wolken hervorbricht,

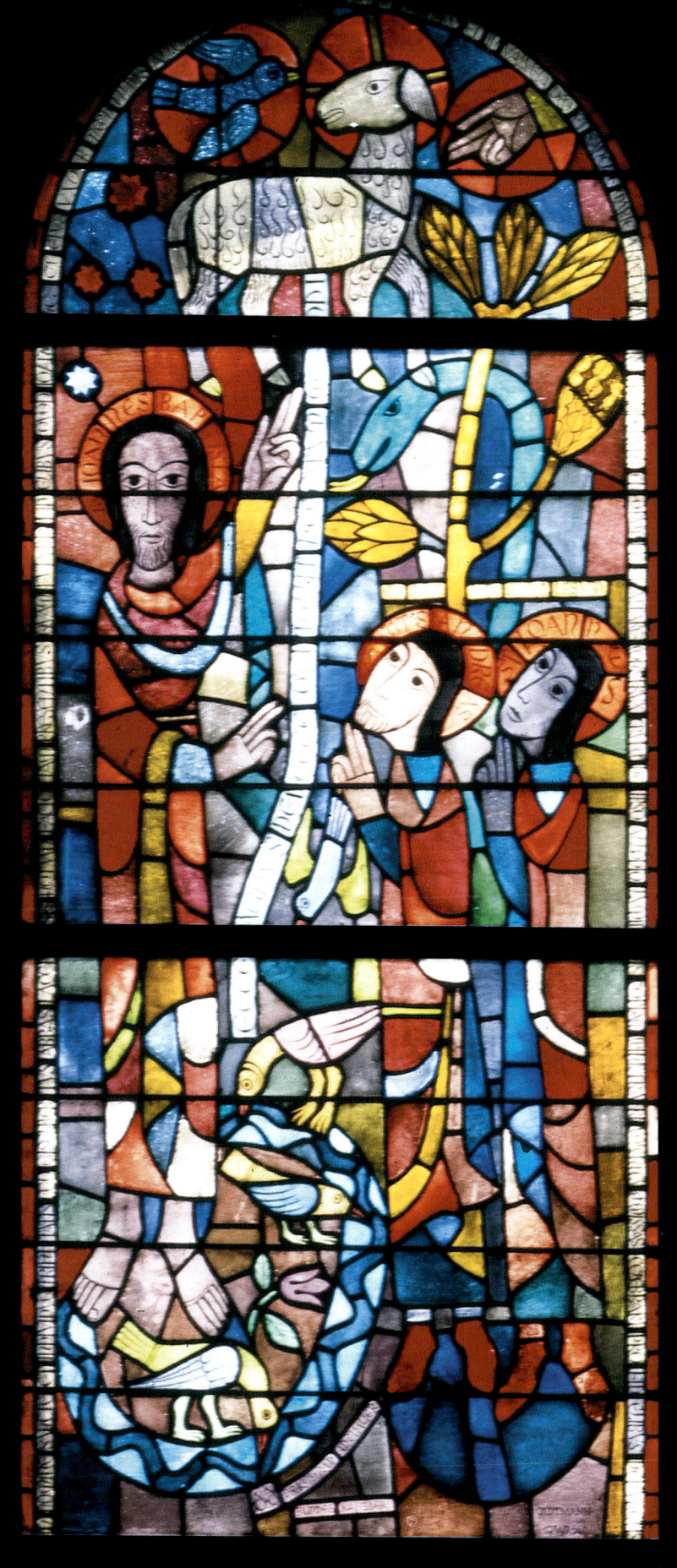

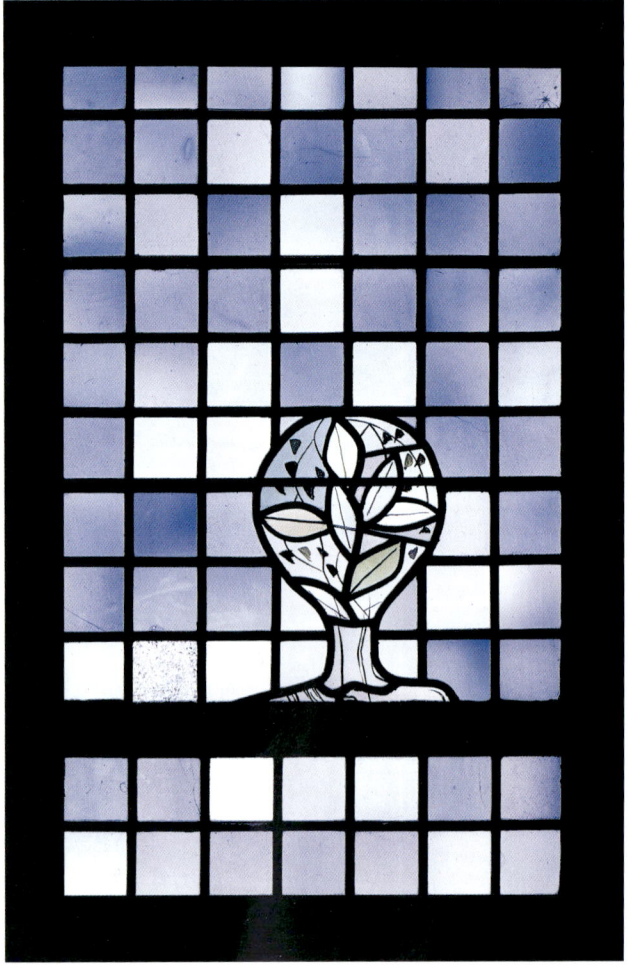

Vignette Lebensbaum

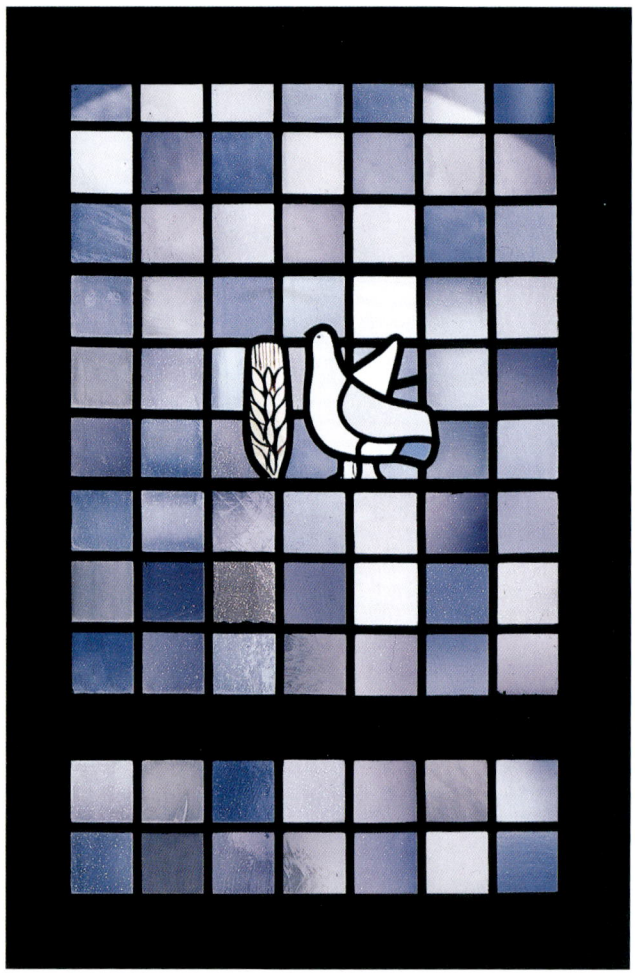

Vignette Taube mit Ähre

die Taube an einer Traube, das Kreuz im Kranz, die Arche, die Taube mit einem Ölzweig, das Lebenszeichen Tau, ein Stern, der Lebensbaum und der Phönix; auf der Südseite, ebenfalls von Westen her, eine Kelter, ein Fisch mit dem griechischen *ΙΧΘΥΣ*, der Taufbrunnen, ein Anker, die niedersteigende Taube des Geistes, Alpha und Omega, die Taube mit einer Ähre, der Pelikan sowie eine aufgeblühte Blume. Gestiftet wurden die einzelnen Fenster von Franz Jansen, der Rheinischen Sperrholzfabrik, Andreas Wölker, Wilhelm Vollmar, Johann Heintges, Heinrich Dinkelbach, Viktor Schroeder, dem Amt Burgbrohl, der Gemeinde Glees und der Stadt Mayen, ferner von Stephan Leuer, Heinrich Pickel, Hans und Julius Borgs-Maciejewski, Walter Zernikow, dem Reginaris-Brunnen, dem Verlag Benzinger,

Anton Schlagwein, Karl Sievers und Friedrich Schilgen.

In ähnlicher Weise sind die beiden Rundfenster am Ende der Seitenschiffe über den Westportalen gestaltet, aber ohne Symbole. Allerdings sind sie wegen der angebauten Vorhalle lichtarm.

Die zwanzig Fenster im Obergaden wurden 1956 mit nur einfach abgetönten, rot gefaßten Gläsern gleichfalls von der Firma Oidtmann, Linnich, nach einem Entwurf des Architekten Dipl.-Ing. Stefan Leuer, Köln (1913–1979), hergestellt.

Ähnlich matt getönte Scheiben wurden 1956 von derselben Werkstatt auch für Fenster im Querhaus verwendet. Im nördlichen Querhausarm öffnet sich nach Osten ein Rundbogenfenster mit quadratischen Scheiben, nach Westen ein Rundbogenfenster mit einfachem Brückenmuster und darunter ein Rundfenster mit geteiltem Brückenmuster. Im südlichen Querhaus ist nach Osten ein Rundbogenfenster mit quadratischen Scheiben, nach Westen ein Rundbogenfenster und darunter ein Rundfenster jeweils mit einfachem Brückenmuster zu sehen.

Auf der Empore wurde für die drei Rundbogenfenster der Apsis wie für zwei seitliche Fächerfenster nach Westen und zwei seitliche Sechseckfenster nach Osten auf ähnlichen Scheiben ein geteiltes Brückenmuster verwendet. Gestiftet wurden die Fenster nach Westen von Josef Preißler, Karl Thiemig, Leonhard Monheim sowie von der Brohltal AG und dem Verlag Bruckmann.

Das südliche Querhaus erhielt 1997 ein Sechseckfenster nach Süden durch die Glaserei Horst und Gerd Eckstein, Koblenz. Die durchsichtigen Scheiben aus Antikglas sind mit gleichseitigen Dreiecken versehen.

Die Fenster an der Nordwand des Querhauses wurden 1956 von Br. Notker Becker OSB, Maria Laach (1883–1978), entworfen und von der Firma Oidtmann, Linnich, ausgeführt.

Das linke Fenster zeigt oben zwischen Blumen und Sternen die Gottesmutter mit ihrem Kind. In ihren Mantel hüllt sich trauernd Eva, um die sich eine züngelnde Schlange windet, umgeben von Dornen. Darunter wird an den Sündenfall des ersten Menschenpaares erinnert (Gen 3). Demgegenüber zeigt das rechte Fenster oben vor goldroten Strahlen Maria als Schmerzensmutter mit ihrem toten Sohn. Vor ihr steht beschämt Adam. Auch um ihn windet

sich die Schlange und greift nach dem Erstgeborenen Kain. Ihm zu Füßen liegt erschlagen sein Bruder Abel. Daneben weint die Mutter Eva.

Im mittleren Fenster wird Maria von Engeln emporgetragen und von ihrem Sohn aufgenommen. Ihm zur Seite schweben Seraphim. Sterne leuchten, Blumen blühen, und aus einem Gefäß steigt Weihrauch auf, umgeben von betenden Aposteln: „Maria ist aufgenommen zum himmlischen Brautgemach"[119] und „Wer ist jene, die hinaufsteigt wie die aufgehende Morgenröte."[120] Die Texte stammen aus der Liturgie des Festes der Aufnahme Mariens am 15. August, dem Patrozinium der Laacher Kirche.

Das Rundfenster darüber zeigt die Krönung der Gottesmutter durch ihren Sohn auf einem Sternenthron, umgeben von Seraphim.

Die Krypta erhielt 1937 fünf Glasfenster nach Entwürfen von Br. Notker Becker, Maria Laach. Im Mittelfenster ist das Christusmonogramm im Siegeskranz zu sehen; es steht nach Vorbildern frühchristlicher Grabkunst auf dem Lebenszeichen des Tau-Kreuzes mit zwei Tauben darunter. Die beiden Seitenfenster der Apsis entstanden 1970 nach Kartons von Prof. Johannes Schreiter, Frankfurt (* 1930). Darin fügen sich dunkle Einschübe in leiterartige Gebilde sowie amorphe Einflechtungen in die matt-hellen Scheiben.

Reste von ornamentalen Glasfenstern aus der Zeit der preußischen Restauration des 19. Jahrhunderts befinden sich im Museum der Abtei.

Abt em. Anno Schoenen OSB

Orgeln im alten und neuen Laach

Die älteste Nachricht über eine Laacher Orgel nennt das Jahr 1695. Bei der Restaurierung und Neugestaltung der Laacher Klosterkirche unter Abt Placidus Kessenich (1662–1698) wurde „die instandgesetzte Orgel auf ihren heutigen Platz verlegt und unter ihr das Grabmal des Stifters, das vordem in der Mitte der Kirche stand, aufgerichtet".[121] Mit dem „jetzigen Platz" ist also eindeutig die Westempore gemeint. Wo die Orgel vorher gestanden hatte, bleibt unsicher. Einige Indizien weisen auf die Westwand des vorderen Querhauses, an der jetzt die Schwalbennest-Orgel hängt. Auch die Entstehungszeit dieser Orgel ist ungewiß, sie liegt vermutlich vor 1623, als in einem Prozeß gegen den Abt Heinrich II. Long ein Zeuge auftritt, der angibt, „der Organist des Klosters zu sein".[122]

Was war vorher? Im Rituale des Abtes Augustin Machhausen von 1562[123] werden wiederholt die Glocken erwähnt, u. a. in der ausführlichen Schilderung der Weihnachtsliturgie, in der unter feierlichem Glockengeläut (*„solenni campanarum compulsu"*) der Succentor den Introitus der Messe anstimmt, von einer Orgel aber ist nicht die Rede. Ein Nachtrag im gleichen Rituale, der um 1600 anzusetzen ist, enthält den Vermerk, bei einer Primizfeier könne, „wenn ein Saitenspieler (*„fidicen"*) da ist", dieser „zum Offertorium spielen, das der Chor dann unterläßt". Und später: „Nach der Messe soll … der Neupriester mit dem Prior und seinen Freunden durch das Paradies zur Abtei ziehen, wobei der Musiker vorangeht" (*„precedente musico"*). Von einer Orgel ist also auch hier nicht die Rede. Es ist denkbar, daß der Verzicht auf eine Orgel mit den disziplinären Prinzipien der Bursfelder Reform zusammenhängt, der sich die Laacher Abtei 1474 angeschlossen hatte. In Generalkapitelsrezessen der Bursfelder Union heißt es wiederholt, so etwa 1496, es solle, „wo der Gebrauch der Orgel bisher nicht üblich war, von unseren (Klöstern) der Bau nicht zugelassen werden, auch solle die Instandhaltung der alten nicht gepflegt werden."[124]

Unter Abt Clemens Aach (1718–1731) wurde „das Orgelwerk vergrößert".[125] Immerhin muß es dann einen breiten Raum auf der Westempore eingenommen haben; denn die Emporenbrüstung wurde bis auf Bodenhöhe abgetragen und mit ihr vermutlich auch eine darauf errichtete dreibogige Säulenstellung, auf deren Ansätze bis heute die vorgelagerten Stützen an den Diensten des Gurtbogens hinweisen. Bei der Restaurierung der Kirche durch den preußischen Staat wurde die Brüstung wieder aufgemauert, nicht aber die darüber vermutete Säulenstellung, deren Rekonstruktion später mehrmals erwogen, aber nie ausgeführt wurde.[126] 1728 erfolgte eine sicherlich kleinere Reparatur durch den Koblenzer Orgelbauer Bartholomäus Boos, der vermutlich auch der Erbauer dieser Orgel war. Weitere Reparaturen sind 1744 und 1771 nachzuweisen. Die letztere erfolgte freilich nach dem Tode von Bartholomäus Boos 1755; sein Sohn Josef Anton führte aber die Werkstatt weiter und starb 1804. Zu erwähnen bleibt, daß für 1791 wiederum wie 1623 ein angestellter Organist nachzuweisen ist, und daß im 18. Jahrhundert einem Orgelbauer ein festes Gehalt für die regelmäßige Wartung der Orgel gezahlt wurde.[127]

Nach der Aufhebung des Klosters 1802 kam die Orgel nach Waldalgesheim (Nahe), wo einer der letzten Laacher Mönche, P. Cölestin Benzing, Pfarrer war.[128] Ob sie dort je aufgestellt wurde, ist nicht erwiesen. Gegenüber der in den „Kunstdenkmälern der Rheinprovinz" ausgesprochenen Vermutung, die alte Laacher Orgel sei identisch mit der Stumm-Orgel, die 1872 aus der Clemenskirche in Mayen

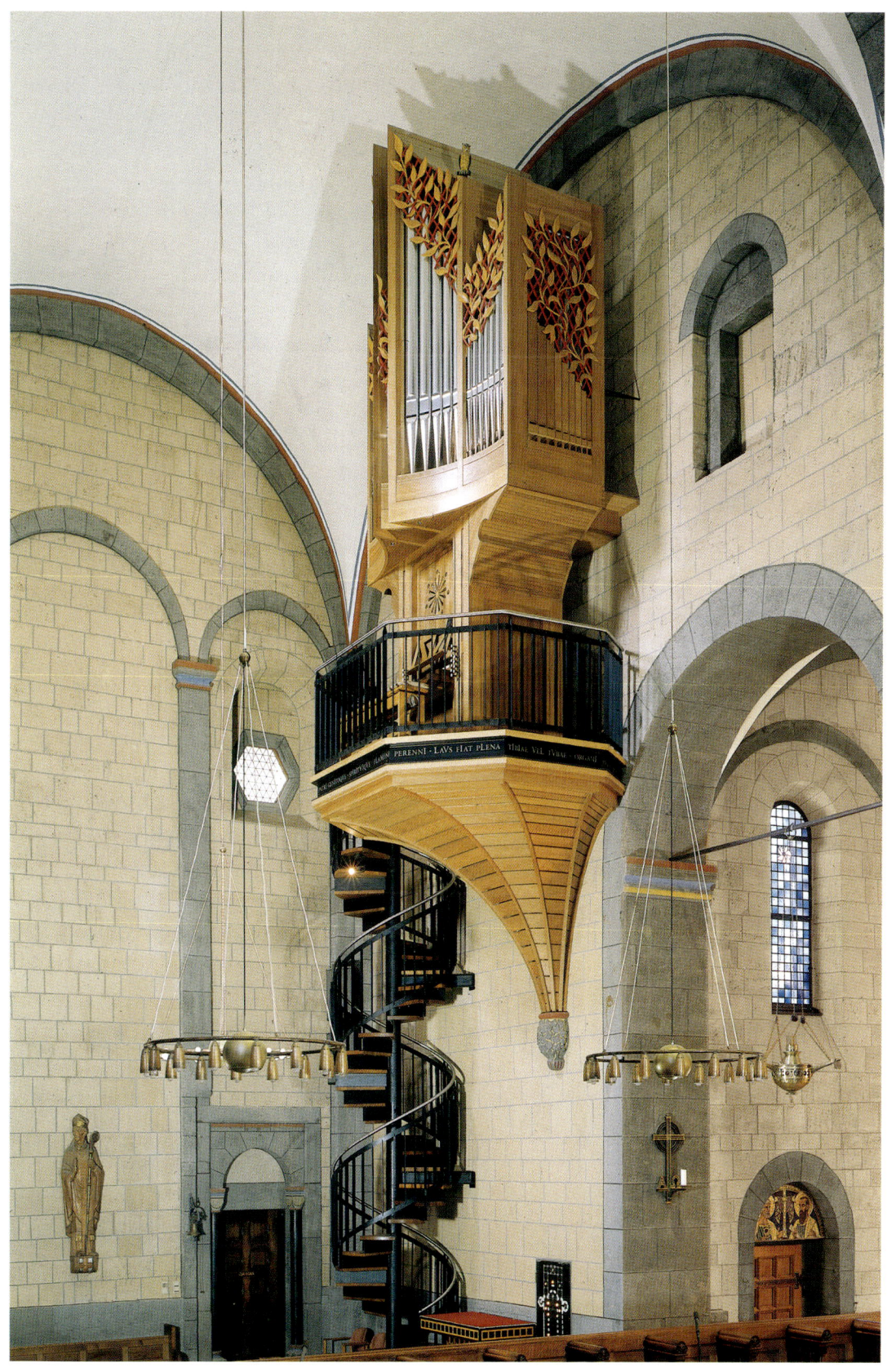

Schwalbennestorgel

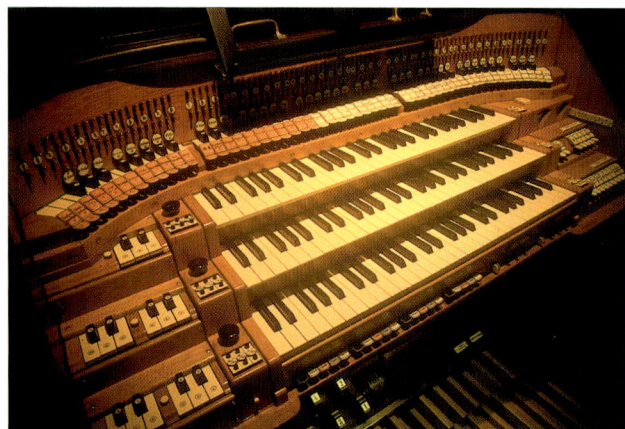

Spieltisch der großen Orgel

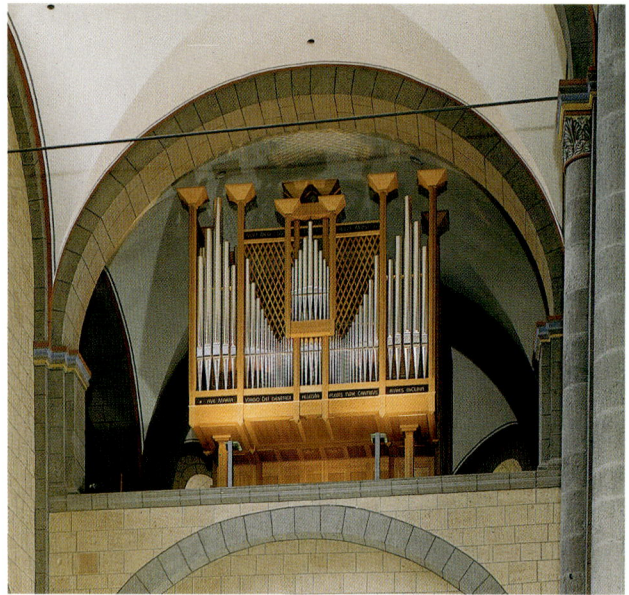

Große Orgel im Westwerk

nach Nachtsheim und 1938 in die Oberkirche von Schwarzrheindorf gelangte,[129] konnte Franz Bösken nachweisen, daß diese Orgel vielmehr aus der Koblenzer Minoritenkirche stammte und um 1803 nach Mayen gekommen war.[130]

Nach der Wiederbesiedlung des Klosters 1892 konnte schon 1895 als Provisorium eine kleine Chororgel mit acht Registern gebaut werden. Nach dem Bau der großen Doppelorgel von 1910 kam dieses Werk in die Benediktinerinnenabtei St. Hildegard in Eibingen, wurde dort später um ein zweites Manual erweitert und 1968 durch ein neues

Werk der Firma Seifert/Kevelaer ersetzt. Ihr weiterer Verbleib ist leider unbekannt.

Dem Bau der Doppelorgel von Stahlhuth gingen langjährige Planungen voraus, die schon früh die Frage des Standorts und der Prospektgestaltung betrafen. Zunächst dachte man an die Aufstellung eines schon in den ersten Entwürfen groß angelegten Orgelwerks im Bereich der östlichen Vierung, erst später, als sich mit der Entwicklung der Elektrotechnik eine neue Möglichkeit auftat, an die Teilung in Chor- und Emporenorgel mit einem zentralen Spieltisch im Chorgestühl. Die preußische Denkmalpflege verlangte damals eine Aufstellung der beiden Orgeln außer Sichtweite der Kirchenschiffe. Die Chororgel wurde an der Nordwand des östlichen Querhauses ebenerdig aufgebaut, die Emporenorgel im nördlichen Teil der Empore – beides zum Nachteil der Akustik. Die Prospektentwürfe, die der damals als Kirchenarchitekt sehr bekannte Laacher Mönch P. Ludger Rincklake vorgelegt hatte, wurden von der preußischen Regierung nicht genehmigt. Statt dessen wurde für die Chororgel ein Entwurf des Berliner Professors Ernst Petersen ausgeführt, der sich harmonisch in die Architektur der nördlichen Querhauswand einfügte.[131]

Das elektro-pneumatische Regierwerk der Orgel bereitete schon sehr früh technische Schwierigkeiten. So wurde der Spieltisch 1932 durch einen vollelektrischen Neubau der Werkstatt Klais/Bonn ersetzt. Er versah seinen Dienst bis 1985.

Im Zuge von Restaurierungsarbeiten an der Kirche zur 800-Jahrfeier der Laacher Kirchweihe 1956 erfuhr die Chororgel einen Umbau durch die Nachfolgefirma Stahlhuth im damaligen Zeitgeschmack. Dabei wurde die Disposition unter Hinzufügung eines neuen Kronpositivs verändert, wobei einige der originalen Register ganz, andere teilweise verlorengingen. Der Prospekt von Petersen aus dem Jahr 1910 wurde dabei zerstört und durch einen 16'-Prospekt ersetzt.

Nach 1956 zeigte die Orgel, vor allem im elektrischen Bereich, schon bald wieder zahlreiche Mängel. Nach einer Instandsetzung der Elektrik durch

148

Klais 1961 und mehreren kleineren Reparaturen, baute die Firma Oberlinger/Windesheim 1985/86 einen neuen Spieltisch im Chorgestühl, der heute als Fern-Spieltisch für die Emporenorgel dient.

Als im Rahmen umfangreicher Restaurierungsarbeiten an der Kirche in den 1980er Jahren auch die Orgelfrage erneut aufgerollt wurde, entschloß sich der Konvent in Zusammenarbeit mit dem Landesamt für Denkmalpflege Rheinland-Pfalz in Mainz und dessen Orgelsachverständigen, Prof. Dr. Friedrich W. Riedel, zu einer grundlegenden Sanierung des Orgelwerks, wobei die Veränderungen von 1956 rückgängig gemacht und darüber hinaus auch die beiden Orgelteile auf der Westempore zusammengeführt werden sollten. Unter zwei Angeboten führender Orgelbauwerkstätten erhielt der Entwurf der Firma Klais/Bonn den Zuschlag. Die Disposition von 1910 konnte rekonstruiert werden, auch der bereits damals geplante Subbaß 32' wurde ausgeführt. Bei der Neuaufstellung beider Teile auf der Westempore kamen Hauptwerk und Pedalwerk in die Mitte, das ehemalige Schwellwerk II der Chororgel als Oberwerk in den Prospekt, Schwellwerk II der Emporenorgel in das Südjoch der Empore, Schwellwerk III der Chororgel in das Nordjoch. Während die Schauseite der Orgel einen neuen Prospekt erhielt, wurde der alte Prospekt der Emporenorgel, der gänzlich aus nicht klingenden Pfeifen besteht, als Rückwand der Orgel erhalten.

Die Disposition der Großen Orgel ist nunmehr identisch mit dem ursprünglichen Projekt von Georg und Eduard Stahlhuth aus dem Jahre 1910. Der originale Spieltisch, ein einmaliges, denkmalwürdiges Werk, wurde im Jahr 2000 in der Werkstatt Klais restauriert, nachdem er viele Jahrzehnte außer Gebrauch gewesen war.

Die Zusammenlegung der bisherigen Chororgel mit der Emporenorgel machte den Neubau einer Chororgel in der Nähe des Mönchschores notwendig. Sie wurde 1998 von der Orgelbauwerkstatt Klais/Bonn als Schwalbennest an der Westwand des südlichen Querhauses gebaut und dient vorwiegend der Begleitung des Mönchschores und der musikalischen Gestaltung der täglichen Liturgie. Ihre „Disposition und Intonation orientieren sich … an älteren süddeutschen Vorbildern. Damit stellt die neue Chororgel im gesamten Orgelkonzept der Abteikirche Maria Laach eine Alternative zur historischen Stahlhuth-Orgel auf der Westempore dar: Die Chororgel als eine an der klassischen Orgelbautradition ausgerichtete Ferial- und Dominikal-Orgel, das romantisch-impressionistische Denkmalinstrument von 1910 als ‚Fest-Orgel'".[132]

Disposition der großen Orgel auf der Westempore
Stahlhuth 1910 / Klais 2000

Manual I:

Hauptwerk

im Mitteljoch der Empore,
ursprünglich beim Großpedal im Nordjoch

Principal	16'
Bordun	16'
Majorprincipal	8'
Seraphon gedact	8'
Minorprincipal	8'
Harmonieflöte	8'
Fugara	8'
Gemshorn	8'
Gedact	8'
Dolce	8'
Starkfugara	4'
Octav	4'
Rohrflöte	4'
Quinte	2 2/3'
Octav	2'
Terz	1 3/5'
Mixtur 3–5 fach	2'
Bombarde	16'
Trompete	8'
Tuba mirabilis[a]	8'

[a] *Transmission aus Schwellwerk II*

Manual II:

Oberwerk

über der Brüstung,
ursprünglich als Schwellwerk II in der Chororgel

Lieblich gedact	16'
Principal	8'

Concertflöte	8'
Rohrflöte	8'
Principal	8'
Gemshorn	8'
Salicional	8'
Octav	4'
Traversflöte	4'
Cornettino 3 fach	2 2/3'

Manual II:

Schwellwerk

im Südjoch der Empore,
ursprünglich im Nordjoch

Seraphon Flöte	8'
Stark gedact	8'
Gambe	8'
Vox coelestis	8'
Violine	4'
Octavin	2'
Rauschquinte 2 fach	1 1/3'
Mixtur 3–4 fach	2'
Trompete	8'
Tuba mirabilis	8'

Manual III:

Schwellwerk

im Nordjoch der Empore,
früher in der Chororgel

Geigenprincipal	8'
Stark gedact	8'
Traversflöte	8'
Violine	8'

Zartgedact	8'
Quintatön	8'
Aeoline	8'
Unda maris	8'
Rohrflöte	4'
Flautino	4'
Sesquialter 2 fach	2 2/3'
Oboe	8'

Großpedal

beim Hauptwerk
im Mitteljoch, dazwischen die Transmissionslade,
früher im Nordjoch

Contrabaß	16'
Octavbaß[b]	8'
Principal[b]	16'
Gedact[b]	8'
Violon	16'

Cello	8'
Posaune	16'
Basson[b]	16'
Trompete	8'

[b] *Transmissionen aus I HW der Emporenorgel*

Kleinpedal

im Schwellwerk III
im Nordjoch, früher in der Chororgel

Subbaß[d]	32'
Subbaß	16'
Bordun[c]	16'
Salicet	16'
Flöte[c]	8'

[c] *Transmissionen aus Schwellwerk III*
[d] *2000 neu gebaut, hinter den beiden Schwellwerken im Süd- und*
   Nordjoch

Disposition der Chororgel
Schwalbennest im Ostquerhaus
Klais 1998

Manual I
Echowerk

Gedackt	8'
Unda maris (ab g^0)	8'
Rohrflöte	4'
Nasard	2 2/3'
Flageolet	2'
Terz	1 3/5'
Vox humana	8'
Tremulant	

Manual II
Hauptwerk

Prinzipal	8'
Salicional	8'
Bordun	8'
Copula	8'
Octav	4'
Gemshorn	4'
Quint	2 2/3'
Superoctav	2'
Cornet 4 fach (ab c')	4'
Mixtur 5 fach	2'
Trompete	8'

Pedal

Subbaß	16'
Bordun^e	8'
Octav^e	4'
Fagott	16'

^{e} *Transmissionen aus II HW*

P. Willibrord Heckenbach OSB

Die Glocken der Abteikirche Maria Laach

Das Laacher Münster beherbergt in seinem mächtigen Westturm ein historisch wertvolles sechsstimmiges Geläute vom Ende des neunzehnten Jahrhunderts. Diese sechs Glocken wurden im Jahre 1991 durch sechs weitere Glocken ergänzt.

Die sechs historischen Glocken wurden von Adrien Causard in Tellin/Belgien gegossen. Die Glockenrippen wurden nach Berechnungen des seinerzeitigen Priors von Maria Laach, P. Johannes Blessing, konstruiert. P. Johannes gehörte zu den ersten Campanologen, die das Phänomen des Glockenklanges mit wissenschaftlichen Methoden zu ergründen suchten.

Die Konstruktion der historischen Laacher Glocken zeichnet sich durch ein proportional zur Tonhöhe enormes Gewicht aus. Gleichzeitig ist die Tonsprache dieser Glocken von ausgesprochen grundtönigem Wohlklang. Beide Umstände ermöglichten es, das Geläute in beiden Weltkriegen vor der Zerstörung zu bewahren. Zusammen mit den Glocken des Speyerer Domes gehört das Laacher Geläute somit zu den einzigen rheinland-pfäl-zischen Geläuten, die zwischen dem Dreißigjährigen Krieg und dem Ersten Weltkrieg gegossen wurden und als komplettes Ensemble erhalten blieben. Als einziges Großgeläute Adrien Causards in Deutschland stellt es ein höchst qualitätsvolles und einmaliges Denkmal der Glockengießerkunst des ausgehenden 19. Jahrhunderts dar.

Im Rahmen der großen Kirchensanierung zur 900-Jahrfeier der Klostergründung wurde das Geläute technisch gründlich saniert. Gleichzeitig konnte es um sechs kleinere Glocken erweitert werden. Diese Arbeiten führte die Karlsruher Glockengießerei unter der Leitung von Frau Karin Andris aus.

Durch die hinzugefügten neuen Glocken wurde es erstmals möglich, das von P. Johannes Blessing angestrebte achtstimmige Geläute zu hören. Gleichzeitig beachtete man bei der sorgsam überlegten Geläuteerweiterung durch Verwendung von Halbtönen die historische Dispositionspraxis des Rheinlandes.

Br. Michael Reuter OSB

Das Geläute stellt sich seit 1991 wie folgt dar:

Glocke	Name	Gießer	Gußjahr	Durchmesser	Gewicht	Nominal
1	Regina	Causard	1899	1910 mm	4864 kg	b^0+8
2	Maurus	Causard	1899	1590 mm	2757 kg	des'+9
3	Benedikt	Causard	1899	1400 mm	1876 kg	es'+6
4	Josef	Causard	1894	1117 mm	1006 kg	f'+8
5	Katharina	Andris	1991	1141 mm	1064 kg	ges'+8
6	Laurentius	Causard	1894	1026 mm	710 kg	as'+8
7	Matthias	Causard	1894	915 mm	517 kg	b'+6
8	Engel	Andris	1991	845 mm	445 kg	ces''+8
9	Nikolaus	Andris	1991	770 mm	362 kg	des''+9
10	Scholastika	Andris	1991	711 mm	285 kg	es''+8
11	Eucharius	Andris	1991	626 mm	200 kg	ges''+10
12	Anno	Andris	1991	559 mm	146 kg	as''+10

Anmerkungen

1 Zitiert als Bogler/Schippers.

2 Sie sind im Literaturverzeichnis ausgewiesen.

3 Nachweis bei Schumacher (1994).

4 Die Nachweise der Quellen im einzelnen bei Bogler/Schippers (1967) und Kahsnitz, S. 93–98 jeweils in den Anmerkungen.

5 Vgl. Kahsnitz, S. 88.

6 Kahsnitz, S. 89; Resmini (1993).

7 Kahsnitz, S. 90; Bogler/Schippers (1967), S. 12 f.

8 Bogler/Schippers (1967), S. 12.

9 Kahsnitz, S. 90.

10 Kahsnitz, S. 90.

11 Kahsnitz, S. 91.

12 Bogler/Schippers (1967), S. 21.

13 Kahsnitz, S. 92; Resmini (1993).

14 Bogler/Schippers (1967), S. 22–24.

15 Bogler/Schippers (1967), S. 26

16 Bogler/Schippers (1967), S. 26 f.; H. Frank (1956), S. 288 f.

17 Schippers (1921), S. 2; Bogler/Schippers (1967), S. 24, Anm. 14.

18 Bogler/ Schippers (1967), S. 26, Anm. 15.

19 Backes (Ecclesia Lacensis), S. 75/76.

20 Alle Angaben nach Bogler/Schippers (1967), S. 8, 81 f.

21 Vergleichbar im Inneren von St. Ursula in Köln, zweites Viertel 12. Jahrhundert.

22 Zur Altaranordnung vgl. C. Otten (1956), S. 347–364; Kahsnitz, S. 99.

23 G. Stanzl, in: Dölling/Elenz (1990), S. 67 f.; Grundriß in Kahsnitz, S. 98.

24 Winterfeld, Dethard von: Rez. v. Kubach/Verbeek, in: Zeitschift für Kunstgeschichte 45, 82, S. 202–208.

25 Nach Schippers (1911, 1917 und 1927/28) folgt die gesamte Forschung dieser Hypothese, so Bogler/Schippers (1967), Kubach/Verbeek und Kahsnitz.

26 Auch das nordöstliche Langhausportal (Bau I) erhielt nachträglich eine derartige Rahmung. Zu Speyer vgl. Kubach, Hans-Erich/Haas, Walter: Der Dom zu Speyer (Kunstdenkmäler von Rheinland-Pfalz V), 3 Bde, München 1972, Bildband Abb. 653, 661, 694, 772, 797, 799.

27 Winterfeld, Dethard von: Der Dom in Bamberg, 2 Bde, Berlin 1979, Bd. 1, S. 156.

28 Kubach/Haas (wie Anm. 26), Abb. 188, 190.

29 Schippers (1928), S. 13; Bogler/Schippers (1967).

30 Kubach/Haas (wie Anm. 26), Abb. 1247/8.

31 Kubach/Verbeek, Bd. I, S. 107, 112.

32 Kubach/Verbeek, Bd. I, S. 485, Bd. II, S. 728 f., Bd. IV, S. 303 f., 337 f.

33 Von Winterfeld (wie Anm. 27), S. 149 f.

34 Kubach/Verbeek, Bd. IV, S. 342 f.

35 Kubach/Verbeek, Bd. IV, S. 421–424.

36 Kubach/Verbeek, Bd. IV, S. 235–240.

37 Die Gewölbefrage ist in der allgemeinen Forschung immer wieder diskutiert worden. Bogler/Schippers (1967), S. 29–30; Kubach/Verbeek, Bd. II, S. 243 ff.; Backes (Ecclesia Lacensis), S. 68 f.

38 Stanzl, in: Dölling/Elenz, S. 67 f.; Kahsnitz, S. 98.

39 Die Befunde hat 1993 Backes (Ecclesia Lacensis) und (Ästhetisches Ideal) erstmals zusammengestellt; leicht modifiziert von Winterfeld (1999) und (2003).

40 Bogler/Schippers (1967), S. 29–30; Backes (Ecclesia Lacensis), S. 69–70.

41 Winterfeld, Dethard von: Das Langhaus des Mainzer Domes, in: Die Bischofskirche St. Martin zu Mainz, FS H. Berg, hg. v. F. Jürgensmeier = Beiträge zur Mainzer Kirchengeschichte, Bd. 1, Frankfurt a. M. 1986, S. 21–32.

42 Die Überlegungen und Skizzen zu einer Bau- und Planungsgeschichte des Westbaus von K. Brunner (1999) und (2002) schießen über das Ziel hinaus, weil sie nicht nur unhistorisch sind, sondern auch keinerlei Stütze im Befund finden.

43 Schippers (1928), S. 52, Tf. 27; Bogler/Schippers (1967), S. 26, Abb. XV.

44 Haas, Walter: Fragen zum Stiftergrab und zur Tumba, in: Kahsnitz, S. 115–128, hier S. 119.

45 Schippers (1924/25); Bader (1925); Wirth (1957) und Kaelble (1981); Bogler/Schippers (1967), S. 34–46.

46 Die Kapitelle zu seiten des Mittelportals wurden durch Kopien ersetzt. Die Originale befinden sich im Lapidarium.

47 Vgl. Anm. 45 sowie Literaturverzeichnis. Die zusammenfassende Monographie schrieb Brigitte Kaelble (1981).

48 Sauerländer, Willibald: Samson im Löwenkampf, in: Die Zeit der Staufer, Ausstellungskatalog, Bd. I, hg. v. Rainer Haussherr, Stuttgart 1977, S. 355, Nr. 472.

49 Sowohl Schippers (1928) als auch Bogler/Schippers (1967) behandeln die Bauzier intensiv, aber eingestreut in die historischen und baugeschichtlichen Überlegungen.

50 Ressel, Gert: Schwarzrheindorf und die frühstaufische Kapitellplastik am Niederrhein, 13. Veröffentl. d. Abt. Architektur d. KHJ Köln, Diss. Köln 1977.

51 Schippers (1917 und 1928); Bogler/Schippers (1967), S. 11–19; Kubach/Verbeek, Bd. II, S. 743 ff.; dagegen von Winterfeld (1999 und 2003).

52 Kubach/Verbeek, Bd. II, S. 743 ff.

53 Dies vor allem bei Schippers (1928) und Bogler/Schippers (1967), S. 13–19.

54 Schippers (1928), S. 12; Bogler/Schippers, S. 16.

55 Vgl. dagegen Schippers (1928) und Bogler/Schippers (1967).

56 Diese Folgerung von Schippers (1928) und Bogler/Schippers (1967), S. 15 ist sicher richtig.

57 Vgl. Anm. 32.

58 Schippers (1928), S. 47; Bogler/Schippers (1967), S. 18.

59 Von Winterfeld (1999 und 2003), S. 107.

60 Kubach/Verbeek, Bd. IV, S. 96 f.

61 Schippers (1921) und (1928); Bogler/Schippers (1967), S. 62–64; Oslender, S. 304–330; Bornheim, gen. Schilling (1949); Kubach/Verbeek, Bd. II, S. 752; Pressler, S. 15–31; Dölling/Elenz, S. 62–64.

62 Als letzte plädierten Dölling/Elenz, S. 29–32 für die Zusammengehörigkeit, während die überwiegende Mehrheit dies bezweifelt, so auch Haas, in: Kahsnitz, S. 118 f.

63 Haas, in: Kahsnitz, S. 119.

64 Pressler, S. 15–31.

65 Hier sind vor allem die in Anm. 61 genannten Arbeiten von Schippers zu nennen. 1947 gab es in den Wirren der Nachkriegszeit vor Gründung der neuen Länder weder eine staatliche noch eine kirchliche Denkmalpflege. Preußen war aufgelöst und aufgeteilt!

66 Dölling/Elenz, S. 1–61; Kahsnitz, S. 88–196: die wohl gründlichste Darstellung; Oellermann 1993 (Ecclesia Lacensis), S. 161–180.

67 Kahsnitz, S. 98–107.

68 Dagegen Haas, in: Kahsnitz, S. 118.

69 Zahlreiche Beispiele bei Haas (Anm. 68) und Kahsnitz, S. 107–115.

70 Die Literatur zu Naumburg ist so umfangreich, daß wir auf Nachweise bewußt verzichten.

71 Kahsnitz, S. 100–107, 133–140.

72 Wie Anm. 71.

73 Wie Anm. 71

74 Zum Befund Oellermann, in: Kahsnitz, S. 159–181 und ders. (Ecclesia Lacensis), S. 161–180.

75 Zur Mode Kahsnitz, S. 181–189.

76 Kahsnitz, S. 189 f.

77 Kahsnitz, S. 190–197.

78 Hier ist Lauer, Rolf: Das Grabmal des Rainald von Dassel und der Baldachin der Mailänder Madonna, in: Verschwundenes Inventarium … Katalog zu einer Ausstellung des Schnütgen-Museums der Stadt Köln und der Dombauverwaltung des Metropolitankapitels in Köln, bearb. v. U. Bergmann, Köln 1984, S. 9–16, hier S. 14–16 zuzustimmen, dem diese Beobachtung zu danken ist. Die Polemik gegen sein Urteil von Dölling, S. 32 ist nicht gerechtfertigt.

79 Oellermann (Ecclesia Lacensis), S. 152.

80 Krüger, S. 349–368 mit der gesamten Literatur.

81 Freie Übersetzung nach Krüger, S. 352.

82 Krüger, S. 352, Anm. 10.

83 Rekonstruktion Krüger, S. 367, Abb. 15.

84 Bogler/Schippers (1967), S. 60.

85 Frank (Enkainia), S. 263–303 hat eine gründliche Studie vor allem des Kalenders vorgelegt.

86 Die kunsthistorische Bearbeitung der Miniaturen geht zurück auf Boeckler, Albert: Abendländische Miniaturen bis zum Ausgang der romanischen Zeit, Berlin/Leipzig 1930, S. 86 f.; ders., Beiträge zur romanischen Kölner Buchmalerei, in: Mittelalterliche Handschriften, FS H. Degerind, 1926, S. 21.

87 Frank (Enkainia), S. 297–303.

88 Schippers (1928), S. 832 f.; Bogler/Schippers (1967), S. 73–84 mit Korrekturen; Brunner (2002), S. 93.

89 Bogler/Schippers (1967), S. 74.

90 Kubach/Verbeek, Bd. I, S. 116–118.

91 Bogler/Schippers (1967), S. 76.

92 Bogler/Schippers (1967), S. 77.

93 Becker, D. J.: Chronica eines fahrenden Schülers oder Wanderbüchlein des Johannes Butzbach. Aus d. lat. Hs. übersetzt u. m. Beilagen vermehrt, Regensburg 1869, S. 193 f.

94 Zur Nikolauskapelle: Kubach/Verbeek, Bd. II, S. 753; Bogler/Schippers (1967), S. 81; G. Gussenhoven, Staatsarchiv Koblenz Nr. 23., fol. 55–66; Phleps, H.: Die farbige Architektur bei den Römern und im Mittelalter, Berlin o. J., Tf. 28–30.

95 Phleps (wie Anm. 94), Tf. 28–30.

96 Rituale des Abtes J. A. Machhausen, fol. 83; vgl. auch Otten (Enkainia), S. 347–367.

97 Bogler/Schippers (1967), S. 83; Busley/Neu (Kunstdenkmäler), S. 332; Cremer/Steinicke, S. 107–134.

98 Vgl. Anm. 97.

99 In dem der Kunstgeschichte verpflichteten Werk erspart sich der Verfasser die Belege für die einzelnen Aussagen aus dem Bereich der Liturgie- und Klostergeschichte. Er nennt hier aber wissenschaftliche Studien, die allgemein und bezogen auf Maria Laach die meisten Belege bieten. Abschließend geben wir den Fundort der beiden wörtlichen Zitate an.

Häußling, Angelus Albert: Mönchskonvent und Eucharistiefeier. Eine Studie über die Messe in der abendländischen Klosterliturgie des frühen Mittelalters und zur Geschichte der Messhäufigkeit, Münster 1973 (Liturgiewissenschaftliche Quellen und Forschungen 58).

Häußling, Angelus A.: Liturgie in der Karolingerzeit und der St. Galler Klosterplan, in: Studien zum St. Galler Klosterplan II., hg. v. Peter Ochsenbein und Karl Schmucki, St. Gallen 2002 (Mitteilungen zur Vaterländischen Geschichte 52), S. 151–183.

Frank, Hieronymus OSB: Das älteste Laacher Sakramentar (Darmstadt, Hessische Landes- und Hochschulbibliothek, Cod. 891), in: Enkainia. Gesammelte Arbeiten zum 800jährigen Weihegedächtnis der Abteikirche Maria Laach am 24. August 1956, hg. v. Hilarius Emonds, Düsseldorf 1956, S: 263–303.

Bogler, Theodor: Querhaus und Choranlage, ebd. S. 331–346. Otten, Clemens: Die Altäre der Laacher Kirche nach dem Rituale des Abtes Johannes Augustinus Machhausen, ebd. S. 347–364.

Häußling, Angelus A.: „Büchlein über die Betrachtung der Passion Christi über die sieben Horen des Tages hin" (Traktat eines anonymen Zisterziensers des 12. Jahrhunderts). Die Programmschrift des hochmittelalterlichen Verständnisses des Stundengebetes, in: Cistercienser-Chronik 109, 2002, S. 365–381.

Rosenthal, Anselm: Abt Adrianus de Brielis von Schönau in Nassau. Beauftragter der Bursfelder Kongregation für die Reform der liturgischen Bücher von 1458–1472, in: Archiv für Liturgiewissenschaft 24, 1982, S. 224–227.

Häußling, Angelus A.: Die Gabendarbringung. Laacher Liturgiegeschichte im Wandel der Beziehung: Liturgischer Ritus und soziologischer Paradigmenwechsel, in: Ecclesia Lacensis. Beiträge aus Anlaß der Wiederbesiedlung der Abtei Maria Laach …, hg. v. Emmanuel von Severus. (Beiträge zur Geschichte des alten Mönchtums und des Benediktinertums, Suppl. 6), Münster 1993, S. 272–302.

Conrad, Martin: Die „Krypta-Messe" in der Abtei Maria Laach. Neue Untersuchungen zu Anfang, Gestaltungsform und Wirkungsgeschichte, in: Archiv für Liturgiewissenschaft 41, 1999, S. 1–40.

Zum Zitat von Romano Guardini: vgl. Romano Guardini: Briefe an den Laacher Abt Ildefons Herwegen aus den Jahren 1917 bis 1934. Ein Nachtrag, hg. v. Angelus Häußling, in: Archiv für Liturgiewissenschaft 27, 1985 (S. 408–411) 409 f. – Der Brief trägt das Datum 30.9.1917.

Zu „Hinter Glas" vgl. Alfons Kirchgässner, „Hinter Glas", in: Der christliche Sonntag 5, 1953, Nr. 49, S. 369; dazu die kritische Entgegnung von Emmanuel von Severus, ebd. Nr. 51, S. 408. Weiteres dazu bei A. Häußling, Mönchskonvent, 12 f., Anm. 38.

[100] Lat.: O S BENEDICTE PATER FAMULUM FOVIAS TUUM BENEDICTUM.

[101] Lat.: VENITE FILII AUDITE ME TIMOREM DOMINI DOCEBO.

[102] Lat.: HOX SIGNUM ERIT IN COELO, QUANDUS DOMINUS AD IUDICANDUM VENERIT.

[103] Lat.: HAURIETIS AQUAS IN GAUDIO DE FONTIBUS SALVATORIS.

[104] Lat.: HENRICUS COMES PALATINUS RHENI ET DOMINUS DE LACU – ADELEIDE COMITISSA PALATINA RHENI ET DOMINA DE LACU.

[105] Lat.: ECCE AGNUS DEI ECCE QUI TOLLIT PECCATA MUNDI.

[106] Lat.: ET SECUTI SUNT JESUM.

[107] Lat.: IN NOMINE SANCTE ET INDIVIDUE TRINITATIS EGO GISELBERTUS ABBAS LACENSIS NOTUM FACIO IAM PRAESENTIBUS QUAM FUTURIS FIDELIBUS QUOD IOANNES ET EIUS UXOR MECHTILDIS ALLODIUM SUUM QUOD HABEBANT IN EVERNACO ET VALVEIA DEO ET SANCTE MARIE PERPETUO IURE TRADIDERUNT CHORUM HIC ET ALTARE CONSTRUXERUNT DE IPSO ALLODIO VOLENTES LUMINIS COPIAM MINISTRARI ET MISSAS CELEBRARI PRO FIDELIBUS DEFUNCTIS.

[108] Lat.: ET APERUIT TERRA OS SUUM.

[109] Lat.: IOANNES ET MECHTILDIS DE ERBERNACO CHORUM HIC CONSTRUXERUNT.

[110] Lat.: MAGNA ET MIRABILIA SUNT OPERA TUA, DOMINE; JUSTAE ET VERAE SUNT VIAE TUAE, REX SAECULORUM.

[111] Lat.: SURGE ET COMEDE, GRANDIS ENIM TIBI RESTAT VIA.

[112] Lat.: ET AMBULAVIT IN FORTITUDINE CIBI ILLIUS USQUE AD MONTEM DEI.

[113] Lat.: VINCENTI DABO MANNA ABSCONDITUM.

[114] Lat.: MATER DEI, UXOR AGNI.

[115] Lat.: VENI, DOMINE IESU.

[116] Lat.: ET SPIRITUS ET SPONSA DICUNT: VENI; ET QUI AUDIT DICAT: VENI; ET QUI SITIT, VENIAT ET QUI VULT ACCIPIAT AQUAM VITAE GRATIS. DICIT QUI TESTIMONIUM PERHIBET ISTORUM: ETIAM, VENIO CITO. AMEN.

[117] Lat.: HEDWIGIS COMITISSA OFFERENS CHORUM DICIT: SUSCIPE VIRGO PIA MUNUS QUOD REDDO MARIA.

[118] Lat.: ANNO AB INCARNATIONE DOMINI MCLVI ADRIANO TERCIO APOSTOLICE SEDIS PRESIDENTE REGNANTE FRIDERICO IMPERATORE AUGUSTO FULBERTO ABBATE POST PRIMUM PROXIMO HUIC CENOBIO UIDENTE IX KALENDAS SEPTEMBRIS DEDICATA EST ECCLESIA A DOMINO HYLLINO UENERABILI TREUERORUM ARCHIEPISCOPO APOSTOLICE SEDIS LEGATO IN HONORE SANCTE TRINITATIS ET PERPETUAE DEI GENITRICIS UIRGINIS MARIAE ET SANCTI NICHOLAI CONFESSORIS ET OMNIUM SANCTORUM FELICITER. AMEN.

[119] Lat.: MARIA VIRGO ASSUMPTA EST AD AETHEREUM THALAMUM.

[120] Lat.: QUAE EST ISTA, QUAE ASCENDIT SICUT AURORA CONSURGENS.

[121] Volk, P.: Eine unbekannte Laacher Chronik (Annalen des Historischen Vereins für den Niederrhein. 142/143, 1943), S. 45–83.

[122] P. Marcel Albert OSB (Gerleve): Der Rücktritt des Laacher Abtes Heinrich Long 1624 (Studien und Mitteilungen zur Geschichte des Benediktinerordens und seiner Zweige 112, 2001), S. 288: Der Schwabe Conrad Verner gab an, Laie, dreißig Jahre alt und der Organist des Klosters zu sein (Archivio Segreto Vatcano, Archivio della Nunziatura di Colonia 112, fol.60ʳ). P. Vinzenz Molch nannte Verner darüber hinaus auch Abtsdiener und Schneider (ebd., fol 48ᵛ).

[123] Rituale Monasticae Hyparchiae. Universitätsbibliothek Bonn, Hs S 354, datiert 1562. Abschrift im Archiv der Abtei Maria Laach.

[124] Volk, P.: Die Generalkapitel-Rezesse der Bursfelder Kongregation. I, Siegburg 1955, S. 295/24.

[125] Volk, P.: Eine unbekannte Laacher Chronik (vgl. Anm. 121) 142/143, 1943, S. 45–83.

[126] Busley, J./Neu, H.: Die Kunstdenkmäler des Kreises Mayen, 1. Halbband, Düsseldorf 1941, S. 304. Mittels einer Fotomontage wird hier versucht, die Rekonstruktion der Dreibogenstellung auf der Empore vorwegzunehmen. Deutlich ist übrigens auf dem Foto der ursprüngliche Platz des Stahlhuth-Spieltisches im Chorgestühl rechts zu erkennen. Das Foto selbst muß demnach vor 1932 aufgenommen worden sein.

Eine Skizze für die Rekonstruktion findet sich auch bei Schippers, A./Bogler, T.: Das Laacher Münster, Köln ²1967, S. 26.

[127] Resmini, B.: Das Erzbistum Trier, 7: Die Benediktinerabtei Laach. (Germania sacra, Neue Folge 31: Die Bistümer der Kirchenprovinz Trier 8, Berlin/New York 1993), S. 17.

[128] Wegeler, J.: Das Kloster Laach. Geschichte und Urkunden-Buch, Bonn 1854, S. 72; vgl. auch Hilpisch, S. : Die Aufhebung des alten Klosters Laach durch die Franzosen im Jahre 1802 (Studien und Mitteilungen zur Geschichte des Benediktinerordens und seiner Zweige 58, 1940, S. 216 f.

[129] Busley/Neu: Die Kunstdenkmäler des Kreises Mayen … (vgl. Anm. 126), S. 318.

[130] Bösken, F.: Die Orgelbauerfamilie Stumm aus Rhaunen-Sulzbach und ihr Werk, Mainz 1960, S. 83.

[131] Die Orgelprojekte der Abtei Maria Laach. In: Die Orgel als sakrales Kunstwerk II. Katalog der Sonderausstellung (Neues Jahrbuch für das Bistum Mainz, Ausgabe 1991/92), S. 113–119.

[132] Riedel, F. W.: Die neue Chororgel in der Abteikirche Maria Laach (Ars Organi 47, 1999, H. 1).

Literatur

(chronologisch geordnet)

Die gesamte Literatur bis zum jeweiligen Erscheinungsdatum erfaßt bei Kubach/Verbeek (1976/89), Kahsnitz (1992); Schippers/Bogler (1967) und Kunstdenkmäler Mayen (Busley/Neu, 1941).

Quellen

Resmini, Bertram (Hg.): Inventar und Quellensammlung zur Geschichte der alten Abtei Laach, Koblenz 1995 (Veröffentlichungen der Landesarchivverwaltung RLP, 64).

Veeser, Elmar: Fehden, Fälschungen und die Hoffnung auf Barmherzigkeit. Die Gründunggeschichte des Klosters Maria Laach, Andernach 2003.

Wegeler, J.: Das Kloster Laach. Geschichte und Urkunden-Buch. Ein Beitrag zur Spezialgeschichte der Rheinlande, Bonn 1854.

Literatur zum Bau

Preßler, Karsten: Spolieninventarisation in Maria Laach, in: Denkmalpflege in Rheinland-Pfalz, Bd. 52/53, 1997/01 (2003), S. 15–31.

Werner, Thomas: Das Wiederaufleben der Bautätigkeit im rheinisch-maasländischen Kunstraum in der ersten Hälfte des 12. Jahrhunderts, in: Das Münster 55, 2002, S. 163–166.

Brunner, Klaus: Laacher Skizzenbuch, Maria Laach 2003.

Cremer, Drutmar (Hg.): Maria Laach: Landschaft – Kunst – Geschichte – Leben, Regensburg 2000.

Sebald, Eduard: Denkmäler der Romanik (Wegweiser Mittelrhein, Heft 3), Koblenz 1999, S. 76f.

Brunner, Klaus: Der Westbau der Abteikirche Maria Laach: die wechselnden Gestaltvorstellungen im Laufe der nahezu l000jährigen Baugeschichte, in: Rheinische Heimatpflege 36, 1999, S. 267–275.

Winterfeld, Dethard von: Fragen zur Baugeschichte der Klosterkirche Maria Laach, in: Architektur – Skulptur – Symbol, FS Cord Meckseper, hg. v. Maike Kozole, Petersberg 1999, S. 101–118.

Wiederabdruck in: Winterfeld, Dethard von: Meisterwerke mittelalterlicher Architektur, FS Dethard von Winterfeld, hg. v. Ute Engel/Kai Kappel/Claudia A. Meier, Regensburg 2003, S. 255–272.

Ecclesia Lacensis, FS 1093/1892, hg. v. Emmanuel von Severus, Münster 1993.

Backes, Magnus: Zur Baugeschichte der Klosterkirche Maria Laach. Ergebnisse. Dendro-chronologische, archivalische und bauliche Untersuchungen speziell an den historischen Dachstühlen, in: Ecclesia Lacensis, S. 57–97.

Backes, Magnus: Ästhetisches Ideal und historische Wirklichkeit. Die Dachsanierung der Klosterkirche Maria Laach 1933–1936 und ihre bauhistorischen Erkenntnisse, in: Arbeitshefte des SFB 315, Erhalten historisch bedeutsamer Bauwerke, Uni Karlsruhe Heft 11/1993.

Resmini, Bertram: Die Benediktinerabtei Laach, Berlin 1993.

Bogler, Theodor: Abteikirche Maria Laach, München 1983.

Kubach, Hans-Erich/Verbeek, Albert: Romanische Baukunst an Rhein und Maas, 4 Bde., Berlin 1976–89, Bd. 2, S. 743 ff. und Bd. 4.

Bogler/Schippers = Adalbert Schippers, Das Laacher Münster, neu bearb. v. Theodor Bogler, Köln 1967.

Enkainia, FS zum 800. Weihegedächtnis der Abteikirche Maria Laach, hg. v. Hilarius Emonds, Düsseldorf 1956 (mit zahlreichen wichtigen Beiträgen).

Bogler, Theodor: Querhaus und Choranlage, in: Enkainia, S. 331–346.

Otten, Clemens: Die Altäre der Laacher Kirche nach dem Rituale des Abtes Johannes Augustinus Machhansen, in: Enkainia, S. 347–364.

Kunstdenkmäler der Rheinprovinz, hg. v. Paul Glemen, 17. Bd., 2. Abt.: Die Kunstdenkmäler des Kreises Mayen, 1. Halbband bearb. v. Josef Busley, Düsseldorf 1941, 1983: Maria Laach, S. 282 ff.

Bandmann, Günter: Maria-Laach, Berlin 1947.

Wolff Metternich, Franz Graf: Bericht zur Tieferlegung des Helms, in: Deutsche Kunst und Denkmalpflege, Berlin 1936, S. 25 ff.

Schippers, Adalbert: Das Laacher Münster, Köln 1927, Volksausgabe 1928.

Huppertz, Andreas: Die Abteikirche zu Laach und der Ausgang des gebundenen romanischen Systems in den Rheinlanden, Straßburg 1913.

Schippers, Adalbert: Das erste Jahrzehnt der Bautätigkeit in Maria Laach, Berlin 1917.

Schippers, Adalbert: Maria Laach und die Kunst im 12. und 13. Jahrhundert, Trier 1911.

Richter, Paul: Die Benediktinerabtei Maria Laach. Ein geschichtlicher Rückblick auf 8 Jahrhunderte, Hamburg 1896 (Institut).

Geier, F./Görz, R.: Die Abteikirche zu Laach, Frankfurt 1847.

Literatur zu Skulptur und Ausstattung

Krueger, Ingeborg: Das Grabmosaik des Abtes Gilbert aus Maria Laach: Neues zu einem alten Grabstein, in: Bonner Jahrbücher des Rheinischen Landesmuseums in Bonn, Bd. 198, 1998 (2001), S. 349–368.

Oellermann, Eike: Das Grabmal des Pfalzgrafen Heinrich II: maltechnische Bemerkungen zur Fassung einer Holzskulptur aus dem 13. Jahrhundert, in: Restauro 99, 1993, 4, S. 234–242.

Kahsnitz, Rainer: Die Gründer von Laach und Sayn: Fürstenbildnisse des 13. Jahrhunderts, Nürnberg 1992.

Oellermann, Eike/Sandner, Basilius: Das Stiftergrabmal und seine Geschichte, in: Ecclesia Lacensis, S. 161–180.

Dölling, Regine/Elenz, Reinhold: Das Stiftergrabmal in Maria Laach, Forschungsberichte zur Denkmalpflege Rheinland-Pfalz, Bd. 1, Worms 1990.

Kaelble, Brigitte: Untersuchungen zur großfigurigen Plastik des Samsonmeisters, Düsseldorf 1981 (Beiträge zu den Bau- und Kunstdenkmälern im Rheinland, Bd. 27).

Wirth, K.-A.: Beiträge zum Problem des „Samsonmeisters", in: Zeitschrift für Kunstgeschichte 20, 1957, S. 25–51.

Oslender, Frowin: Das Laacher Hochaltarziborium, in: Enkainia, S. 304–330.

Frank, Hieronymus: Das älteste Laacher Sakramentar, in: Enkainia, S. 263–303.

Bornheim, Werner (gen. Schilling): Zur Herkunft und Bedeutung des Altarbaldachins in der Abteikirche von Maria Laach, in: Jahrbuch für Geschichte und Kultur des Mittelrheins und seiner Nachbargebiete, 1/1949, Teil II.

Bader, Walter: Der Bildhauer des Laacher Samson, in: Bonner Jahrbücher, Heft „Bonn 1925" 133, S. 169–212.

Schippers, Adalbert: Zwei rheinische Skulpturen aus der Frühzeit des 13. Jahrhunderts, in: Zeitschrift für bildende Kunst 58, 1924/25, S. 165 ff.

Schippers, Adalbert, Die Stifterdenkmäler der Abteikirche Maria Laach, in: Beiträge zur Geschichte des alten Mönchtums und des Benediktinerordens, hg. v. J. Herwegen, 8, Münster 1921.

Weitere Literatur

Bartz, Christian: Die Säkularisation der Abtei Laach im Jahre 1802: eine Fallstudie, in: Rheinische Vierteljahresblätter 62, 1998, S. 238–307.

Schumacher, Karl-Heinz: Natursteinverwendung im Laacher-See-Gebiet, in: Jahrbuch für Hausforschung 42,1994, S. 57–78.

900 Jahre Abtei Maria Laach: Begleitheft zur Sonderausstellung im Stadtmuseum Andernach 1993.

Cremer, Drutmar, u.a.: Maria Laach. Münster und Mönche am See, Limburg 1989.

Kettenberger, Oswald: Klosterlandschaft, Wuppertal 1986.

Häußling, Angelus: Das Buch der Benediktinerregel in der Abtei Maria Laach, 1980.

Bogler, Theodor: Maria Laach: Vergangenheit und Gegenwart der Abtei am Laacher See 1953, 1992.

Bogler, Theodor: Benedikt und Ignatius. Maria Laach als Collegium maximum der Gesellschaft Jesu 1863, 1872, 1892, Maria Laach 1963.

Feuchtmüller, Rupert: Die Pfarrkirche Maria Laach, 1959.

Bildnachweis

Andreas Lechtape, Münster: Umschlagbild, S. 19, 25, 29, 30, 33, 35, 36 links, 39, 45 rechts, 47, 49, 52, 61, 62 rechts, 66, 68, 70, 71, 73, 75, 80, 83 oben, 85, 103, 118, 120, 121 unten, 122, 133, 135, 136, 138, 139, 141, 143, 144, 147, 148

Dr. Klaus T. Weber, Mainz, Seite: 14, 24, 38 unten, 41, 42 rechts, 44, 50, 64, 69 oben, 78 unten, 79, 81, 83 unten, 86, 89, 91, 92, 93, 101 oben, 102, 106, 114, 115, 116,

Michael Jeiter, Morschenich: S. 11, 13, 15, 26, 31, 37, 38 oben, 59, 62 links, 63, 67, 69 unten, 74, 98, 99, 101 unten,

Kunstverlag Maria Laach: S. 10, 27, 72, 104, 105, 148

Renate Deckers Matzko, Speyer: S. 36 rechts, 42 links,

Karl Heinz Erben Seite: 45 links,

Bischöfliches Ordinariat Mainz: S. 60

Fotodesign Steinicke, Wittlich: S. 77, 78 oben, 121 oben

Rheinisches Landesmuseum Bonn, Foto H. Lilienthal/St. Schröder: S. 108,

Universitäts- und Landesbibliothek Darmstadt, Handschriftenabteilung: S. 109, 111, 112

Dethard von Winterfeld: S. 90, 94